이끌지 말고
따르게 하라

이끌지 말고 따르게 하라

초판 01쇄 발행 2015년 7월 27일
초판 30쇄 발행 2024년 4월 4일

지은이 김경일
발행인 박상진
편집 김제형
디자인 박아영
발행처 진성북스
등록 2011년 9월 23일
주소 서울특별시 강남구 테헤란로514, 8층
전화 02)3452-7762　　**팩스** 02)3452-7761

값은 뒤표지에 있습니다.
ISBN 978-89-97743-17-9　03320

홈페이지 www.jisungbooks.com
네이버 포스트 post.naver.com/jisungbooks
이메일 jinsungbooks@naver.com

진성북스는 여러분들의 원고투고를 환영합니다.
간단한 개요와 취지 등을 이메일로 보내주세요.
당사의 출판 컨셉에 적합한 원고는 적극적으로 책으로 만들어드리겠습니다.

새로운 리더십을 위한 지혜의 심리학

이끌지 말고
따르게 하라

인지심리학박사 김경일 지음

진성북스
JINSUNGBOOKS

"인지심리학으로 풀어내는
21C, 새로운 리더의 모습"

　훌륭한 리더들에 관한 책과 이야기는 많은 곳에서 소개된다. 현재 조직을 이끄는 위치에 있거나 미래의 리더를 꿈꾸는 사람이면 누구나 그러한 사례들을 통해 시대의 화두인 리더십에 대한 통찰을 얻을 수 있다. 하지만, '배움의 대상인 그들이 정말 그렇게 위대하기만 했을까?' 많은 사람들에게 존경받는 리더가 위대하지 않다는 말이 아니다. '위대하다'라는 말에 담아 보내는 찬사 이면에는 그들이 조직의 구성원들과의 수많은 소통과 관계의 순간에서 실제 무엇을 했는가를 제대로 보지 못한 경우도 많다는 것을 꼬집고 싶었을 뿐이다. 우선, 위대한 리더십이라고 칭송하니 그러한 결과를 가능하게 했던 수많은 순간과 과정들도 무언가 거창해야 한다는 우리의 무의식이 첫 번째 이유다. 그리고 그 위대한 리더십에 대해 설명하는 당사자 역시 그에 걸맞은 언어들을 찾아내고 전달하고자 하는 것이 두 번째 이유다. 그 결과, 성과의 이면에서는 실제 어떤 생각과 행동이 일어났고, 어떤 과정을 거쳤는가에 대한 판단은 근거 부족으로 인해 여전히 많은 의문으로 남게 된다.

　리더십에 대한 이야기는 가히 홍수를 이룰 정도이다. 어떤 책에서는

"리더는 외롭고 고독한 자리"라고 하면서 중심을 잡고 걸어가라고 한다. 또 다른 책에서는 "혼자 가는 길은 빨리 가지만 멀리 가려면 둘이 가라."고 하면서 협력과 공생을 강조한다. 모두 맞는 말이지만 여전히 혼란스럽다. 리더십에 관한 수많은 명언들은 서로 상충되고 정반대의 메시지를 던지고 있지 않은가? 리더십이 강조되는 시대이지만 그만큼 리더십에 관한 가장 혼란스러운 상황이 벌어지고 있는 것도 사실이다.

여기서 가장 중요하다고 할 수 있는 사실이 하나 있다. 그것은 바로 '기본'에 관한 것으로 지금까지 철저하게 간과되어 온 내용이다. 겉으로 나타나는 리더십의 이면을 파악해 보려면 '생각의 작동원리'를 제대로 이해하는 것이 핵심이다. 다른 영역에서 적절한 예를 찾아보자. 전자공학이나 기계공학이 아무리 발달해도 수학, 물리학 등 기초과학에 관한 기본기가 없는 학자, 기업, 국가는 근본적이고 지속적인 성장이나 혁신이 불가능하다는 것이다.

다시 한 번 생각해 보자. 물리학을 통해 반도체에 관한 작아 보이지만 근본적인 연구가 가능했기에 전자공학은 컴퓨터나 다른 전자기기의 개발을 구현해 낼 수 있었다. 따라서 기초과학에 대한 기본기가 약한 공학은 장기적으로 사상누각일 수밖에 없다. 필자를 비롯한 대부분의 인지심리학자들은 이러한 현상이 리더십 개발에도 그대로 적용 된다는 점에 동의하고 있다.

전 세계 훌륭한 리더들의 행위와 언변을 우리가 무작정 따라하면서 시도하는 리더십 개발은 이내 한계에 부딪치게 된다. 시대는 빠르게 변하고 있고, 리더들이 처해진 정황과 여건은 모두 다르기 때문이다. 그럼에도 불구하고 우리는 물리학과 수학을 기피하는 학부생들처럼 리더십의 가장 중요한 기본기인 인간의 생각을 탐구하는 심리학에 대한 원리나 내용들은 제대로 곱씹어 자기 것으로 만들려고 하는 노력은 여전히 부족하다.

우리가 아는 위대한 인물들의 탁월한 리더십은 결과론적 리더십이다. 그들은 근본적으로 수준 높은 리더십을 개발할 수 있는가에 대해서는 속 시원한 답을 주지 못한다. 정밀한 설계도 없이 집을 지을 수는 없지 않은가. 리더십 개발의 한계는 단지 훌륭한 리더의 성과나 태도를 가지고 모방하려는데 있다. 그러나 개인이 가지고 있는 '생각의 원리'를 제대로 파악하고 제대로 응용한다면 누구나 자기한테 꼭 들어맞는 리더십을 개발할 수 있다고 본다.

수만 가지의 사례와 연구를 통해서도 가닥을 잡기 어려운 '리더십'을 주제로 이야기하려는 이유는 무엇인가? 필자는 인지심리학자다. 인지심리학은 인간 생각에 관한 기초과학이고 전자공학에서의 물리학과 같다. 필자의 이전 저서인 〈지혜의 심리학〉에서도 잠시 언급했듯이 인지심리학이란 한마디로 인간의 '생각'을 연구하고 다루는 학문이다. 인간의 생각을 본질적 측면에서 심오하게 다루는 학문은 다양하다. 철학, 언어학, 사회학, 경제학, 인류학 등 인문학과 사회과학분야는 물론이고 인공지능과 같은 연구 분야에서도 컴퓨터와 인간의 사고를 비교함으로써 간접적으로나마 인간 사고에 대한 꽤 심오한 현상을 다룬다. 하지만 분명한 것은, 인간의 사고가 어떤 과정을 거쳐 언제 어떻게 작동하는가에 관한 이야기는 오로지 인지심리학자만이 할 수 있다. 이러한 이야기는 인지심리학자가 가장 정확하고 자세히 이야기해 줄 수 있다. 과장이나 비약으로 들릴 수 있겠지만, 그것이 바로 인지심리학의 정의이기 때문이다. 다시 한 번 강조하면, 인지심리학은 리더십 개발에 없어서는 안 되는 핵심기초과목이다.

전자공학자나 거대 IT 기업의 CEO라 하더라도 디바이스나 시스템을 만들어 내기 전에는 물리학자의 원천 기술과 조언에 귀를 기울여야 한다. 마찬가지로 인간 생각의 심오한 결과물인 리더십과 그것을 실천할 주인공인 리더라면 깊이 있는 연구로 인간 생각에 관해 깨알같이 탐구해온 인지심리학자의 조언에 귀 기울여 달라는 부탁이다.

따라서 이 책은 '이끌기와 따르기에 관한 정신물리학적 고찰'이라고 해도 과언이 아니다. 수많은 심리학, 사회학, 그리고 정치학적 실험 연구들이 이 책에 포함되어 있다. 한 인간이 다른 인간과 어떻게 소통하는지, 어떻게 영향을 미치는지, 그리고 왜 그런 일이 일어났는가에 관한 '인과관계'에 대한 풀이가 가득하다.

여러 연구들에서는 인간과 인간이 만나서 상호작용하는 다양한 시점에서 우리가 들여다보아야하는 핵심적인 '생각의 작동원리'들에 대해 역설하고 있다. 필자가 한 역할이라고는 기존의 다양한 연구결과를 인지심리학자의 관점으로 리더십개발에 도움이 되도록 다시 취합하고 꿰어 본 것이다. 이 책은 인간 사이의 소통과 리더십에 관한 지난 수십 년 동안의 다양한 연구 결과들을 종합한 보고서다. 부디 행간의 의미를 파악하여 원활한 인간관계와 소통 그리고 리더십을 향상시켜서 여러분들의 목표를 성취하는 데 밑거름이 되기를 소망한다. 자, 이제 인지심리학이 풀어내는 21C, 새로운 리더의 모습을 함께 탐구해보는 여행을 시작해 보자.

아주대학교 심리학과 교수 김 경일

차례

1장 심리학, 경영에 말을 걸다

2장 직원의 마음을 읽어라

5장 지혜로운 의사결정의 심리학

6장 공감과 소통의 심리학

7장 ## CEO가 빠지기 쉬운 심리의 함정

에필로그

1장

. . .

심리학,
경영에 말을 걸다

성공에 관한 우리의 착각

어떤 사람이 성공할까

우리 모두는 성공하고 싶어 한다. 그런데 어떤 사람이 성공할까? 물론 노력하는 사람이다. 이건 정답이다. 하지만 문제는 이것이 필요조건이지 충분조건이 아니라는 것에 있다. 많은 노력을 했는데도 성공에 이르지 못하는 수많은 사람들을 주위에서 보지 않는가. 세상이 불공평해서일까? 운이 나빠서일까? 물론 그럴 수도 있다. 하지만 우리는 더 중요한 점 하나를 놓치고 있다. 그것이 무엇인지 이야기를 시작해 보자. 그러면 사소한 변화가 왜 큰 결과의 차이를 만들어 내는지, 그리고 인과관계를 아는 것이 얼마나 중요한 것인지를 깨달을 수 있다. 그리고 우리가 성공에 관해 무엇을 착각하고 있었는지 역시 자연스럽게 알게 된다. 자, 그럼 이야기를 시작해 보자.

먼저, 성공이란 무엇인가? 사전적 정의는 '목적한바 혹은 원하는 바를 이루는 것'이다. 그저 정의로만 그치는 것이 아니다. 참으로 중요한 본질을 말해 주고 있기 때문이다. 왜냐하면 이 정의에 따르면 이룬다는 것보다 무엇을 목적으로 삼고 무엇을 원하는 가가 더 중요하다. 그런데 사실 우리는 이룬다는 막연한 생각으로 성공을 대한다. 하지만 곰곰이 생각해 보자. 목표와 원하는 바가 분명치 않으면 결국 '이룸' 자체가 성립되지 않고 따라서 성공은 있을 수 없다.

게다가 심리학적으로는 더 중요한 의미가 있다. 목적과 소망은 그 자체로서 도전을 요구한다. 지극히 상식적인 이야기이다. 모험이나 진취적 자세도 결국 같은 말이다. 하지만 이런 자세나 마음가짐을 어떻게 가질 수 있을까? 이를 설명해 주는 사람은 거의 없다. 높은 산에 올라가서 호연지기를 기르는 것만으로는 분명 모자라도 한참 모자라기 때문이다. 단지 노력하면 되는 것일까? 아니면 타고나는 것일까? 물론 이런 요인들도 분명 작용한다. 하지만 우리가 거의 생각하지 못한 일상의 작은 변화나 조정으로 성공을 위한 도전정신을 훨씬 '더' 혹은 '덜' 발휘할 수 있는 것이 얼마든지 가능하다.

그렇다면 무엇부터 이해해야 하나? 성공을 위해서는 움직여야 한다. 몸만이 아니다. 몸이 움직일 수 있도록 마음도 움직여야 한다. 그런데 마음은 어떻게 움직이는가? 바로 욕망에 기초해서 움직인다. 예를 들어 보자. 배가 고프면 식욕이라는 욕구가 생기고 이는 '무엇을 먹어야 하겠다.'라고 마음을 움직여 '먹을 것을 찾는 행동'인 몸의 움직임을 만든다. 그럼 한 번 연결을 해 보자. 성공을 위해서는 몸과 마음이 움직여야 하는데 이 둘을 움직이게 만드는 것은 욕망이다. 그러니 인간의 욕망을 이해하지 못하면 성공과 제대로 된 연결고리를 조금도 이해하지 못하게 되는 것이다.

인간의 두 가지 욕망, 접근과 회피

인간의 욕망은 결국 두 가지다. 첫째는 소망하는 것을 이루거나 가지고 싶은 욕망이다. 이를 상승promotion의 욕구라고 한다. 그리고 무언가 진심으로 좋아하는 것을 가지기 위한, 혹은 이루기 위한 '상승'의 욕구는 인간으로 하여금 '접근approach'이라고 하는 마음의 작동을 하게 만든다. 그래서 수많은 대안들이나 새로운 것을 탐색하는 마음을 자연스럽게 자극한다. 다시 말해서 모험과 도전이다.

또 다른 욕망이 있다. 원하지 않거나 끔찍이 싫어하는 것을 실제로 일어나지 않게 하는 것이다. 이를 예방prevention의 욕구라고 한다. 이 욕망은 전혀 다른 방향으로 인간을 움직이게 한다. 무언가 좋지 않거나 싫은 것을 미연에 방지하려는 '예방'의 욕구는 마음의 작동 방식을 '회피avoidance'라는 움직임에 더 적합하게 만든다. 따라서 문제 공간을 좁히면서 구체적으로 할 수 있는 것들을 파악하고 해결 방법을 찾아내는 위주의 생각을 더 잘하게 만든다. 그래서 사람들의 시선을 꼼꼼하게 만드는 효과를 이 욕망은 발휘한다.

심리학자들은 상승과 예방이라는 이 두 욕망을 조금 더 움직임과 밀접하게 표현해 접근동기와 회피동기라고 각각 부른다. 그런데 더 중요한 사실이 있다. 이 두 동기는 각각 힘을 더 잘 발휘하는 전공 분야가 다르다는 것이다. 다시 말해 접근동기와 더 궁합이 잘 맞는 일이 있고 회피동기를 가지고 할 때 더 잘 되는 일이 있다는 것이다. 그런데 만일 접근동기가 필요한 일을 회피동기로 임한다면? 혹은 그 반대의 미스매치가 생긴다면? 몇 가지 중요한 부작용이 일어난다.

첫째, 노력의 양이 무색해진다. 노력해도 효과가 극대화 되지 않는 다는 것이다. 둘째, 과정이 순탄치 않다. 일을 하는 것이 즐겁지도 않고 편안하지도 않다. 무언가 껄끄러운 느낌들이 자꾸 들고 톱니바퀴가 어긋나는 일이 많아진다. 셋째, 질 좋은 생각을 하지 못하게 된다. 쉽고 간편한 방식으로만 일을 처리하려고 한다. 머리가 복잡하고 막막하기 때문이다.

재미있는 것은 사람들이 이런 부작용들로 인해 성공의 반대인 '실패'를 경험한다는 것이다. 그렇다면 어떤 일을 접근동기로 해야 하고 어떤 일을 회피동기로 해야 할까? 정말 많은 이야기들이 가능하겠지만 우선 '시간' 하나를 놓고 이야기를 시작해보자.

우리는 어떤 일을 하든 그 일의 결실을 언제 볼 것인가를 대략적으로 가늠한다. 어떤 일은 그 일의 결실이나 결과 혹은 피드백이 빠른 시간 내에 나에게 주어질 수 있는 반면 그 일의 결실을 상당히 먼 미래에야 볼 수 있는 경우도 있다. 당연히 전자는 단기적 관점, 후자는 장기적 관점으로 일을 하면 된다.

결론부터 말하자면 지금 당장 어떤 일을 해야 할 때에는 회피동기를 자극하는 편이 낫다. 그러나 상승의 욕구가 만들어 내는 접근동기는 어떤 일을 오래 해야 할 때 더 강력한 힘을 발휘한다. 좀 더 쉽게 설명하자면, 긴급한 일을 해야 할 때에는 '이걸 제대로 하지 않으면 감수해야 하는 피해나 손실'에 초점을 맞춘 회피동기에, 반대로 장기적인 관점을 가지고 해야 하는 일에는 '소망하는 것을 가지고자 하는 성취'에 입각한 메시지가 각각 필요하다는 것이다. 다른 사람에게 일을 시키거나 내가 그 일을 할 때 모두 적용되는 이야기다. 왜냐 하면 사람은 현재 시점일 경우에는 불행을 피하는 것이 더 강한 관심사이고 미래 시점일 경우에는 소망하는 것을 이루는 것이 더 중요하기 때문이다. 그래서 현재의 긴급한 일은 회피동기와, 미래의 꿈은 접근동기와 더 궁합이 맞는 것이다.

성공은 사소한 것에서 시작된다

그렇다면 우리가 말하는 성공이란 어디에 더 적합한 말일까? 성공을 위해서는 도전하고 모험해야 한다. 지극히 당연하다. 그리고 오랜 시간 동안 노력해야 한다. 이것도 당연하기 그지없는 말이다. 그렇다면 우리는 우리 안의 어떤 욕망을 자극해야 할까? 당연히 접근동기가 더 필요하지 않겠는가? 이를 위해서는 나쁜 것을 피하기 위해서가 아니라 소망하는 것을 가지기 위한 마음이 필요하다.

하지만 생각해 보자. 우리는 하루의 대부분을 회피동기에 입각해 살아간다. 환경이 나를 그렇게 만든다고만 핑계를 대지 말자. 왜냐하면 접근동기의 정의에 그 답이 있지 않은가. '소망하는 것'이란 내가 좋아하고 바라는 것들이다. 우리는 싫어하는 것의 목록은 정말 자세히 가지고 있다. 하지만 그 수만큼 나 자신과 주위 사람들이 진심으로 좋아하는 것들을 알고 있을까? 그걸 모르면 접근동기는 애초부터 성립될 수 없다. 그러니 우리는 늘 회피동기로 성공을 위한 도전과 모험을 시작하려고 하는 것이다. 호환성 떨어지는 부품들이 삐걱거리면서 기계가 고장 나듯이 불협화음이 우리 인생에서 속출한다. 성공과의 거리는 당연히 점점 더 멀어진다.

많은 사람들이 지금도 잘못 알고 있는 것이 있다. 거창한 성공을 만들어내는 도전과 모험정신이 비장한 각오와 결연한 의지로만 이루어져 있다는 생각이다. 이는 절반만 맞는 말이다. 더 중요한 것이 있다. 성공을 향해 나가는 도전과 모험은 소망하는 것이 있는 사람만이 가질 수 있는 움직임의 시작이라는 것이다. 인간이 그렇게 설계되어 있기 때문이다. 도전과 모험이 어렵다면 우선 자기를 정말 행복하게 하는 것들을 늘려보고 알아보자. 그러면 그 중 하나 혹은 둘을 진심으로 소망하고 지금 하고 있는 일을 통해 이루거나 얻고 싶어질 것이다. 그러면 도전과 모험은 하지 말라고 해도 저절로 시작된다. 성공한 많은 사람들이 늘 밝은 모습을 보이는 이유가 여기에 있기도 하다. 이것이 우리 자신의 사소한 습관, 마음, 욕망이 어우러져 성공이라는 결과를 만들어내는 인과관계라는 것을 잊지 말자. 일상생활에서 나를 행복하게 만드는 것들을 많이 가지고 있는 사람, 내가 언제 가장 즐거운지를 아는 사람, 이런 사람들이 성공한다. 소망하는 것이 있는 사람과 피하고 싶은 것만 있는 사람 중 어떤 사람이 성공하겠는가? 성공은 '소망하는 것을 이루는 것'이다.

프로와 마니아 사이

프로의 4가지 조건

우리는 프로가 되고 싶어 한다. 그렇다면 우리는 누구를 프로라고 부를까. 일에 몰두하는 사람? 하지만 몰두하는 것만 가지고는 부족하다. 왜냐하면 마니아도 어떤 일에 몰두하기 때문이다. 그러나 우리는 이 둘을 구분해서 말하며 마니아보다는 프로가 되고 싶고 또 그렇게 불리길 원한다. 아마추어가 되기는 더더욱 싫다. 그렇다면 무엇이 필요한가? 프로라면 최소한 네 가지를 더 가지고 있어야 한다. 그리고 이 네 가지는 우리가 일상생활의 습관에서 무엇을 바꿔야 하는가를 분명하게 알려준다. 하나씩 알아보자.

첫째, 프로는 일을 하면서 초조해 하지 않는다. 심리적 안정감이 있다는 것이다. 그렇다면 언제 우리는 심리적 안정감을 가지고 일을 할 수 있을까? 불안하지 않을 때이다. 불안은 언제 생기는가? 막막하고 모호하며 불확실한 상황에서다. 따라서 프로라면 이런 상황을 구체적이고 확실한 것, 즉 명확한 것으로 만들 줄 안다. 그럼으로써 자연스럽게 일을 진행 할 수 있기 때문이다. 이를 위한 최선의 방법은 예상 외로 간단한 곳에 있다.

예를 들어보자. 주부가 집들이를 준비한다. '오늘 저녁까지 집들이 준비를 마치자.'라고 생각한다. 여기까지는 프로와 아마추어가 똑같다. 하지만 이렇게만 생각하고 일을 시작하면 청소하다 요리하고, 요리하다 장보러 가는 허둥지둥을 반복하다가 저녁시간이 다가올수록 초조함은 더해질 것이다. 요즘 많이 쓰는 말로 '멘붕'이 올 수 있다. 하지만 노련한 주부는 어떻게 시작하는가? 잠시 시간을 들여 오늘의 '집들이'를 위해 필요한 것들을 적어본다. 장보기, 청소하기, 그리고 요리하기. 그리고 이 세 가지를 다시 더 쪼개어 세부적인 일들로 나열한다. 그러면 자연스럽게 순서가 정해지고 따라서 허둥지둥하거나 동시에 하기 어려운 일들을 함께 하는 실수도 줄일 수 있다.

프로는 단순히 일을 잘하는 것처럼 보이지만 그 일을 시작하기 전에 그 일에 필요한 요소들을 최대한 구체적으로 나열한다. 그러면 상황은 막막하고 모호함으로부터 벗어나 여러 개의 구체적이고 확실한 일들로 나열된다. 크게 보면 한 가지 일이지만 이처럼 필요한 요소를 나누어 적어 내려가는 과정에 프로들은 시간을 꼭 투자한다. 프로라서 불안해하지 않는 것이 아니라 이렇게 함으로써 애초부터 불안을 줄이는 사람이 프로다.

둘째, 프로들은 실수를 적게 한다. 왜일까? 이 질문은 우리가 언제 실패나 실수를 하는지와 연결시켜 생각해 볼 필요가 있다. 이를 위해서는 메타인지meta-cognition라고 하는 것을 이해할 필요가 있다. 이는 인간만

이 가지고 있는(컴퓨터는 가지고 있지 않는) 독특한 생각의 기능 중 하나다. 메타인지는 우리로 하여금 할 수 있는 것과 할 수 없는 것, 그리고 알고 있는 것과 모르는 것에 대한 느낌을 말한다. 예를 들어보자. 사람들에게 물어본다. "우리나라 수도의 이름을 아시나요?"거의 모든 사람들이 "네"라고 매우 빠르게 대답할 수 있다. 다음 질문이다. "과테말라에서 일곱 번째로 큰 도시의 이름을 아시나요?"이것도 쉽다. "아니오. 모릅니다."라고 빨리 대답할 수 있다. 하지만 컴퓨터는 다르다. 모른다는 대답을 안다는 대답처럼 빨리 하는 것이 불가능하다. 컴퓨터가 해당 지식을 가지고 있지 않다면 자신의 하드디스크를 끝까지 검색해본 후에야 "그런 파일은 없습니다."즉 "모릅니다."라는 대답을 할 수 있기 때문이다.

그렇다면 인간은 어떻게 이렇게 모른다는 대답을 빨리 할 수 있을까? 바로 친숙함의 정도를 판단의 근거로 쓰기 때문이다. 인간은 친숙하면 안다고 생각하고 낯설면 모른다고 생각한다. 메타인지가 작동하는 방식이다. 그래서 인간은 친숙하기만 하고 실제로는 모를 때 '할 수 있다.' 혹은 '알고 있다.'는 과도한 자신감으로 일을 시작해 실패한다. 일상생활의 예는 무수히 많다. 내가 매일같이 보는 자동차는 친근하다. 그래서 운전하고 가다가 고장 나면 고칠 수 있다는 생각으로 보닛을 연다. 하지만 할 수 있는 것은 아무 것도 없다. 선행학습을 과다하게 하면 학생들은 제목들에 친숙해지고, 알고 있다는 자신감을 부풀려 정작 학교 수업시간에는 눈과 귀를 닫는다. 이 모든 것들이 메타인지가 우리에게 파놓은 함정이다.

하지만 프로들은 이 함정에 빠지지 않는다. 왜? 이 메타인지가 똑똑하기 때문이다. 세상에는 두 가지 종류의 지식이 있다. 첫째는 '알고 있다는 느낌은 있는데 설명할 수 없는 지식'이고 또 다른 하나는 '느낌도 있고 설명도 가능한 지식'이다. 두 번째만 지식이다. 전자는 내가 나의 메타인지에 속고 있는 것이다. 프로들은 늘 설명한다. 그럼으로써 내가 할 수 있는 것과 없는 것, 알고 있는 것과 모르는 것을 스스로 점검하고 파악한다.

셋째, 프로들은 그 일을 오래 할 수 있다. 다시 말해 싫증을 내지 않는 것이다. 왜일까? 인간이 일을 하는 이유는 두 가지다. 첫째는 '싫은 것을 피하기 위해서'이다. 둘째는 '좋은 것을 가지기 위해서'이다. 각각 힘을 발휘하는 상황이 다르다. 어떤 일을 잠깐 동안 하려면 싫어하는 것을 피하기 위한 마음가짐이 더 낫다. 하지만 그 일을 오래 하려면 좋은 것을 상상하고 그것을 가지기 위해 하는 것이 훨씬 더 유리하다. 그래서 결과적으로 프로들은 목적의식이 있다고 하는 것이다. 거창해 보이지만 그 과정은 간단하다. 자신이 정말로 좋아하는 것이 무언인지 일단 생각해 보자. 그리고 이 일을 잘 해내서 그것을 가지자고 마음 먹어 보자. 단순해 보이지만 그 차이는 실로 엄청나다.

넷째, 프로들과 마니아들에겐 결정적인 차이점이 있다. 프로는 그 일을 어디까지 해야 하는가를 알고 있다. 일부 마니아들은 끝을 모른다. 그것이 일이든 취미이든 마찬가지다. 그래서 프로의 집중은 몰입이라고 하고 마니아들의 집중은 탐닉이라고 부르는 것이다. 그래서 프로는 시작과 중간도 좋지만 끝도 좋다.

그렇다면 한 번 생각해 보자. 우리는 언제 열중했던 일이나 행동을 마칠까? '만족'을 느끼는 순간이다. 밥을 먹을 때에도 술을 마실 때에도 우리는 만족을 느끼는 순간 그만 먹고 그만 마신다. 하지만 계속해서 먹거나 마시면? 고통스럽다. 탈이 나기도 한다. 그래서 제 때 만족을 느끼는 것은 정말 중요하다. 그렇다면 어떤 사람이 지혜롭게 적재적소에서 만족을 느끼는가? 잘 웃고 솔직한 사람이다. 왜냐하면 이런 사람들은 뇌에서 만족을 담당하고 있는 영역이 잘 발달되어 있기 때문이다. 실제로 웃음, 솔직담백함, 만족과 관련된 뇌 영역들이 이웃처럼 가까운 곳에 있다. 그 반대를 보면 더 쉽게 이해가 간다. 늘 음울한 사람, 거짓말 잘하는 사람들이 만족을 모르고 끝없이 이윤 추구를 하는 경우가 얼마나 많은가.

종합해 보자. 프로는 불안감 없이 일을 한다. 그래서 일을 시작하기 전에 하나의 일을 여러 개로 쪼개 나가는 과정을 반드시 거친다. 프로는 실수가 적다. 늘 설명을 즐기기 때문에 메타인지가 똑똑해져 할 수 있는 것과 없는 것들의 경계감이 명확하기 때문이다. 프로는 일을 오래 할 수 있다. 그 일을 통해 '이루고 싶은 것'이 분명히 있기 때문이다. 프로는 마니아와 달리 끝맺음도 명확하다. 늘 웃으며 솔직하기 때문에 '만족'이라는 것을 알기 때문이다. 프로가 만들어 내는 결과는 거창하지만 모두 우리 일상생활에서 얼마든지 변화시킬 수 있는 작은 습관들에 그 해답이 있는 셈이다.

프로가 되는 생활 습관

➜ 일을 시작하기 전에 반드시 잠시 생각하자. 그 생각의 중심은 일을 여러 가지로 나누는 것이다. 최대한 쪼개어 나누고 이를 적어내려 가다보면 순서와 경중이 자연스럽게 보인다.

➜ 입을 닫고 묵묵히 일하는 프로는 거의 없다. 항상 동료나 주위 사람들에게 자기의 의견이나 계획을 설명해 본다. 그 사람들을 납득시키는 과정에서 문득문득 '어? 여기서 내 설명이 막히네?'라는 느낌이 온다. 바로 그 지점이 내가 실패할 곳이다. 이를 찾아내야 하지 않겠는가? 필자가 알고 있는 많은 CEO들의 공통점이다. 심지어는 자기 집무실을 청소하는 분에게 사업계획을 설명하는 분도 있다. 청소하는 분도 납득시킬 수 있다면 소비자들을 납득시키지 못할 리가 없다는 것이다.

➜ 사람들에게 물어본다. 어떤 음식을 싫어하냐고. 참 많이들 이야기한다. 하지만 어떤 음식을 좋아하냐고 하면 "그냥 아무거나 먹죠."라고 한다. 좋아하는 것이 없는 사람은 결국 목표가 없다는 것이다. 피할 것만 많다는 이야기니 말이다. 나를 즐겁게 하는 것들을 평소에 꼭 시간을 내서 찾아다니고 알아낼 필요가 있다. 그 종류와 수만큼 나는 목적을 가지게 되며 일을 통해 이룰 수 있다. 그 일을 오래 할 수 있는 건 자연스럽게 따라오는 보너스다.

➜ 웃는다는 것은 참으로 신기한 마력을 가지고 있다. 당장 앞에 있는 사람의 기분을 좋게도 한다. 하지만 더 중요한 기능이 있다. 계속 쌓이다 보면 나의 '만족 센서'를 정교하게 만들어서 언제 멈출까를 결정하게 해 준다. 막무가내로 웃자는 이야기가 아니다. 많이 웃으려면 내 상태도 좋아야 한다. 답은 운동이다. 운동하면 건강해지고 건강하면 잘 웃을 수 있다. 이렇듯 운동해야 하는 이유는 끝이 없다.

몸과 마음의 작동원리

우리 몸도 생각을 한다

조금만 관심을 가지고 생각해 보면 우리는 참으로 재미있는 표현들을 쓴다. "나는 이제 손 씻었다." "그는 따뜻한 사람이다." "그 더러운 손을 치워." "그와 나는 가까운 사이야." 등등. 글자 그대로 해석하면 청결이나 온도 혹은 물리적 거리를 나타내는 문장들이다. 하지만 우리는 어린 아이가 아닌 이상 이를 각각 개과천선한 사람, 선한 사람, 나쁜 짓, 친밀한 관계를 의미하는 것으로 해석한다. 재미있지 않은가. 몸을 빌려 추상적인 개념을 표현하니 말이다.

이는 모든 언어와 문화에서 있는 일이다. 왜 이런 표현을 쓸까? 실제로 몸이 생각에 미치는 영향이 대단히 크기 때문이다. 그리고 인류는 오랜 세월 동안 경험해 왔기 때문에 무의식적으로 이를 일상생활 속에서 말에 담아 쓰고 있다. 이는 우리로 하여금 우리 일상생활에서 몸의 변화와 생각에 관해 좀 더 자세히 들여다 볼 필요가 있음을 의미한다.

하지만 사람들에게 묻는다. 생각은 어디서 하느냐? 당연히 대답은 뇌다. 몸은? 몸이 무슨 생각을 하냐고 반문하실 것이다. 하지만 우리의 생각은 부지불식간에 몸 상태의 영향을 강하게 받는다. 앞서 예로 든 표현들은 수많은 예들의 일부일 뿐이다. 소설가 중에 컴퓨터 키보드보다는 자신이 아끼는 만년필로 더 글이 잘 써진다고 하는 분들이 있다(물론 이 분들도 키보드 자판에는 능숙하다).

몇 가지 신기한 현상들도 있다. 따뜻한 컵을 들고 있었던 사람은 차가운 컵을 들고 있었던 사람보다 다른 사람을 따뜻하게, 호감 있게, 평가한다. 심지어는 지원자의 서류를 무거운 받침으로 들고 본 사람이 가벼운 폴더 안에 넣어 본 사람보다도 더 지원자를 무게감 있고 신중한 사람이라고 평가한다. 또한 같은 제품이라도 푹신한 카펫에 서 있는 사람이 딱딱한 마룻바닥 위에 서 있던 사람보다도 그 제품의 포근함과 따뜻함에 더 후한 점수를 준다. 재미있는 것은 마루 위에 있던 사람은 실용적인 측면에 더 관심을 가진다. 아예 신기한 현상을 관찰한 연구도 있다. 악플 같이 손을 통해 비도덕적 행위를 한 사람과 험담과 같이 입으로 부정적인 일을 한 사람은 각각 손 씻는 비누와 입을 씻는 구강청결제에 각각 더 관심을 보인다.

이 모든 연구들의 진위를 일일이 확인하는 것은 학자들의 몫이다. 하지만 분명한 점이 하나 있다. 우리의 몸 상태가 생각에 미치는 영향이 예상 외로 크다는 것이다. 좀 더 구체적으로 말하자면, 지금의 내 신체 상태는 가까운 미래의, 하지만 전혀 무관한 일들에도 영향을 미친다는 것이다. 따라서 내 몸의 상태와 생각, 더 나아가 일의 종류를 맞추는 것은 매우 중요한 일이다. 이 분야의 저명한 연구자인 조지 라코

프George Lakoff가 말했듯이 "뇌, 몸, 그리고 환경은 하나다!" 그래서 특별한 마음의 작동이 필요한 일을 할 때면 더더욱 몸은 결정적인 영향력을 지닌다. 그 특별한 마음의 작동이란 무얼까? 바로 '결정'이다. 인간의 생각이 궁극적으로 해야 하는 가장 중요한 임무가 무엇이겠는가? 당연히 결정이다. 그런데 이 결정은 참으로 어려운 일이다. 단순한 결정이라도 그렇다.

이와 관련한 재미있는 실험도 있다. 진 트웽이라는 심리학자가 다양한 물건들을 두 개씩 계속해서 보여주면서 A그룹의 참가자들에게는 각 쌍의 차이점을 비교 분석하도록 지시했다. B그룹의 참가자들에게는 둘 중 어느 물건이 더 마음에 드는지를 결정하도록 했다. 얼핏 보면 B그룹에게 주어진 일이 더 쉬워 보인다. 단순하게 고르기만 하면 되니까 말이다. 하지만 과제를 모두 마친 후 두 그룹 모두 차가운 물속에 손을 담그게 했다. 결과는? A그룹에 비해 B그룹 사람들은 훨씬 더 빨리 손을 빼고 말았다. 인내심이 바닥난 것이다. 단순히 결정만 하는 것으로도 사람들은 훨씬 더 많은 에너지를 썼기 때문이다. 바꿔 말하면 몸이 지친 상태에서 결정을 한다는 것은 참으로 어려운 일이 된다. 그래서 경험 많은 비즈니스맨들은 결정을 위한 회의는 피로가 쌓여 있는 늦은 오후에 절대 하지 않는 것이다.

몸과 마음과 생각은 같이 움직인다

자, 그렇다면 어떻게 무엇을 해야 하는가? 너무 심각할 필요는 없다. 오히려 내 몸을 둘러싼 작은 변화도 생각을 긍정적으로 변화시킬 수 있으니 지혜롭게 볼 필요가 있음만 알면 된다. 도시에 사는 우리는 대부분 네모난 고층빌딩에서 일을 한다. 그 건물의 각 층은 대부분 거의 같은 구조이고 같은 조명이며 같은 온도다. 그러니 같은 생각을 하기 십상이다. 하지만 막막하고 어려우며 따라서 발상의 전환이 필요한 문제에 봉착했다면? 뇌에만 의존하지 말고 내 몸을 조금이라도 다른 공간에 넣어줄 필요가 있다. 반대로 실수하면 안 되는 일을 일사불란하고 긴급하게 해야 한다면? 사람들을 동질화시키는 것이 가장 중요하다. 조명, 온도, 심지어는 먹는 음식들에도 동질화가 필요하다. 그러면 사람들은 생각을 맞추고 공통된 의견으로 갈 가능성을 스스로 높인다.

조금 더 생각해 보자. 왜냐하면 앞서 말한 바와 같이 내 몸의 상태와 생각, 더 나아가 일의 종류를 맞추는 것은 매우 중요한 일이기 때문이다. 이는 무슨 뜻일까? 일종의 호환성을 맞춰보라는 것이다. 미네소타 대학의 저명한 경영학자이자 심리학자인 조엔 마이어스-레비(Joan Meyers-Levy) 교수를 비롯한 많은 연구자들이 몇 년 전부터 참으로 재미있는 연구를 해오고 있다. 연구 결과들을 요약하자면 다음과 같다. 사람들이 가장 일을 잘하는 경우가 다음의 두 가지 조합 중 하나라는 것이다. 첫째는 '높은 천장 + 넓은 공간 + 접근동기 + 새로운 아이디어를 만들어 내는 일'이며 둘째는 '낮은 천장 + 좁은 공간 + 회피동기 + 실수하면 안 되는 일'이다. 여기서 접근동기는 좋은 것을 가지고 싶은 마음을 의미하며, 회피동기는 싫은 것을 피하고자 하는 욕구이다. 가장 중요한 점은 각 조합에서 하나라도 어긋나면 평범하거나 평범에도 미치지 못하는 성과를 보이더라는 것이다. 그래서 심리학자들은 '일-몸 상태-환경'의 호환성을 중요하게 여기기 시작했다.

몸을 무시하지 말라. 몸은 우리 생각에 막대한 영향을 우리가 눈치 채지 못하는 순간에 늘 미치고 있음을 알아야 한다.

자신의 마음과 소통하는 법

→ 당신의 의견에 동의가 필요한 회의에 임한다면 그 방의 온도에 신경 쓰라. 따뜻함을 느낄 수 있을 정도의 쾌적함이 당신 의견에 대한 호감을 상승시킬 것이다.

→ 당신의 의견을 선택하는 '결정'이 필요한 회의라면 참석자들의 힘이 남아 있을 때하라. 참석자들이 기진맥진해 있는 상태라면 결정은 뒤로 미뤄질 것이고 따라서오늘의 회의는 결국 시간낭비가 될 수 있을 것이다.

→ 비중 있게 다뤄지기 원하는 안은 글자 그대로 비중 있는 매개체(예를 들어 서류철)에 담아 전달하라. 상대방도 무의식적으로 그 안을 비중 있게 생각해 줄 가능성이 높다.

→ 잠을 이기려고 하지 말라. 잠을 잘 잔 상태에서 좋은 생각을 한다는 것은 이제 결코 놀라운 연구 결과가 아니라 상식이 되었다.

→ 무언가를 먹을 때 혹은 어딘가에 들어갈 때 '왠지 모르는'느낌들이 주는 신호들을 무시하지 말라.

→ 당신이 리더라면 팔로어들을 잘 먹이고 잘 재워라. 그럼으로써 충전된 몸은 일에 있어서 반드시 긍정적 결과로 연결된다. 구내식당이나 사내 카페테리어의 커피 머신 등만 봐도 그 회사의 미래가 보인다는 말을 경험 많은 컨설턴트들이 괜히 하는 것이 아니다.

→ 결론적으로 내가 어떤 상태, 어떤 공간, 어떤 시점에서 가장 일을 잘 했는가를 꼼꼼히 기록해 놓으라. 그것이 바로 나의 생각과 몸의 성공 히스토리이며 성취를 위한 나만의 빅데이터다. 하지만 전혀 새로운 작업도 아니며 굳이 어려운 일도 아니다. 유치원 때부터 귀가 따갑게 '하면 좋다'고 들은 이야기다. 바로 일기다. 일기에는 나의 성공과 실패에 관한 수많은 주변 정보가 들어 있다. 일기라는 간단한 습관을 통해 내 몸과 생각이 어떨 때 가장 궁합이 맞는가에 관한 신비를 풀 수 있다. 위인들이 하나같이 일기를 쓴 중요한 이유 중 하나가 바로 여기에 있다.

머리에서 발끝 사이

뇌가 만들어내는 감각과 경험은 허구다

우리가 무언가를 느낄 수 있는 이유는 무엇인가? 뇌가 있기 때문이다. 하지만 뇌만 가지고 만들어 내는 감각과 경험은 허구다. 외부 세상에는 존재하지 않는 것에 대한 느낌이기 때문이다. 실제로는 이래야 한다. 다양한 감각기관이 있고 그들로부터 받아들이는 정보를 뇌가 어떻게 해석하는가에 따라 우리의 경험과 생각이 결정된다. 그렇다. 감각기관이 입력장치라면 뇌는 '해석장치'다. 왜 해석이라는 말을 쓰는가. 감각기관으로부터 받아들이는 정보를 있는 그대로 나타내지 않기 때문이다. 예를 하나 들어 보자.

우리 눈에는 망막이라는 것이 있다. 여기서 모든 것을 뇌로 전달하고 그것을 뇌가 해석한 결과가 우리가 '본다'고 생각하는 모든 것이다. 우리는 세상을 몇 차원으로 지각하는가? 당연히 3차원이며 따라서 입체다. 하지만 생각해 보자. 망막은 말 그대로 막의 일종이므로 2차원

벽이다. 벽에 맺힌 정보는 2차원인데 왜 우리는 3차원을 보는가? 그만큼 우리는 무언가를 해석해 더 추가한다는 것이다. 우리는 세상에 대한 해석자다.

하나만 더 예를 들어 보자. 이번엔 청각이다. 소리를 물리적으로 두 배 더 크게 들려준다. 사람들은 이 소리를 두 배만큼 크게 느낄까? 아니다. 인간이 들을 수 있는 가장 작은 소리와 귀청이 찢어질듯 한 소리 간에는 물리적인 에너지의 실제 차이가 수백만 배에 이른다. 하지만 우리는 대략 100~150배 정도의 차이만 느낀다. 그래서 데시벨$_{DB}$이라는 단위를 사용하는 것이다. 데시벨은 일종의 로그$_{log}$ 씌우기다. 고등학교 시절 배웠던 수학을 잠시 상기해 보자. 로그 10은 1, 로그 100(10^2)은 2, 로그 1000(10^3)은 3이지 않은가. 소리가 물리적으로는 1000배 더 커져도 우리는 고작 몇 배 정도 커졌다고 느낀다는 것이다.

왜 이런 왜곡이 일어나는 것일까? 우리의 감각기관과 뇌의 사이에는 우리 자신의 '상태'라는 엄청난 변수가 존재하며 이것이 사실 더 중요하기 때문이다. 이 상태가 감각기관을 통해 들어오는 외부의 소식을 뇌로 하여금 '해석'하게 해야 더 좋기 때문이다. 예를 들어보자. 모르핀과 같은 진통제는 일반적으로 불안이 수반되는 통증에 더 큰 효과를 지니는 것으로 알려져 있다.

치열한 전투 후에 응급치료를 받고 후송 대기 중인 병사들은 약 25% 정도만이 진통제를 요구하는 데 반해 비슷한 정도의 상처를 입은 일반 병원의 수술환자들은 80% 이상이 진통제를 요구하는 것으로 조사되었다. 왜 같은 정도의 상처인데 진통제를 요구하는 비율에 이렇게 큰 차이가 있는 것일까? 답은 불안에 있다. 전투가 끝난 뒤 후송 대기 중인 병사들은 최소한 당분간 전투를 치르지 않아도 된다. 그러니 전장으로 다시 투입될 것이라는 근심(불안)을 할 필요가 없는 이들은 현재의 고통을 덜 느끼고 있으며, 따라서 진통제를 달라는 소리를 덜 한다는 것이다.

우리는 감각기관을 통해 들어온 정보를 통해 무섭다, 불안하다, 신난다, 재미있다 등 수만 가지의 정서를 느낀다. 또 이 감정에 의해 다음 행동을 결정한다. 즉 외부로부터의 정보, 나의 상태, 뇌라는 세 가지 변수의 상호작용을 통해 우리가 느끼는 것이 결정된다는 것이다. 따라서 어떤 사람으로 하여금 논리적이고 이성적인 정보를 주고 생각하게 하는 것으로는 별 효과가 없는 경우가 허다하다. 만지게 하고 냄새 맡게 해야 하며, 들려주는 것을 곁들여야 한다. 그러면 사람들은 그 중에서 자신의 상태(결국 욕구)와 가장 잘 맞아 떨어지는 정보에 유독 주의를 기울여 결국에는 더 편하게 해석해 낸다. 머뭇거리면서 시간을 끌어 나를 답답하게 하지 않는다. 가부간의 답을 더 일찍 낸다는 것이다. 이것만으로도 얼마나 좋은 일인가.

협상과 설득에 숨겨진 심리의 비밀

지금까지의 내용만 보더라도 신체감각과 뇌의 관계는 정말로 복잡하다. 하지만 분명한 건 결국 하나다. 신체감각에 관한 정보를 더해 상대방을 설득하는 것과 단순히 말로만 상대방을 설득하는 것에는 엄청난 차이가 있다는 것이다.

수많은 예가 있다. 자동차 딜러가 차를 팔 때 고객에게 만져 보게 할 때와 그렇지 않은 경우 차를 팔 수 있는 확률에는 엄청난 차이가 난다.

스마트폰의 딱딱한 질감은 케이스의 곡선 부분으로 상쇄된다. 지쳐 있는 사람은 그렇지 않은 사람보다 고통에 더 약하다. 병원에서 충분히 휴식을 취한 환자들은 의사들에게 덜 공격적이다. 아무리 아름답거나 잘생긴 이성도 약간의 좋지 않은 냄새로 정나미가 떨어진다. 담배를 피우고 싶은 사람에겐 평소보다 담배가 더 커 보이며 가난한 집 아이들은 부잣집 아이들보다도 동전의 크기를 더 크게 추정한다. 감각과 뇌, 그리고 인간의 상태가 지니는 삼각관계에 관한 이야기는 시간만 더 주어지면 수백 쪽에 걸쳐 이야기해도 모자란다.

따라서 조명, 냄새, 공간 등 감각기관을 통해 들어오는 수많은 정보들은 무의식적으로 우리와 상호작용하여 어떤 일을 더 잘 풀리게도, 혹은 더 꼬이게도 한다. 그러니 일이 어려울 때에는 그 일에 대한 몰입도 좋겠지만 환경을 바꿔 보는 것이 무엇보다도 필요하다. 조금만 걸어 나가 다른 환경으로 들어가도 인간의 오감을 통해 들어오는 정보가 완전히 달라지기 때문이다. 몇 가지의 팁을 아래에 제시해 보기로 하겠다. 인간이 원래 그렇게 설계되어 있는 것이니 논리적인 타당성은 고민하지 말고 읽어보시라.

뇌와 감각기관을 조화시키는 법

➜ 매우 불안하거나 힘들 때에는 중요한 판단을 하지 마라. 이런 상태에선 간단하고 구체적인 안을 좋아하게 되어 있다. 그리고 그런 것들이 눈에 더 잘 들어오고 귀에 더 잘 들린다. 판단이 망가진다.

➜ 날씨는 인간의 판단에 생각보다 굉장한 영향력을 지닌다. 평상시와는 매우 다른 날씨에 내린 판단이 평범한 날에도 유효한지를 숙고해보라. 바뀌는 경우가 꽤 있다.

➜ 창조적인 일을 하려면 넓고 높은 공간으로 가라. 반면에 실수하면 안 되는 정밀한 일을 해야 한다면 좁고 낮은 공간이 필요하다. 그런데도 우리가 이를 자주 미스매치 시킨다. 예를 들어보자. 브레인스토밍은 왜 하는가? 새로운 아이디어를 만들어 창의적인 일을 하기 위해서다. 그런데도 "우리 브레인스토밍 하러 회의실에 들어가지."라고 말한다. 브레인스토밍을 위해서는 들어가는 것이 아니라 밖으로 더 나가야 한다.

➜ 냄새는 인간의 오감 중 가장 정서와 관련이 깊은 감각이다. 중요한 곳에 가기 전에 거울만 보지 말고 나로부터 어떤 불편한 향이 나는가를 곁에 있는 사람에게 확인 받아야 한다.

➜ 그림은 분석력을, 소리는 상상력을 자극한다. 따라서 감성에 호소하는 중요한 메시지일수록 텍스트를 과하게 사용하고 있지 않은지 확인해 봐야 한다.

➜ 식욕과 미각 모두 음식과 관련 있지만 상당 부분 다른 욕구와도 관련이 있다. 배고픔은 불편한 것이다. 따라서 배고픈 사람을 배부르게 만드는 것은 좋지 않은 일을 피해야 할 때 관심 가져야 할 부분이다. 하지만 무언가 좋은 일을 추구하고 있을 때에는 배부르게 만드는 것이 아니라 맛있는 것으로 가야 더 호환성이 있는 것이다.

두 가지 종류의 히어로

두 가지 종류의 히어로 : 접근과 회피

히어로. 심리학적으로 정의가 되는 개념은 아니다. 아니, 더 정확하게 말하자면 심리학자들이 히어로가 무엇인지에 대한 연구를 구체적으로 해왔던 것은 아니다. 왜냐하면 히어로란 상황과 대상에 따라 가변적이며 바라보는 시점에 따라서도 다르기 때문이다. 건물에 불이 났을 때에는 용감하게 불을 끄고 인명을 구조하는 소방관이 히어로이고 배가 고파 울다 지쳐 잠든 아이들에게는 일을 마치고 돌아와서 맛있는 저녁상을 차려주는 엄마가 히어로이다. 따라서 심리학자들이 정의하고 연구하기에는 다소 어려움이 있는 포괄적인 개념일 것이다.

하지만 인간과 관련된 모든 것을 관심사로 두고 있는 심리학에 기초해 히어로를 생각해 보는 것은 얼마든지 가능하다. 게다가 방금 전, 예로 든 소방관과 엄마는 심리학적으로 분명히 구분되는 다른 종류의 히어로이기 때문이다. 지금부터 그 연결고리를 풀어보자. 그러려면 우리로 하여금 어떤 행동이나 생각을 하게 해 주는 힘인 동기動機에 관해 먼저 알아보아야 한다. 왜냐하면 동기라는 것을 이해해야만 어떤 대상을 어떻게 바라보는가가 이해되기 때문이다. 히어로도 마찬가지이다.

이 책의 첫머리에서 설명한 것처럼 미국 컬럼비아 대학의 저명한 심리학자인 토리 히긴스Tori Higgins 교수는 인간의 동기를 두 가지로 나누어 설명한다. 첫째는 접근동기이다. 이는 무언가 좋은 것에 가까워지거나 그 좋은 것을 가지려고 하는 동기이다. 다른 하나는 회피동기이다. 이는 무언가 좋지 않을 것으로부터 멀어지거나 그것을 피하고자 하는 동기이다. 더 중요한 점은 이 둘 중 어느 동기를 취하느냐에 따라 결과로서의 정서가 달라진다는 것이다. 접근동기를 가지고 어떤 일을 열심히 하거나 어떤 대상을 바라보면 원하는 결과가 나올 때 느끼는 마음이 기쁨 혹은 행복일 것이다. 그리고 그 결과가 성취되지 못하면 속상함, 즉 슬픔을 느끼게 될 것이다. 하지만 회피동기에서는 어떨까? 아마도 바라던 결과가 나오면
"휴, 살았구나."하는 안도감을, 바라던 결과가 나오지 않으면 초조함과 불안을 느낄 것이다. 어떤 동기를 지니고 있느냐에 따라 '행복-슬픔' 혹은 '안도-불안'의 정서 차원이 형성된다.

비극을 막아주는 슈퍼맨형 히어로

우리가 흔히 영화나 방송에서 보는 히어로들은 회피동기에 입각한 히어로들이다. 지구를 '구하는' 슈퍼맨, 지하철에서 선로에 빠진 아이를 '구하는' 용감한 시민 등 무언가 큰 비극을 막아주는 장면을 보면서 우리는

"휴, 큰일 날 뻔 했네."라는 안도감으로 가슴을 쓸어내린다. 정확하게 회피동기에 해당하는 일들이다.

무언가 이렇게 좋지 않은 일들을 예방하는 것을 성공적으로 해 낸 사람들은 분명 세상에 소중한 존재들이다. 우리로 하여금 '안심'하게 해 주는 '예방'의 큰 역할을 담당하고 있기 때문이다. 하지만 하나가 빠져 있다. 바로 행복과 기쁨이다. 접근동기가 우리에게 주는 선물들 말이다.

우리를 행복하게 해주는 일상의 히어로들

거리에서 일터에서 누구든 붙잡고 물어보라. 당신 인생의 궁극적인 목표는 무엇이냐고. 그럼 대부분의 사람들은 '행복'이라고 대답한다. 틀린 이야기가 아니다. 왜냐하면 우리 모두는 행복하게 살고 싶어 하는 것이 사실이기 때문이다. 하지만 간과되고 있는 중요한 점은 이 행복이란 것이 접근동기에 의해 만들어지는 상태라는 것이다. 따라서 무언가 크게 부정적인 것을 예방해 주는 사람들보다는 작더라도 좋은 것을 주는 사람들로부터 느낄 수 있는 것이 기쁨이고 행복이다. 엄청나게 좋은 것을 주면 더 좋겠지만 이는 상당 부분 나의 노력이 필요한 것이기 때문에 현실적으로 쉽지 않다.

하지만 우리 주위에는 나에게 '있으면 좋은 작은 것들, 따라서 작은 행복을 느끼게 해 주는 것들'을 주는 많은 사람들이 있다. 친절하게 나를 맞아 주는 직장의 경비원 아저씨, 사소하지만 나에게 도움을 주는 동료들, 내게 무언가 좋은 일이 생기면 같이 즐거워해 주는 가족들. 나에게 작은 기쁨과 미소를 주는 사람들이라면 내 인생의 궁극적인 목적인 행복을 향해 나아갈 수 있도록 해 주는 소중하고 고맙기 그지없는 사람들이다. 그리고 이는 지구를 구하는 슈퍼 히어로라고 해도 결코 줄 수 없는 것들이다. 얼마나 가치 있는 존재들인가. 또 다른 히어로들이다. 일상의 히어로들이란 이야기이다. 그렇다면 나 역시 그 사람들에게 마찬가지로 작은 일상의 히어로가 되어야 하지 않을까?

나에게 어떤 사람들이 히어로인가도 중요하지만 나 역시 그들에게 히어로가 되어야 한다. 서로가 서로에게 작지만 좋은 느낌을 주는 일상의 히어로가 된다면 아마도 그 사람들이 하나로 뭉친 조직은 그 자체로서 접근동기형 슈퍼 히어로로 재탄생할 수 있을 것이다. 덧붙이자면 오래 해야 할 일들, 장기적인 관점을 지니고 봐야 할 분야들, 창조적이거나 혁신적인 성취들은 회피동기보다는 접근동기에 의해서 더 탄력을 받고 가능해진다고 한다. 우리가 현재와 미래에 꿈꾸고 있는 비전들이 대부분 여기에 해당할 것이다. 국가, 사회, 조직이 일상에 있어서 접근동기형 사람들을 많이 지니게 되면 그 보너스로 이룰 수 있는 것들이 정말 많다.

우리는 돈에도 제목을 붙인다

돈이라고 다 같은 돈이 아니다

우리는 돈을 어떻게 취급하고 또 사용할까? 간단한 질문인 것 같지만 사실 이 질문에 대한 대답은 매우 다양하며 또 복잡하다. 그 중 많은 사람들에게 공감을 불러일으킬만한 이론 하나를 소개해 보기로 하겠다. 이 이론은 사람들이 돈을 어떻게 생각하는가에 관한 설명에 그치는 것이 아니라 인간의 판단과 의사결정에 대한 중요한 의미를 우리로 하여금 깨닫게 한다. 결론부터 말하자면, 돈은 다 같은 돈이 아니라 돈에는 제목이 존재하며 각 제목마다 전혀 다른 방식으로 취급받는다는 것이다.

이는 행동경제학의 대부로 알려진 리처드 탈러Richard Thaler가 인간의 판단을 설명할 때 자주 사용하는 주제적 프레이밍topical framing과도 일맥상통하는 이야기이다. 탈러에 의하면 사람들은 어차피 합치면 다 같은 돈이라도 그 돈을 심리적 목적에 맞게 이름을 붙인다.

상황 A. "10만 원이 지갑에 있었는데 영화관에 갔다. 영화표는 1만 원이다. 그런데 가는 길에 1만 원을 잃어버렸다. 그래도 영화를 보시겠습니까?" 대부분의 사람들이 그래도 영화를 보겠다고 한다. 1만 원을 잃어버려 기분은 좀 상하지만 어쨌든 9만 원이 남아있기 때문이다. 그런데 다음 상황은 어떤가?

상황 B. "10만 원이 있었는데 오후에 볼 영화표를 1만 원을 주고 아침에 미리 사두었다. 따라서 지갑에는 9만 원과 영화표가 있었다. 그런데 영화관에 도착해 보니 영화표를 잃어버렸다는 것을 알았다. 이 영화표는 재발행되지 않는다. 그래도 영화를 보시겠습니까?"

예를 들자면 다음과 같다. 상황 B에서는 다시 1만 원을 내고 영화표를 사서 보겠다는 사람의 수가 상황 A에서 그래도 영화를 보겠다는 사람에 비해 눈에 띄게 줄어든다. 실제로 이와 유사한 실험이나 상황에서 사람들은 B의 경우에 더 속상해 한다. 생각해 보면 우스운 일이다. 왜냐하면 두 상황 모두에서 그 사람은 1만 원의 손실을 입은 것이고 여전히 지갑에 9만 원이 있기 때문이다.

왜 이런 차이가 날까? 탈러에 의하면 그 이유는 이렇다. 상황 A의 사람은 지갑에 있는 돈에 대한 마음의 계좌account가 하나다. 즉 10만 원짜리 계좌 하나가 있는 것이다. 그리고 여기서 1만 원이 사라졌으니 10%의 손실이다. 그런데 B 상황 하에 있는 사람은 마음의 계좌가 하나가 아니라 두 개다. 하나는 9만 원짜리 현금 계좌이고 다른 하나는 1만 원짜리 영화(를 위한) 계좌이다. 그 중 두 번째 계좌에서 100%의 손실이 일어난 것이다. 10%와 100%의 손실 어느 것이 더 가슴 아프겠는가? 당연히 후자다. 그래서 우습게도 사람들은 상황 B에서 더 속상하며 다시금 그 100%를 메워야 하는 소비가 꺼려진다는 것이다. 이 이야기는 현대 경제학과 심리학이 만나 인간의 판단과 결정을 연구하는 중요한 학문 분야로 자리매김하고 있는 행동경제학behavioral economics에서 가장 핵심적인 이론인 심성 회계학mental accounting의 근본 가정 중 하나이다. 즉, 사람들은 돈, 행동, 일 등 그것이 무엇이든 주제별로 묶고 다른 주제면 다르게 취급한다는 것이다.

제목을 붙이는 순간 나의 행동이 달라진다

우리는 부지불식간에 돈에 이름 즉, 제목을 붙인다. 그리고 그 제목은 대부분 그 돈의 사용처를 의미한다. 그리고 그 사용처가 달라지면 사람들은 소비를 꺼린다는 것이다. 지갑 속에 10만 원을 넣어두면 하루 이틀 지난 뒤 어느새 다 없어지고 말지만, 그 10만 원 중 3만 원을 비상금이라고 이름 붙이고 난 뒤 한두 번 접어 지갑의 다른 칸에 넣어두면 좀처럼 꺼내 쓰지 않게 된다.

결국의 합은 같은 것임에도 불구하고 왜 우리는 이렇게 다른 양상의 생각과 그에 따른 행동을 하는 것일까? 사실 돈에만 제목을 붙이는 것이 아니다. 우리 인간은 의미 혹은 주제를 시간이나 행동 같은 연속적인 것들에 부여하고 그 주제에 따라 불연속적인 것으로 끊어 내어 생각하기 때문이다. 연속적이기 때문에 아날로그인 세상을 디지털적으로 즉, 주제별로 분리해 생각하고 행동하는 것이 바로 인간이다. 따라서 내가 지금 중요하게 혹은 중요하지 않게 생각하는 측면 각각을 뒤집어서 고려해 볼 필요가 늘 있는 것이 인간이다.

세일은 우리를 착각하게 한다

그래서 세일은 우리로 하여금 늘 무언가를 착각하게 만든다. 같은 할인이라도 무언가 더 큰 디스카운트를 느낄 수 있기 때문이다. 그것이 어디서부터 어떻게 만들어진 숫자인지 모름에도 불구하고 'OO% 세일'이라는 문구와 가격표를 보는 순간 우리는 마음을 필요 이상 열고 무장을 해제하곤 한다. 그래서 필자는 종종 "마음에 드는 물건을 발견했다면 그 물건의 가격표를 보기 전에 가격을 마음으로 미리 매기라."고 충고한다. 그러면 그 OO%의 세일에 그다지 큰 고마움을 느끼지 않을 수 있게 되고 따라서 내 지갑을 별다른 생각 없이 열게 되는 경우를 꽤 줄일 수 있게 된다.

다시 한 번 이를 우리 실생활에 적용해 생각해 보자. 심성 회계 이론에 따르면, 우리 주위에는 덜 비싼 영역에서 매우 높은 비율의 절약이나 비용 감소가 일어나고, 그 즐거움으로 인해 훨씬 비싼 다른 영역에서의 낮은 비율의 추가 지출이 일어난다. 하지만 결국에는 더 큰 지출을 부지불식간에 마다 않는 경우가 얼마든지 있을 수 있다. 그래서인지 라스베이거스같이 카지노로 불야성을 이루는 곳들의 호텔과 식사는 생각보다 저렴한 경우가 많다. 비율정보인 %에 현혹되지 않을 필요가 있다. 돌아보면 일상생활에서 이런 경우가 상당히 많다.

비슷한 사람끼리 더 갈등하는 이유

두 가지 종류의 차이

인지심리학자들은 세상에 두 가지 종류의 차이가 있다고 말한다. 상대비교를 통한 차이, 질적으로 다른 무언가에 기초한 차이이다. 이 두 종류의 차이점을 우리는 곧잘 혼동하기 때문에 '차이(즉, 변화)'를 추구했는데도 별로 다르지 않은 결과를 받아 들고 당황스러울 때가 있다. 그 두 가지 차이점은 무엇일까? 이를 위해서는 먼저 '같다'혹은 '비슷하다'는 느낌에서부터 출발을 해 볼 필요가 있다.

아래를 보자. 어떤 쌍이 서로 더 유사한가?

쌍 A : 데스크톱 PC – 노트북

쌍 B : 데스크톱 PC – 고양이

사람들의 반응은 뭐 이런 걸 물어보나 싶을 정도의 코웃음이다. "당연히 데스크톱 PC와 노트북이 서로 더 유사하지요!"라고 대수롭지 않게 대답한다. 이들에게 다음 질문을 던진다. "그렇다면 쌍 A에서보다는 쌍 B에서 차이점을 더 많이 볼 수 있겠네요?" 라고 말이다. 이번에도 사람들은 "당연히 그렇겠죠."라고 대답한다. 정말 그럴까? 결과는 대부분 정반대로 나타난다. 실제로 사람들에게 "그렇다면 2분을 드릴 테니 둘 간의 차이점을 최대한 많이 써보세요."라고 주문한다. 그러자 사람들은 '데스크톱 PC와 노트북'간의 차이점들을 어렵지 않게 써 내려간다. 크기, 사양, 형태 등 그 측면들도 다양하다. 그런데 같은 시간을 주고 사람들에게 '데스크톱 PC와 고양이'간의 차이점을 써보라고 하면 사람들은 약간 당황해 하면서 쉽게 써 내려가지 못한다. 딱히 비교할 만한 것들이 없기 때문이다.

이는 꽤 흥미로운 역설이다. 왜냐하면 더 유사하다고 생각하는 둘 혹은 그 이상의 대상들로부터 차이점을 더 많이 그리고 쉽게 떠올릴 수 있기 때문이다. 우리 주위를 돌아보면 더 가깝고 유사한 관계에 있는 대상들로부터 차이점을 더 강하게 느끼고 따라서 갈등을 겪는 일도 많다. 한국과 일본의 차이를 한국과 아프리카의 탄자니아와의 사이에서 보다 더 쉽게 느낄 수 있는 것도 한 예일 것이다. 한 마디로 공통점이 많이 존재할수록 그 공통점에 기초한 차이, 더 나아가 비교를 더 쉽게 할 수 있다는 것이다.

비교가 쉽다는 것은 무엇을 의미하는가? 이는 나의 판단과 결정에 좋은 '이유'나 '구실'의 역할을 할 수 있다는 것을 뜻한다. 심리학자들은 바로 이점에 주목하고 있다. 연구를 종합해 보자면 사람들은 최적의 것

또는 질적으로 다른 장점을 지닌 무언가를 선택하기보다는 비교가 쉽고 따라서 내 결정의 이유를 쉽게 말할 수 있는 대상을 선택하는 경우가 빈번하다는 것이다. 언뜻 보면 선택의 본말이 전도된 것처럼 생각되지만 우리 자신과 주위에서 이렇게 '이유를 가장 잘 댈 수 있을만한'것을 선택하는 경우를 어렵지 않게 볼 수 있다. 특히 내 선택이나 결정이 누군가에게 의해 언젠가는 평가받을 수도 있을 것이라고 생각하면 이런 경향은 더욱 강해진다.

상대비교를 위한 차이와 질적인 차이

다시 데스크톱 PC, 노트북, 그리고 고양이의 예로 돌아가 보자. 데스크톱 PC와 노트북 사이에는 키보드, 스크린, CPU, 하드 디스크 등 다양한 공통점들이 존재한다. 그리고 그 공통점들에 기초한 크기, 해상도, 용량 등의 차이들이 쉽게 눈에 띈다. 이러한 차이들은 이른바 '상대비교'를 하기 쉬운 측면들이다. 하지만 데스크톱 PC와 고양이 간에는 공통점이 거의 없기 때문에 어렵사리 떠올린 차이점들은 대부분 질적인 차이들이다. 인공물과 생명체 등 본질적으로 다른 측면들이라는 것이다. 그렇기 때문에 상대비교를 하기가 거의 불가능하다. 따라서 말로 표현하기가 힘들다.

나의 선택이 다른 사람들에게 어떻게 평가를 받을까 하는 염려가 크면 클수록 사람들은 상대비교에 집착한다. 따라서 상대비교에서 우위에 있는 대상이나 인물을 선택하려는 경향을 더 강하게 보인다.

심리학자들은 이러한 경향성을 '이유-기반 선택'이라고 부른다. 왜냐하면 앞서 살펴본 바와 같이 '이유'를 말하기가 더 수월하기 때문이다. 하지만 이러한 염려가 적은 경우에는 질적인 차이점을 고려하기 시작한다. 이제 타인을 의식하는 것이 아니라 나의 마음이 끌리는 방향으로 선택을 하면 그만이고 다른 사람에게 그 이유를 설명할 필요와 염려를 크게 하지 않아도 되기 때문이다. 물론 여기에는 또 다른 측면이 있다. 예를 들어 어떤 물건을 구입했을 때 그 가격이 적절했느냐보다는 구입할만한 좋은 이유가 있었는가가 판단하거나 생각하기에 훨씬 더 쉬운 측면이 있기 때문이기도 하다.

어찌됐든 종합해 보면, 사람들은 대상 자체보다는 그 이유에 여러 모로 집착하는 모습을 종종 보인다. 물론 이유도 판단을 내리는 데 있어 중요한 요소겠지만 그 이유를 쉽게 발견할 수 있는 것과 그 이유가 중요한 것은 분명히 구분되어야 하는 측면들이다. 그린데도 사람들은 선택의 이유를 쉽게 발견할 수 있는 대상이나 인물을 덥석 선택해 버리곤 한다는 것이다.

따라서 이러한 '이유-기반 선택'의 경향은 개인보다는 집단일 때 더 강하게 나타난다. 집단 구성원들 간의 반목과 대립을 줄일 수 있는 무언가가 필요하기 때문이다. 많은 경우 집단이나 조직 내에서 토론이나 협상 이후에 오히려 반목과 대립이 더 심해지는 현상이 일어난다. 서로의 입장 차이를 이제 분명히 확인했기 때문이다. 특히 이러한 갈등은 각자가 중요하다고 생각되는 것이 질적으로 다른 무엇일 때 더 크게 나타난다. 이때 무언가 대안이 필요한데 이 대안들은 언어적으로 매우 유창하게 설명이 되는 것일수록 더 잘 선택될 가능성이 크다. 즉 이제는 상대 비교가 쉬운 측면들이 중요하게 논의되는 것이다. 따라서 선택이나 결정의 책무가 주어진 사람들은 이처럼 '말로 표현하기 쉬운 이유'를 자꾸 찾아 헤매기 십상이다.

말로 표현하기는 어렵지만 마음이 끌리는 선택

소비자들은 이유를 잘 댈 수 있는 선택을 하는 것이 아니라 이른바 '끌리는 것'이나 '꽂히는 것'을 집어 들고 계산대로 향한다. 말로 표현하기는 어렵지만 좋은 것들을 우리가 자주 놓치고 고려하지 못하는 경우가 생각보다 꽤 많다는 것을 잊지 말아야 한다.

기업도 마찬가지다. 신제품을 개발하는 과정에서 벌어지는 수많은 회의는 그 제품을 그렇게 만들어야 하는 '이유'들을 말로 표현해야 하므로 말하기 쉬운 방향으로 흘러가기 쉽다. 하지만 소비자들은 이유를 잘 댈 수 있는 선택을 하는 것이 아니라 이른바 '끌리는 것'이나 '꽂히는 것'을 집어 들고 계산대로 향한다. 말은 인간에게 너무나도 중요한 의미 전달의 수단이지만 의미 자체에 인간을 지나치게 집착시켜 정작 중요한 것을 놓치게 만드는 실수를 범하게도 한다. 그 중 하나가 바로 '이유'이다.

맥락이 바뀌면 의사결정이 달라진다

우리의 판단에는 어떤 것들이 영향을 미칠까

인간이 어떤 대상에 대해 판단할 때 그 대상에만 집중하여 판단하는 것이 아니다. 주변이 대상에 대한 느낌을 결정하는 경우가 상당히 많다. 아래의 그림을 보자.

왼편의 가운데 작은 사각형과 오른편의 가운데 작은 사각형은 같은 색과 같은 밝기를 지니고 있다. 하지만 왼편보다는 오른편의 것이 더 어두워 보인다. 주위(즉, 맥락)의 밝기가 다르기 때문이다. 그런데 이는 우리 인간이 색을 지각하는 양상에서만 일어나는 것이 아니라 훨씬 더 복잡하고 고차원적인 판단과 의사결정에서도 얼마든지 일어나는 일이다. 가끔 이런 경우가 있다. 마트에서 A와 B 두 개의 물건을 놓고 고민에 빠진 것이다. 예를 들자면 아래와 같은 상황이다.

A와 B 두 물건의 비교

A는 품질이 B보다 좋고 B는 A보다 가격경쟁력이 좋기(즉, 저렴하기) 때문이다. 도무지 무엇을 골라야 할지 판단이 서지 않으며 따라서 망설이게 된다. 그런데 진열대에서 A와 B 곁에 있는 제3의 브랜드인 C가 눈에 들어온다. 사실 C를 구매한다는 것은 바보 같은 일이다. 그런데 C로 인해 A와 B 간의 우열이 더 쉽게 가려진다. 아래와 같은 상황이다.

물건 C가 추가되었을 때

대부분의 사람들이 위와 같은 상황이 되면 먼저 상황에서보다 더 쉽게 B를 선택한다. 아마도 이런 과정이 사람들의 머릿속에서 일어났을 것이다. A와 C 사이에서는 품질과 가격, 이 두 종목에서 각각 1승 1패다. 그런데 C는 B와의 관계에서 가격과 품질 모두에서 진다. 즉, C로 인해 B는 왠지 더 우월한 종합 전적을 지니고 있는 것 같다. 그래서 결국 많은 사람들이 B를 선택하고 만다.

그런데 생각해 보면 좀 우스운 일이다. 일단 C를 선택하는 건 바보 같은 짓임에 분명하다. 그런데 A와 B를 비교하는 데 있어서 C라는 존재가 영향을 미친다면? 이는 좀 이상한 일이다. A와 B 간의 비교는 C와 무관하게 진행돼야 함에도 불구하고 말이다. 이렇게 양자대결로 압축시키면 우열의 차이가 나지 않는데 가장 열등한 제3의 대안이 추가되면서 1등이 더 쉽게 가려지는 경우가 일상생활에서 꽤 자주 발생한다. 심리학자들의 연구와 조사 및 관찰에 의하면 몇몇 기업에서는 이를 마케팅에 의도적으로 종종 사용하고 있다는 것도 밝혀지고 있다.

순서만 바뀌어도 맥락이 바뀐다

왜 이런 일이 가능할까? 인간은 판단의 대상에만 집중하는 것이 아니라 맥락과 분위기에도 생각의 자원을 쓰고 있기 때문이다. 즉 맥락과 분위기에 강하게 영향을 받는다는 것이다. 그런데 맥락과 분위기는 아주 사소한 변화로도 생각한 것보다 훨씬 큰 차이를 얼마든지 만들어 낼 수 있다. 예를 들어 대안을 제시하는 순서만 바꿔도 맥락은 크게 바뀐다.

두 종류의 백과사전이 있다. 둘 모두 중고이지만 보관 상태와 내용의 양에 있어서 상이하다.

> 백과사전 A : 거의 새 것이며 10,000개의 내용을 포함하고 있다.
> 백과사전 B : 표지가 찢어져 있으며 20,000개의 내용을 포함하고 있다.

재미있는 것은 두 사전을 따로 따로 즉 하나씩 보여 주고 난 뒤 고르라고 하면 A를 더 많은 사람들이 선택한다는 사실이다. 순서와 상관없이 A가 더 선호된다. 사람들의 반응은 대체로 이런 식이다. "오, 이 사전A은 아까 것보다B 더 보관상태가 좋은데? 이걸로 사야겠네." "중고 책 서점에서 이렇게 깨끗한 책 사기가 쉽지 않은데 운이 좋군."

그런데 두 사전을 동시에 보여 주고 고르라고 하면 B가 더 많이 선호된다. 이제 사람들의 반응은 이런 식이다. "어차피 중고니까 낡은 것이야 중요하지 않지. 중요한 건 내용이 얼마나 많은가 아니겠어?" 재미있는 불일치이다. 어떤 경우에는 보관 상태를 더 우선시 하고 어떤 경우에는 수록된 내용의 양을 더 우선했으니 말이다.

첫 번째는 주관적이고 따라서 질적인 차이다. 하지만 두 번째는 양적인 차이다. 무언가를 따로 따로 보기 시작하면 상대비교가 어려워진다. 따라서 질적으로 두드러진 무언가가 있는 것을 더 선호한다. 하지만 두 대상을 동시에 놓고 보면 이제 상대비교가 더 용이해 지기 때문에 질적인 차이보다는 양적인 차이에 더 민감해지게 된다. 순서의 형태에 변화를 주면서 맥락이 바뀌고 이렇게 바뀐 맥락은 두 대상을 비교할 때 어떤 측면에 더 주의를 기울이느냐 하는 근본적인 측면에까지 영향을 미치는 것이다.

관점의 변화, 생각의 변화

역지사지易地思之라는 말이 있다. 사전적으로 '처지를 바꾸어 생각해 봄'이라는 뜻이다. 처지란 무엇인가? 관점이다. 따라서 맥락의 변화와 일맥상통한다. 실제로 이러한 맥락의 변화는 생각에 엄청난 변화를 불러일으킬 수 있다.

무언가의 영향을 강하게 받는 인간이라고 해서 자괴감을 가질 필요는 없다. 왜냐하면 인간은 그렇게 만들어져 있으니까. 다만 지혜로운 사람이라면 "맥락의 변화는 판단에 많은 영향을 미친다."라는 것을 진심으로 받아들이고 생각의 변화를 위해 맥락의 변화를 슬기롭게 사용할 수 있는 사람일 것이다. 문제나 이슈 자체에만 집중하는 고집스러운 인간이 아니기 때문이다.

금지와 자율의 균형을 맞춰라

과잉금지의 폐해와 선택의 자율권

최근의 어떤 조사를 보니 서울 명동과 인사동, 강남역 일대 13km에 이르는 거리에 부착된 금지나 경고 표시가 1,968건에 달했다고 한다. 그럴 만도 하다. 요즘은 그야말로 어딜 가나 'OO금지'라는 표시를 자주 보게 되기 때문이다. 그런데 이는 비단 거리의 현상만이 아니다. 우리 사회의 수많은 조직 내에서도 이러한 금지적 표현과 규정을 참으로 많이 접하기 때문이다. 특히 조직이 빠르게 무언가를 하려고 하거나 긴박하게 집중하고 있을 때 이러한 금지들은 더 많이 보게 된다. 왜 이렇게 금지적 표현이 난무하는 것일까? 그리고 이러한 현상의 원인과 결과는 무엇일까?

상식적으로 한 사람으로 하여금 무언가를 하게 만드는 것보다 지금 하고 있는 것을 중지시키는 것이 훨씬 더 쉽다. 그래서 변화를 느끼기에 더 수월하다. 따라서 조급한 마음과 금지를 담은 표현은 서로에게 달콤한 유혹이다. 하지만 A와 B 중 A를 금지시키면 내가 원하는 B를 사람들이 한다는 것은 분명 절반의 착각이다. A를 못하게 만들기는 쉬워도 그 B를 사람들로 하여금 하게 만들려면 공감을 이끌어 내고 설득해야 하는데 이건 분명 따로 해야 하는 노력이기 때문이다. 금지의 효과는 분명히 있겠지만 이를 통해 얻을 수 있는 것과 없는 것을 혼동하지 말아야 한다는 것이다.

과잉금지가 미치는 영향

이러한 혼동을 막기 위해서는 이른바 과잉금지가 사람들을 어떻게 만드는가를 정확히 이해해야 한다. 첫째, 불편함이다. 금지로 인해 만들어지는 그때그때의 작은 불편함은 하나씩 놓고 보면 별 것 아닌 것처럼 느껴져도 나중에 쌓이면 비극적 결과를 낳는다. 이른바 '이별'인 것이다. 조직과 구성원의 이별이든 사람 간의 이별이든 대부분 이렇게 쌓인 불편함 때문이다.

연애할 때를 한 번 생각해 보자. 상대방이 나에게 얼마나 선택의 기회를 많이 주는가, 혹은 내 의사를 존중해 주는가가 정말 중요한 요인이다. 왜냐하면 나를 편안하게 해 주기 때문이다. 연인들이 처음 사랑을 고백할 때 하는 말만 봐도 잘 알 수 있다. 그 사람이 좋은 이유를 "같이 있으면 참 편안해."라고 대부분 이야기 한다. 그런데 나를 편안하게 해 주는 것은 가만히 놔두는 것이 아니라 선택의 기회를 주고 그 선택을 자율적으로 할 수 있는 여지를 많이 주기 때문이다. 가만히 두는 것은 방치이고 오히려 더 큰 불안을 느끼게 한다. 이를 사회나 조직으로 확대해 생각해 보면 해야 할 것들을 스스로 선택할 수 있도록 만들어 주는 분위기를 의미한다.

둘째는 일탈이다. 무얼 해야 하는지는 알려주지 않으면서 하지 말라는 것의 종류가 많아지면 결국 분노가 생긴다. 이러한 분노는 하지 말아야 할 것들에 대해 정면으로 도전하게 만들거나 아예 비상식적인 방식으로 튕겨 나가게 만든다. 지나치게 권위적이고 통제적인 국가와 조직에서 오히려 비이성적인 행동들을 자주 찾아보게 되는 경우가 여기에 해당한다.

따라서 지혜로운 리더라면 금지와 자유의 균형을 맞출 수 있어야 한다. 금지는 안 좋은 일을 예방하기 위해 필수적이다. 하지만 무언가를 성취하기 위해서는 자율성이 반드시 뒤따라야 한다. 그래야만 사람들이 움직이기 때문이다. 금지를 통해서 하던 것을 정지시키는 메시지만 가지게 되면 사람들을 움직이고 행동하게 만드는 힘을 조직이 상실한다. 사람들은 그냥 받은 복권보다 자신이 번호를 선택한 복권을 더 소중하게 간직하고 쉽게 되팔지 않는다. 내가 스스로 판단을 내려 선택한 것에 더욱 가치를 두게 된다는 것이다. 리더가 금지를 통해 가치를 선불리 정하려 하지 말고 스스로 선택하도록 자율성을 부여할 때 그 리더와 조직은 저절로 구성원들의 사랑을 받을 것이다.

2장

. . .

직원의 마음을 읽어라

주연의 심리 조연의 심리

주연에겐 막중한 책임이 따른다

영화를 보고 난 뒤 친구에게 소감을 이야기할라치면 대뜸 이렇게 말한다. "그 영화 주인공이 누구야?" 그렇다. 우리는 주인공에 관심이 많다. 주인공이란 무엇인가? 영화나 소설 등에서 '사건을 이끌어 가는 사람'을 일컫는다. 그래서 우리는 스토리를 이끌어가는 사람에 관심을 두는 것이 당연하다 여긴다. 그리고 그 주연을 보조하는 역할을 하는 사람을 조연이라고 하고 큰 관심을 두지는 않는다. 그래서 주연은 항상 조연보다 더 좋은 것이라 생각한다.

하지만 실제로는 다르다. 주인공(혹은 주연)이란 말은 맥락이나 상황에 따라 좋은 뜻으로 쓰이기도 하고 아니기도 하다. 예를 들어, "당신은 오늘의 주인공입니다."라는 말에는 오늘 일어나는 모든 일의 중심이라는 뜻이 담겨 있다. 하지만 다른 사람에 대해 이런 불만이나 불평을 할 때도 있다. "저 친구는 늘 주인공만 하려고 한단 말이야." 혹은

"그 사람은 언제나 자기가 주연이라고 생각하는 것 같아."핵심은 간단하다. 그 사람이 자기 고집대로만 무언가를 하면서 시선을 독차지하려고 할 때를 말한다.

그렇다면 한 번 생각해 보자. 우리는 언제 주연을 하려고 하는가? 내 뜻을 관철하고 그로 인한 결과에도 기꺼이 책임지려 할 때다. 우리 삶에서 이 책임으로 인해 멋있는 주연에서 조용한 조연으로 되돌아가곤 하는 경우가 참 많다. 동창 몇 명이 오랜만에 한 자리에 모인다. 저녁은 어디에서 먹을까? 2차로 소주를 마실까 아니면 맥주를 마실까? 결정의 연속이다. 이때 내가 "○○가 좋으니 거기로 가자."라고 친구들을 이끈다. 친구들이 "오, 맛집을 좀 아는데!"라며 추켜세운다. 기분이 좋아지면서 어깨가 약간 으쓱하게 된다. 그러면서 자연스럽게 대화를 주도하는 역할도 주어진다. 그런데 정작 그곳에 가자마자 한 친구가 "야, 여기 별로인데? 넌 왜 이런 곳으로 우리를 데려온 거야?"라며 핀잔을 준다. 다른 친구들도 그 불만에 동조하는 분위기다. 이 순간 나는 기분이 상하면서 의기소침해진다. 아까와는 달리 말 수도 줄어든다.

이런 경험을 우리는 살면서 꽤 자주 한다. 어떨 때는 미리부터 이를 걱정해 다른 친구들이 가자는 곳이나 원하는 메뉴에 동의를 해 주기도 한다. 내 목소리를 줄여가면서. 꽤 멋들어진 주연이 조용한 조연으로 뒤바뀌는 순간이다. 이런 아픔이 계속되면 사람들은 스스로 알아서 처음부터 조연이 되며 주연을 소리 없이 양보한다. 그리고 '나는 왜 주도적이지 못할까?'라던가 '나는 좀 더 목소리를 내야 해.'라고 자책하는 경우도 있다. 하지만 결국 모든 것은 책임에 있다. 책임지지 않으려는 혹은 책임을 두려워하는 내가 스스로 조연으로 내려가는 것이다.

다시 영화로 돌아가 보자. 우리는 어떤 영화가 흥행에 참패하면 주인 공을 탓하지 조연 배우를 탓하는 경우는 거의 없다. 따라서 주연은 곧 책임을 의미한다. 그래서 우리는 책임은 지지 않으면서 화려한 스포트 라이트나 시선만 받으려 하는 사람들을 제일 싫어하지 않는가.

그런데 생각을 바꿔 보자. 조연인데도 책임을 지는 사람들이 있다. 정말 멋있는 사람들이다. 우리가 참으로 좋아한다. 자기가 고르지 않은 식당에서 혹은 자기가 이끌지 않은 여행지에 대해서도 무언가 책임 감을 갖고 문제가 생기면 적극적으로 해결해 보려 나서준다. 이런 사람들, 참으로 고맙다. 내 책임이 아니었으니 부담도 없다. 한 번쯤 나서 보라. 이럴 때 사람들은 대놓고 말하진 않아도 당신을 그날의 주연으로 기억해 줄 것이다.

역지사지를 위해 역할 바꾸기를 해보자

책임을 가운데 두고 주연과 조연을 바꿔 보는 것은 아이들 교육에 있어서도 참으로 의미 있는 일이다. 주말, 이제는 이틀이 주어진다. 훨씬 더 많은 시간이 쉬는 시간으로 주어진다. 그런데 부모들 특히 아빠들은 더더욱 힘에 부친다. 예전에는 토요일 오후 일을 마치고 돌아와 피곤한 몸으로 저녁을 먹고 난 뒤 잠에 빠져들면 일요일에 나가 놀자고 보채는 아이들에게 아내가 이렇게 타일렀다. "쉿! 아빠가 일주일 동안 힘들게 일하시고 오늘 하루 쉬시잖니. 방해 말자!"하지만 요즘은 토요일 오후부터 슬슬 눈치가 보인다. 그래서 아빠들은 오히려 주 5일제 근무가 더 괴롭다고 도처에서 하소연을 한다. 매번 어디로 놀러 가야 하나 머리가 아프다고 한다. 엄마들이라고 예외가 아니다. 노는 것도 일이 된 셈이다.

그런데 묻고 싶다. 왜 도대체 그 모든 계획의 책임을 부모만 지느냐고 말이다. 한 주에 한 명씩 가족의 구성원이 돌아가면서 주연을 해 보라. 그리고 그날의 주연은 책임지고 주말을 계획해야 한다. 단순히 어디로 가자라는 식의 이야기는 계획이 아니다. 어디를 어떻게 가고 무엇을 하며 어떤 음식을 먹을까를 미리 곰곰이 생각하고 더 중요하게는 다른 가족들에게 설명해 주어야 한다. 그러면 자연스럽게 소소한 찬반론이 나오게 되어 있으며 화제가 없어서 조용하던 식탁은 즐겁게 시끄러워진다. 부모는 아이의 생각을, 아이는 부모의 취향을 자연스럽게 알아차린다. 그리고 자신의 계획대로 이루어지는 것과 잘 맞아 떨어지지 않는 것들을 지켜보며 아이들은 다음에 자기 순서가 왔을 때 더 알차게 준비한다. 일거양득을 넘어 일거다득이다.

심리학자들은 많은 경우에 이런 '역할 바꿔보기'를 해 보라고 권한다. 입장을 바꿔 역할을 해 보면 서로에 대한 이해는 자연스럽게 수월해진다. 내친 김에 직장에서도 시도해 보라. 일일 사장, 일일 부장, 일일 과장, 더 나아가 일일 신입사원 등. 긴급한 업무가 없을 때 말단의 직원은 상사가 하는 결정의 책임을, 상사는 그 반대의 자질구레한 책임을 서로 맡아보는 것이다.

어색하다고? 실제로 해 보라. 굉장히 재미있다. 우리가 어렸을 때 그토록 재미있게 몰입했던 소꿉놀이, 대학 신입생 때 열심히 했던 속칭 '야자타임'모두 역할 바꿔 해 보기다. 그런 놀이를 하고 난 뒤 얼마나 사람들이 가까워지는가. 진정한 소통은 상대방의 책임을 나도 느껴보고 내 책임의 짐을 상대방에게도 알려주고 난 뒤 가능하다. 그렇게 함으로써 우리 모두가 주연이자 조연임을 자연스럽게 깨달을 수 있기 때문이다.

주연과 조연의 역할 조화

➡ 늘 고집스럽게 자신의 의견이나 취향대로 사람들을 이끌며 주목까지 받으려고 하는 사람이 있다. 이런 사람들, 왠지 밉다. 그럼 그 사람에게 이렇게 말해 보라. "좋아. 네 의견대로 하자고. 우리를 책임져 줘서 고마워." 이 한 마디면 상대방의 간담이 서늘해진다. 괜찮은 사람이면 그 책임을 완수하려 하고, 평범한 사람이면 꼬리를 내릴 것이며, 모자라거나 질 낮은 사람이면 모른 체 하거나 어느 순간 발뺌을 할 것이다. 이래저래 다른 사람들에게 그 사람의 품성이 드러난다.

➡ 나는 늘 조연이다. 존재감이 없으니 속상하다. 그렇다고 한 번에 주연이 되려고 하면 큰 사고를 칠 가능성만 높다. 당연히 그 결과는 엄청난 좌절이다. 처음에는 좀 세밀하게 가 보자. 모든 일은 다시 여러 개의 작은 일로 쪼개진다. 그럼 그 쪼개진 작은 일들 중 만만한 것들을 골라 책임을 완수해 보자. 자신감은 절로 온다. 이런 작은 자신감들이 쌓여가면서 나는 점점 더 커진다. 그것이 주연이다. 화려한 주연 배우들이 예외 없이 작은 조연을 훌륭히 해 나가면서 오늘날에 이를 수 있었던 것처럼.

➡ 액션 영화의 단골 주연이 멜로 영화의 주연을 하면 어색하기 그지없다. 주연에도 전공 분야가 있다는 것이다. 그렇다면 조연은? 유명한 조연 전문 배우들의 출연 영화는 다양하기 그지없다. 튀지 않아서만이 아니다. 주연을 돕는 방법에는 장르를 막론하고 일정한 법칙이 있기 때문이다. 그 법칙의 핵심은 무엇일까? 들어주는 것이다. 하지만 그냥 듣는 것은 방관일 뿐이다. 호응해 주면서 듣는 것이다. 어떻게? 감탄사를 활용해 보라. "아!" "그렇지!" "응응!" 등 참으로 다양하다. 이런 작고 조용한 호응을 곁에서 지켜보는 다른 사람은 주연에 가장 가까운 조연으로 당신을 기억할 것이다. 누가 아는가? 주연의 영광과 스포트라이트를 나눠 가질 수 있을지.

지혜로운 리더라면 정직해야 한다

정직함은 미덕이 아닌 가장 중요한 능력이다

심리학자들은 한 목소리로 인간관계의 본질은 서로에 대한 정직함이라고 말하고 있다. 하지만 안타깝게도 이 정직이라는 말의 의미가 크게 퇴색된 것이 현대사회의 현실인 듯하다. 이른바 "정직하면 손해 본다."는 오해들이 만연하기 때문이다. 하지만 결론부터 말하자면, 인간관계에 있어서 정직함은 미덕에 그치는 것이 아니라 반드시 갖춰야 하는 요소이며 더 나아가 본질적 역량이다.

그런데도 왜 '정직 = 손해'라는 잘못된 믿음이 만들어졌을까? 첫 번째 이유는 이른바 생각의 오류 자체에 기인한다. 이른바 기억의 편향인 것이다. 많은 정직한 사람들이 별다른 손해 없이 일을 성공적으로 달성하고 또 원만한 인간관계를 유지하면 곁에 있는 사람들은 당연한 듯 별신경을 쓰지 않으며 기억에도 담지 않는다. 하지만 정직한 사람이 피해를 보거나 인간관계에 있어서 실패를 경험하게 되면 사람들은 이를 두

고두고 기억에 담는다. 그리고는 정직의 무능함에 관한 자기 충족적 예언을 지속해 나간다. 이러한 판단의 오류는 사실 정직 이외의 영역에서도 얼마든지 관찰이 가능하다. '그거 봐'라든가 '그럴 줄 알았다'는 탄식 뒤에 숨은 생각의 오류라고 볼 수 있다.

하지만 더욱 중요한 건 두 번째의 이유이다. 이른바 정직함의 정도가 다른 성격 혹은 능력과 만날 때 인간관계에 미치는 영향력을 우리가 무의식적으로는 열심히 살피면서도 의식상에 떠올려 중요한 판단의 근거로 삼지는 않는다는 것이다.

정직함이 강한 사람들은 어떤 특징을 지니고 있을까? 상식적인 대답은 '거짓말을 하지 않음'이다. 하지만 이는 정직正直에 관한 매우 협소한 의미이며 심지어 때로는 오해를 낳기도 한다. 마치 거짓말만 하지 않으면 (물론 필자를 비롯한 우리 모두가 이 하나조차 제대로 실천하며 사는 것마저도 정말 어렵다는 것을 잘 알고 있지만) 정직함의 충분조건을 지니는 것으로 착각하기 때문이다. 하지만 심리학에서 말하는 정직함이란 더 많은 의미를 담고 있다. 정직한 사람들의 특징을 살펴보자.

첫째, 타인을 조종하지 않고 가식적인 것을 싫어한다. 둘째, 공정하고 준법적이며, 부와 사치를 중요하게 생각하지 않고 청렴하다. 셋째, 자신이 특별히 우월하다고 생각하지 않으며 따라서 약자라 하더라도 특별한 하대를 하지 않는다.

이에 기초하면 정직함이 떨어지는 사람들이 다른 사람과의 관계에 있어서 어떠한 특징을 보이는가에 관해서도 쉽게 이해가 가능하다. 첫째, 목적을 위해 사람을 사귀며 필요할 때에는 아부하는 것도 언제든지 가능하다. 둘째, 자신의 이익을 위해서는 규정과 규칙의 위반을 마다하지 않으며 부와 지위를 추구하는 경향이 강하다. 셋째 타인과의 관계에 있어서 자신에게 어떤 이득이 있는가를 늘 생각하며 얻을 것이 없다고 판단되면 관계의 갑작스런 단절도 마다하지 않는다. 넷째, 타인의 위에 군림하려 하며 특권의식도 매우 강하다.

따라서 정직함이 떨어지는 사람은 다른 성격이나 능력 요인이 좋다 하더라도 인간관계에 있어서는 그 결과가 좋지 못할 가능성이 크다. 즉 낮은 정직성과 다른 요인들이 만날 때 대부분 아주 좋지 못한 유형의 사람들로 나타난다는 것이다.

거짓말쟁이와 아첨꾼이 많은 조직이 위험한 이유

낮은 정직성이 다른 요인들과 만나면 아주 좋지 못한 유형의 사람들이 만들어진다. 원만성이 높으면 아첨꾼일 가능성이 높으며 낮으면 이기적인 싸움닭이다. 외향적이면 자아도취적인 사람이며 내성적이면 거만한 고집쟁이일 가능성이 크다. 성실하면 자기밖에 모르고 음모에 가득 찬 야심가가 되며, 반대로 나태하면 그야말로 최악의 직원이다. 이른바 부정직한 사람은 그 외의 어떤 능력이나 성격이 결합돼도 결코 조직에 필요한 사람이 되지 못한다는 것이다. 우린 이러한 사람들을 조직에서 온 힘을 다해 제거해 나간다. 다시 말해서 정직하지 않은 사람을 명시적으로 처벌하는 것 같지는 않아도 우리가 솎아내는 사람은 결국 부정직에 기반을 둔 사람들이라는 것이다.

지혜로운 리더라면 항상 정직함을 강조하고 스스로도 정직하려고 노력해야 한다. 설령 자기 조직의 단기적 이익을 위해서라도 정직함을 거래의 대상으로 삼는 우는 결코 범하지 말아야 한다. 게다가 정직한 사람들과 부정직한 사람들은 서로 끼리끼리 모이는 경우가 대부분이기 때문에 조직은 금세 멍들고 결국에는 좌초하고 만다. 따라서 리더 자신이 정직한 모습을 보여야만 리더 주위에 정직한 사람들이 모이고 조직 전체가 정직함이라는 최고의 역량을 지니게 된다.

그런데도 많은 리더는 은연중에 정직함을 희생시키고서라도 무언가를 성취하는 것이 더 좋은 것이라고 말하고 가르친다. 심지어 부모들도 마찬가지다. 이러한 리더와 부모들의 공통점은 부하들과 자녀들에게 "이 세상은 정글이다."라고만 가르친다는 것이다. 물론 그들의 경쟁력과 생존력을 위해서 하는 말이겠지만 여기에는 정말 커다란 함정이 있다. 정글에서 살아남기 위해 그들은 정직을 가장 먼저 희생시키게 되고 결국 사회와 조직으로부터 그 용도가 다했을 때 가장 먼저 버려지는 사람이 되는 것이다. 주위에서 그러한 예는 너무나도 쉽게 찾아볼 수 있다.

리더 자신과 리더의 부하들을 쉽게 버려지는 사람으로 만들 것인가, 아니면 가장 오랜 세월 생존할 수 있는 힘을 지니게 할 것인가. 그 해답의 열쇠는 바로 '정직'에 있다.

자신감과 자만심의 양면성

자신감이 선택과 결정에 미치는 영향

수많은 책과 강연은 '자신감'을 강조한다. 리더는 자신감을 가져야 하고, 팔로어로 하여금 자신감을 갖게 해줘야 성공한다고 한다. 하지만 반대도 만만치 않다. '자만심 경계'와 관련된 종류의 이야기들이다. 혼란스럽다. 자신감과 자만심 모두 그 일이 될 것이라고 미리 확신하는 것을 의미하니 말이다. 하지만 이 둘은 '원인'이라기보다는 '사후 해석'에 더 가깝다. 똑같이 확신에 찬 상태라 하더라도 성공하면 자신감, 실패하면 자만심이다. 그러니 둘 사이 사후 구분보다는 사전에 느끼는 확신이 도대체 무엇이며 그 역할은 어떤 것인지 구체적으로 알아 볼 필요가 있다. 조지프 시몬스Joseph Simmons 펜실베이니아대 교수와 리프 넬슨 뉴욕대 교수는 자신감이 어디에서 오고, 그것이 어떻게 엉뚱한 측면에까지 영향을 미쳐 선택과 결정을 망치는지를 실제로 보여 주는 연구를 해 왔다. 이들이 한 재미있는 실험 몇 가지를 보자. 사람들에게 프로야구 경기에서 어느 팀이 이길지 예측하게 해 본다. 여기에 얼마나 그 예측을 확신하는지, 즉 자신감의 정도도 말하게 한다. 재미있는 것은 그 경기가 언제 열리는지 시간을 알려 주면 예측에 대한 확신이 갑자기 증가한다는 것. 처음 골랐던 팀을 이후에 바꿀 기회가 생겨도 계속 고집하는 경향도 증가했다. 하지만 시간을 안다는 것은 경기의 승패를 예측하는 데 별 도움이 안 되는 정보다. 그런데도 무언가를 더 알게 되고, 조금 더 경기 장면에 대해 구체적 상상 (예를 들어 낮 혹은 밤 경기)을 할 수 있다고 해서 자신의 예측도 더 들어맞을 것이라는 근거 없는 자신감을 갖게 되는 것이다. 더 당황스러운 차이도 있다. 예를 들어 양 팀 전력을 분석한 A4 용지 한 장 분량의 내용을 뚜렷하게 인쇄해 빨리 읽을 수 있게 하거나 다소 흐리게 해서 어렵게 읽을 수 있게 해 준 경우다. 자신의 선택에 대해 가지는 자신감은 전자가 20% 포인트 이상 더 높다. 빠르게 읽든 천천히 읽든 내용은 동일한 정도로 기억하는데도 말이다.

동기부여를 만들어내는 자신감이라는 재료

무언가를 시작함에 있어서 초반에 빠르고 쉽게 무언가를 할 수 있다는 것은 이만큼 근거 없이 부풀려진 확신감을 지니게 한다. 이를 직관적 자신감이라고 한다. 개인이든 조직이든 초반에 직관적 자신감을 가지게 되면 이후의 많은 일들에 낙관적으로 변하게 된다. 더 놀라운 것은 꼼꼼히 혹은 정확하게 하면 돈을 주겠다고 인센티브를 걸어도 결과가 바뀌지 않는다는 것이다.

이는 무엇을 의미하는가. 뭔가 잘될 것 같다고 생각이 드는 순간 멈

춰서 돌아봐야 한다. 이 일과 무관한 몇 가지 소소한 것들이 '쉬웠는 지'말이다. 만약에 정말 그렇다면 부풀려진 낙관주의에 빠진 것일 수 있다. 지금 이 순간의 확신은 자만심이며 이후 실패의 원인으로 꼽힐 수 있다. 반대로 뭔가 잘되지 않은 것 같다는 생각이 든다면 좀 더 지켜보자. 무관한 다른 일들이 더디게 풀려서 과다한 비관주의에 빠져 있을 수도 있기 때문이다. 미래에 만나는 실패를 지금의 자신 감 부족 때문이라고 후회할 수도 있다. 지혜로운 리더라면 이런 현상을 좀 더 적극적으로 이용해 볼 수 있다. 예를 들어 리더에게는 분명하고 근거 있는 확신이 있지만 팔로어들이 자신감을 상실해 고민이라고 해보자. 그렇다면 그 일과 무관한 작은 일이라도 쉽게 (더욱 중요하게는 빠르게) 잘할 수 있는 일을 시켜봐라. 그 힘은 기대 밖으로 크다. 현재의 자신감은 미래에 대한 근거 없는 예측치면서 동시에 없는 힘을 만들어 낼 수도 있는 묘약이 될 수 있다.

끊임없이 이유를 고민하라

가치와 '왜'에 관한 생각, 사람을 이끄는 진정한 힘

우리는 흔히 이렇게 생각한다. "다수가 소수를 움직인다."물론 많은 경우 사실이다. 하지만 언제나 그런 것은 아니다. 이것이 언제나 사실이라면 소수가 아니라 아예 혼자인 리더가 수많은 팔로어들을 이끈다는 것 자체가 불가능할 것이다. 하지만 많은 훌륭한 리더들은 자신은 혼자이지만 엄청난 수의 사람들을 성공적으로 이끈다. 소수는 어떻게 다수의 마음을 움직일까? 이를 알려면 먼저 인간이 생각하는 두 방식인 '어떻게HOW'와 '왜WHY'의 차이를 생각해 보는 것에서 출발해야 한다.

새로 산 스마트 폰의 다양한 기능을 제대로 사용하려면 매뉴얼을 자세히 읽어야 한다. 매뉴얼에는 어떻게 개별 기능을 사용하는지, 즉 수많은 HOW들이 열거되어 있다. 그래서 그 HOW들에 익숙해지면 무난하게 그 스마트폰을 쓸 수 있다. 그런데 얼마 지난 후 그 스마트폰이 고장이 나면? 매뉴얼에도 적당한 해답이 없는 경우가 대부분이다. 왜냐하면 HOW만을 가지고는 해결이 안 되는 상황이기 때문이다. 결국 가야 할 곳은 애프터서비스 센터이다. 그곳의 기술자들은 그 스마트폰의 고장이 어디에서 왔는가를 알아내기 위해 순서대로 뜯어보거나 차례로 지점을 확인한다.

이것이 바로 단순 사용자와 기술자의 차이다. 평범한 우리들은 그 순서를 모른다. 순서란 무엇인가? 바로 '왜'에 관한 지식이다. '왜WHY'라고 물으면 '왜냐하면'이라고 대답을 해야 하는데 이 대답은 바로 '원인'에 관한 것이다. 그리고 이 원인이 다시 '왜'가 되면 한 단계 더 깊은 곳에 있는 원인을 찾아 '왜냐하면'을 이끌어낸다. 그래서 이 WHY의 연속을 연결하면 우리는 완전한 인과관계를 만들어 낼 수 있으며 당연히 문제가 발생했을 때 치료나 수리를 제대로 할 수 있다.

한 마디로 HOW에 비해 WHY는 격이 다른 고품질의 생각이며 지식의 근원이다. 따라서 리더라면 자신을 따르는 사람들이 WHY에 관한 생각을 할 수 있게 해야 한다. 그래야만 일상적인 일의 수행(HOW)을 넘어선 근본적 변화를 만들어 낸다. 그 정도는 돼야 리더십이라고 부른다.

그렇다면 어떻게 사람들로 하여금 '왜', 더 나아가 '나는 왜?'라는 것을 생각하게 할 수 있는가? 이를 위해서는 '가치'와 '목표' '방법'의 관계를 이해해야 한다. '가치'란 무엇인가? 그것과 나와의 '관계'에 대한 생각이 핵심이다. 내가 키우는 애완견의 금전적 가치는 얼마 되지 않겠지만 나와의 '관계'에 있어서는 값을 매길 수 없을 정도의 큰 가치를 지닌다. 따라서 무언가에 대한 가치를 제대로 느껴야 '목표'도 만들어지고 그 목표의 달성을 위한 '방법'에 생각이 자연스럽게 이어지게 된다. 그래서 가치와 WHY는 같은 것이다.

하지만 반대로 가치가 없거나 목표나 방법이 가치에 선행한다면 어떻게 될까? 예를 들어 '방법'이나 '목표'가 우선시 돼 사람들의 생각을 온통 차지하고 있다면 가치에 관한 생각은 해 볼 겨를이 없게 된다. 이래서는 WHY도 중요하지 않게 된다. 이는 중요한 차이다.

현명한 리더는 가치를 먼저 제안한다

가치에 관한 생각을 하고 있는 사람이나 조직은 그 가치가 어두운 밤에 불을 밝히는 등대의 역할을 해 주기 때문에 좌절과 실패를 경험해도 여전히 어디로 가야 할 것인가에 대한 힘을 잃지 않는다. 그것과 나와의 관계가 얼마나 소중한가를 절감하고 있기 때문이다. 하지만 가치에 대한 생각 없이 목표와 방법에만 골몰하는 쪽이라면 다시 일어날 이유도 방향도 없으니 무언가를 오랫동안 추구할 수가 없다.

이순신 장군은 국가에 관한 가치를, 에디슨은 창조가 가지는 가치를, 그리고 간디는 평화의 가치를 사람들에게 알려주었기 때문에 수많은 사람들을 움직일 수 있었다. 그게 리더가 해야 할 일이다. 하지만 어리석은 리더는 목표와 방법을 제시하는 것에 골몰한다. 이런 리더들은 단기간이라도 사람들을 움직이기 위해 부정적 표현을 빌려 불안을 자극하려고만 한다. 예를 들어 "미래 국제사회에서 도태되지 않기 위해 창조적인 인재 육성"이라던가 "무한경쟁 세계에서 경쟁력을 잃지 않기 위한 혁신적 분위기 쇄신"과 같은 캐치프레이즈에 가치관은 없다. 다만 목표만이 있을 뿐이다.

더 안 좋은 것은 목표도 없고 오직 방법만을 알려주는 리더들이다.

"잠은 죽어서나 자라."는 선생님이나 CEO가 여기에 해당된다. 아무런 이유도 목표도 존재하지 않는 이런 강한 행동강령들은 그 자체가 일종의 폭언일 뿐이다. 지혜로운 리더라면 가치를 제시하고 그 가치가 구성원들 각자에게 어떤 관계적 의미를 지니는가를 생각할 수 있도록 해 주어야 한다. 그러면 사람들은 이를 위해 HOW가 아닌 WHY를 생각하기 시작할 것이며 스스로 똑똑해질 것이다. 처음에는 시간을 허비하는 것 같지만 미래를 위해 가장 중요한 투자다.

사과를 해야 한다면 감동을 줘라

상대를 감동시키는 지혜

오랜 시간 인류는 전제군주 형태의 리더를 모시고 살아왔다. 때문에 리더가 팔로어들에게 사과하는 경우는 없었다고 봐도 무방하다. 하지만 세월이 변했다. 리더도 사과를 해야 하는 경우가 많다. 그래서인지 최근 많은 리더들이 필자에게 "어떻게 사과해야 하느냐?"는 질문을 많이 한다. 그런데 이 질문에 필자는 "왜 사과해야 하는가에 대한 생각은 해 봤는가?"라고 되묻는다. "어느 때, 왜 가장 사과하기 싫으냐?"도 질문한다. 이에 답할 수 있어야 제대로 사과를 할 수 있다.

왜 사과해야 할까? 우리는 결국 언젠가 다시 만난다. 충분히 사과하고 충분히 용서하지 못한 상태로 미래에 다시 만나게 되면 괴로움만 쌓이게 된다. 이런 이유로 사과와 용서는 미래를 위한 것이기도 하다.

그런데 왜 사과하고 싶지 않을까. 사과를 승부의 개념으로 보기 때문이다. 사과하는 쪽이 진 것이고 용서하는 쪽이 이긴다는 생각이다. 이는 큰 오해다. 우리는 제대로 사과하지 못한 인물과 조직, 국가의 죄를 끈질기고 더 크게 기억한다. 같은 2차 세계대전 전범이면서도 지금 독일과 일본의 차이를 보면 알 수 있지 않은가. 진심으로 용서받은 사과는 '기억'으로부터 해방이라는 커다란 선물을 받게 된다. "용서는 하되 잊지는 말자."는 말은 사실 용서함으로써 기억으로부터 큰 짐을 풀어준다는 뜻이다.

또 많은 사람들은 "사과에 시간을 끌지 말라."고 조언한다. 맞는 말이다. 하지만 핵심은 빠져 있다. 다시 한 번 물어본다. "왜 사과하기 싫어하는가?"라고. 사람들은 '나'의 잘못을 '우리'의 잘못으로 바꿈으로써 일말의 심리적 탈출구를 가지고 싶어 한다. 그런데 '우리'가 마주 앉아 상의하면 시간은 더 지체된다. 사과가 늦어지는 이유다. 하지만 사과는 결국 일대일이다. 다수를 대표하거나 일부로서 하는 사과는 별 소용이 없다. 사과할 때 '우리'라는 말보다 '나'라는 말을 쓰는 게 좋다. 그래야만 사과 받는 사람들이 "당신이 무엇을 잘못했는지 아느냐?" "앞으로 어떻게 할 것이냐?"라고 물을 때 구체적으로 대답할 수 있게 된다.

사과는 기술이 아닌 진심이다

우리 언어에서 의식적으로 통제할 수 없는 부분이 인칭대명사다. 우울하더라도 '행복하다'고 거짓말을 하긴 쉽지만 '나' '우리' '그들'과 같은 인칭대명사는 은연중에 쓰이기 때문에 사람의 심리적 상태를 잘 알려주는 단서가 된다. 이야기를 듣는 사람들 역시 이런 상태를 무의식적으로 느낀다. 그래서 심리학자들은 인칭대명사에 주목해 왔다. 사과에 있어서도 대답과 설명이 뒤따르는 사과와 그렇지 않은 사과를 구분해야 한다. 전자만이 사과다. 그리고 설명하려면 '우리'가 아닌 '내'가 무엇을 잘못했는지 진정으로 생각해 봐야 한다.

역으로 생각하면 말이란 참으로 무섭다. '제가'라는 말을 서너 번 반복하기만 해도 사과는 훨씬 더 구체적이고 분명해진다. 리더는 한 사람이고 사과를 받는 사람은 대부분 다수다. 하지만 리더의 사과가 일대다수라는 '큰 사과'에 그치면 안 된다. 그러면 연설이 된다. 모든 사람에게는 아니더라도 '작은 일대일 사과'를 해야 한다. 그래야 사과 받는 사람이 그들이 아닌 '당신'으로부터 앞뒤가 맞는 사과를 '내'가 받았다고 생각한다. 사과는 기술이 아니라 진심이 담긴 지혜를 필요로 한다.

직원 스스로 움직이게 하라

게으른 직원도 뛰게 한다

우리말에 "소꼬리보다는 닭머리가 되는 것이 낫다."는 말이 있다. 조직이 작더라도 우두머리가 되는 것이 큰 조직의 말단에 있는 것보다 더 좋다는 뜻이다. 여러 상황에서 통하는 말인 듯하다. 미국 최상위권 대학의 하위권 학생들 대학입시시험SAT 평균점수는 중위권 대학의 상위권 학생들 평균점수보다 앞선다. 입학할 때 능력치에는 분명한 차이가 난다는 것이다. 하지만 1~2년만 지나도 그 차이는 극명하게 역전된다. 학업성취도와 난이도가 높은 전공에서의 생존율 등 대부분 지표에서 최상위권 대학의 하위권 입학생은 중위권 대학의 상위권 입학생에 비해 처참할 정도로 추락한다. 이러니 기껏 공부해서 좋은 대학 들어갔다고 다가 아니라는 것이다.

상대적 경쟁에서 밀리거나 상대적 박탈감이나 열등감 등 이른바 수많은 '상대성'의 원리 때문이다. 다시 말해 같은 학교 내 다른 사람과의 비교에서 떨어진다는 생각이 스스로 포기하게 만든다. 그래서 필자는 특히 외국에 있는 교민들에게 아이의 능력으로 갈 수 있는 최상한선의 대학에 보내는 것은 상당히 위험한 일이라고 충고한다.

한국에서도 예외가 아니다. 예전의 한국 대학에선 학생들이 공부를 많이 하지 않았지만 지금은 입학 후에도 경쟁이 상당히 심해졌기 때문이다. 그래서 정말 많은 학생들이 열등감과 자괴감으로 괴로워하며 학업을 중단하거나 심지어 삶을 포기하는 안타까운 현상이 벌어진다.

이는 대학만의 이야기가 아니다. 기업이나 다른 조직에서도 마찬가지다. 조직이 우수한 인재를 많이 보유하고 있다 해도 결국 우열은 가려지게 마련이다. 따라서 상대적으로 하위권에 있는 사람들 상당수는 자의든 타의든 낙오자 혹은 패배자의 낙인이 찍혀 추락한다. 어떤 조직에나 큰 손실이다.

이런 사실들은 리더에게 무엇을 생각하게 하는가. 첫째, 도처에 인재는 많다. 하지만 학교, 성적 등 몇 가지 기준에 집착하는 순간 인재의 풀은 좁아지게 마련이다. 그러지 않기 위해서는 무엇을 봐야 하는가. 그 사람이 이전에 어디에 있었든 얼마나 성공적이고 성취했으며 또 행복하게 지냈는가를 좀 더 주의 깊게 봐야 한다. 머리로는 이 사실을 잘 알지만 실제로 인재를 선발할 때는 '혹시'하는 불안이 엄습해 참고 자료로만 취급하는 경우가 허다하다. 하지만 분명한 건 이것이 가장 믿을 만한 근거라는 사실을 명심할 필요가 있다. 작은 곳에서 일했더라도 잘 지냈던 사람이 우리 조직에 와도 잘 지낼 가능성이 크다.

둘째, 아무리 공들여 인재를 뽑아도 우열은 가려지게 마련이다. 따라서 하위권에 해당하는 팔로어들은 존재한다. 하위 4분의 1을 제대로 보듣지 않으면 이들은 결국 조직을 떠나게 된다. 그러면 다시금 남은 4분의 3 가운데 4분의 1은 같은 과정을 되풀이한다. 따라서 이 하위권의 동기를 어떻게 고취시킬 수 있는가를 고민해야 한다.

미국 하버드대는 이를 가장 깊게 고민한 곳 중 하나다. 하버드대는 이들로 하여금 대학의 체육 특기생을 돕도록 했다. 특기생의 장점은 교실이 아니라 운동장에 있다. 그래서 그 약점을 돕는 멘토로 하위권 학생을 활용하니 이들의 자존감이 매우 높게 상승해 학교생활을 이전보다 훨씬 더 잘하더라는 것이다. 조직 내에서 전혀 다른 일을 하는 사람을 지원하는 역할을 통해 하위권으로 처진 인재들을 보듬는 노력, 한 번쯤 돌아볼 만한 아이디어가 아닐 수 없다.

상황에 맞는 '당근'을 써야 한다

당근과 채찍은 리더가 팔로어를 독려하기 위한 대표적 수단이다. 당근의 종류와 역할에는 뭐가 있을까. 당근은 종류에 따라 그 효과가 상이하기 때문에 어떤 상황에 어떻게 써야 하는가에 대한 심사숙고가 있어야 한다. 가장 1차원적 당근은 돈이다. 장단점도 극명하게 갈린다.

인간은 살아가면서 크게 두 가지 종류의 일을 만난다. 첫 번째는 '275 더하기 426'식의 일이다. 이런 일은 일의 자리를 더하고, 십의 자리를 더한 뒤, 마지막으로 백의 자리를 더하면 계산이 끝난다. 내가 어디쯤 와 있는지도 쉽게 알 수 있다. 생각의 품질보다는 노력의 양이 결판을 내는 일이다. 이런 일은 금전적 인센티브를 강하게 하면 사람들이 일에 집중하고 잘 해낸다. 하지만 발상의 전환이 필요한 창의성이 필요한 일은 고품질의 사고가 요구된다. 이런 일들은 돈이라는 당근이 역효과를 불러일으킨다. 사람들의 시각을 좁히고 붙들어 매기 때문이다. 따라서 돈은 잘 써야 한다. 발상의 전환이 일어나기 전엔 돈이라는 당근 사용을 최대한 자제해야 한다. 발상의 전환이 이미 일어나 이제 목표를 향해 달려 나가는 것만 남았다면 돈은 효과적이다. 두 번째 당근은 지위다. 하지만 이 역시 써야 할 때가 따로 있다. 지위는 돈보다도 훨씬 눈에 띄기 쉬워 사람들 간 비교의 잣대가 된다. 일을 잘 해낸 팔로어에게 지위 상승을 당근으로 주면 비슷한 위치의 다른 사람들에게는 패배감과 질투를 불러일으킬 수 있다. 특히 조직 내에서 동일한 게임의 룰에 의해 구성원들이 비교되는 이른바 '상대비교가 용이한 경쟁'에서 폐해가 크다. 다만 어떤 사람의 특별한 장점이나 독특한 재주로 기존에는 없던 성취를 해냈다면 얘기는 다르다. 사람들이 '롤 모델'로 삼아 배우려고 하기 때문이다. 전에 없던 특이한 성취에는 지위가 당근이지만 기존 경쟁에 대해서는 불화의 씨앗일 수 있다.

좀 더 질 높은 당근을 한 번 알아보자. 그중 하나가 인정이다. 어떤 사람이 어떤 일에 있어서는 확실하다고 해 주는 것이다. 인정을 위해서는 별도의 이름 혹은 칭호를 사용한다. '마스터' '명인'등이 여기에 해당한다. 미국 대학에서 카네기 혹은 록펠러 기금 교수나 대학 설립자 이름을 딴 별도의 칭호를 받은 교수는 급여와 직급과 무관하게 상당한 자부심을 느낀다. 하지만 호칭 부여에는 세심한 고민이 뒤따라야 한다. 자칫 유치한 말장난이 될 수도 있다. 최고의 당근은 '미래'다. 추상적으로 들릴 수 있겠지만 실은 간단하다. 우리는 언제 "미래가 없다."는 말을 하는가. 시간이 없을 때다. 따라서 미래를 주는 것은 시간을 주는 것이다. 잘 하는 사람, 열심히 하는 사람에게는 더 많은 시간을 줘 스스로 더 창의적이 되게 해야 한다. 열심히 하는 사람은 동기가 충만한 사람이고 충만한 동기가 여유로운 시간과 만나면 창조를 위한 더 없이 좋은 텃밭이 된다. 마찬가지로 동기가 충분하지 않은 팔로어들에게는 시간을 줄여줘야 한다. 그래야 일을 작게 쪼개면서 일부라도 차근차근 완수해 나가면서 조직에 기여한다. 이래저래 최고의 당근과 채찍은 시간이다. 당근은 숲을 보게 하고 채찍은 나무를 보게 하는 것이 기본적인 목적이다.

돈으로부터 출발해 시간에 이르는 당근은 후자로 갈수록 더 추상적이고 거시적인 당근이다. 본질적 목적에 더욱 부합된다는 것이다. 돈이나 지위는 그 결과로 자연스럽게 따라갈 것이다.

관계의 문제를 잘 다루는 법

한국인이 관계에 몰입하는 이유

우리나라 사람들은 가끔 우리 국민성에 대한 반성의 목소리를 내다가 열등감 폭발 수준까지 가는 경우가 있다. 그러면서 "우리는 모래알처럼 단결력이 떨어진다."고 말한다. 또 흔히들 일본과 비교한다. 하지만 이는 한국과 일본을 모두 '집단주의'문화로 묶기 때문에 우리 문화가 지니는 관계주의의 특성을 이해하지 못하는 데서 나오는 오해다. 우리나라는 일본보다 관계주의적 성격이 더 강하다. 집단의 이익보다는 '사람과의 관계'에 몰두한다는 것이다. 이는 한국 리더십에 중요한 화두를 던진다.

군에 다녀온 사람은 알고 있는 흥미로운 현상이 있다. 개인주의 국가에선 상상할 수 없을 만큼의 집단논리가 작용해 엄청난 위계질서가 있다는 것이다. 이등병이 집단 내 상급자인 상병이나 병장에게 꼼짝 못한다. 하지만 놀라운 점은 이 부분이 아니다. 이런 이등병이 중대만 달라도 상급 병사들에게 경례를 잘 하지 않는다. 같은 사단 소속이라도 대대가 다르면 '아저씨'라고 부르기까지 한다. 엄청나게 강한 군대의 상하의식이 옆 조직으로만 가도 갑자기 희석되는 것이다. 그렇다고 해서 우리 군의 병사들이 크게 잘못하고 있다고 사람들은 생각하지 않는다. 상황에 맞게 적응한 자연스러운 결과이기 때문이다. 내무반이나 소대와 같은 다소 작은 집단 내의 다양한 관계에 온통 몰입돼 있기 때문에 더 큰 조직 논리나 규칙이 다소 덜 강조되고 있는 것뿐이다. 우리 민족의 단결력이나 협동정신을 폄훼하는 사람은 우리가 얼마나 '관계'에 영향을 받는지를 모르고 하는 소리다.

상하 관계에서의 구속력을 현명하게 쓰라

그렇다면 무엇을 생각해 봐야 하는가. 필요 이상으로 큰 조직 단위를 강조하면서 허울뿐인 집단의식을 고취하게 되면 그 결과는 공허함뿐이다. 반대로 작은 관계를 위한 질서나 규범을 너무 지나치게 강조하지도 말아야 한다. 그렇지 않아도 관계에 몰두하는 사람들이라서 힘들고 숨 막힌다.

우리 민족이 평소에는 단결하지 않으면서 월드컵 같은 국가적인 이슈가 생길 때만 뭉친다는 이야기를 하는 사람도 있다. 이 역시 우리의 관계주의적 문화에 대한 생각이 부족하기 때문에 내리는 성급한 결론이다. 이런 큰 사안이 생기면 국민은 그 크기에 맞게 관계의 폭을 순간적으로 국가나 민족의 수준까지도 넓혀 주는 것으로 봐야 한다. 그러니 옆에 있는 타인도 부둥켜안고 울거나 환호할 수 있는 것이다. 나중에 그 사안이 작아지면 거기에 맞게 일상의 관계 크기로 돌아간다. 그걸 보고 냄비근성이라고 비난하는 것은 잘못 돼도 한참 잘못된 오해다.

중요한 건 시간, 즉 '속도'다. 리더들은 일사불란함을 강조한다. 그러면 가까운 윗사람이 아랫사람을 강력하게 구속할 수 있는 위계들이 조직 내에서 다수 만들어질 필요가 있다. 속도가 생명이니 여러 사람을 만나지 않는다. 그러니 관계의 폭이 좁아져 조직 내의 가까운 다른 부서나 하부조직의 사람에게도 배타적인 모습이 나온다. 하지만 관계에 기초한 구성원들의 힘은 상당히 놀라운 수준으로 다져진다. 이런 조직에 약간의 여유를 부여해 창의적인 일을 시켜보라. 그러면 가까운 상하 위치의 사람과의 관계 구속력이 자연스럽게 약해진다. 왜냐하면 네트워크의 범위를 최대한 넓혀 내가 만나고 소통하는 사람의 수를 늘려야 일을 잘할 수 있게 되기 때문이다. 관계보다는 더 큰 조직 전체로 관심이 자연스럽게 유도된다.

그래서 리더는 일의 결과를 언제까지 나에게 가져오라, 혹은 언제까지 확인하겠다는 말을 할 때 매우 신중하게 생각해야 한다. 이런 것들이 오랜 시간 소리 없이 쌓이면서 조직의 문화를 만들기 때문이다.

한국의 관계주의와 일본의 집단주의

한국인과 일본인은 일견 비슷해 보이지만, 한국인은 '집단주의'보다는 '관계주의' 성격이 더 강하고, 그 결과 집단의 이익보다 자신에게 더 중요한 사람과 관계에 더 강하게 몰입하는 경향이 있다. 한국인은 관계에 '몰입'한다. 그렇다면 언제 몰입하나? 강한 동기를 느낄 때다.

인간의 동기는 크게 두 가지로 나뉜다. 첫째, 좋아하는 것을 가지거나 유지하기 위한 욕구다. 둘째, 좋지 않은 것을 회피하거나 예방하기 위한 욕구다. 전자를 접근동기, 후자를 회피동기라 부른다. 이 두 동기를 관계에 있어서 잘 충족시키기 위해선 상대방이 좋아하는 것과 싫어하는 것을 서로 잘 알고 있어야 한다. 그래야 서로의 접근 또는 회피동기를 원활하게 만져줄 수 있다. 이를 리더와 팔로어 관계에 적용시켜보자. 팔로어들은 리더의 비위를 맞춰야 하니 좋아하는 것과 싫어하는 것을 웬만큼은 파악하고 있다. 문제는 리더다. 자기 팔로어들이 무엇을 좋아하고 무엇을 싫어하는지에 대해서 얼마나 알고 있을까? 특히 팔로어들이 무엇을 좋아하는지는 더더욱 모른다. 이런 리더는 한마디로 '헛다리짚기'쉽다. 추상적 가치만이 다수 팔로어들에게 제시되니 그들이 무엇을 위해 노력을 해야 하는가를 피부로 느끼도록 하기 어려워진다.

리더라면 부사수의 마음을 헤아려야 한다

건강한 조직은 위계의 중간마다 존재하는 많은 수의 작은 리더들이 자기 바로 아래에 있는 소수의 팔로어들이 무엇을 좋아하는지를 구체적으로 알고 있어야 한다. 결국 해답의 실마리는 조직 내의 단 한 명의 리더가 아니라 수십~수백 명의 리더이자 팔로어인 이들에게서 찾을 수 있다. 이들은 팔로어지만, 또 한편으론 리더로서 자신과 가까운 자기 팔로어들이 좋아하는 것을 좀 더 쉽게 알아낼 수 있는 사람들이라는 것이다. 특히나 창조적인 일을 하는 조직은 수많은 중간 리더들의 존재와 역할을 알아야 한다. 성공하는 조직에는 향기로운 커피 한잔을 언제든 무료로 즐길 수 있는 공간 혹은 맛있는 점심을 마음껏 먹을 수 있는 식당 등 작은 즐거움들이 도처에 존재한다. 그리고 이렇게 소소한 접근동기 충족물들은 가까운 관계에 있는 리더-팔로어들 사이에서만 파악이 가능하다. 말단의 다수 팔로어들이 좋아하는 것이 그 가까운 관계들 사이에서 파악되고 계속 위로 올라갔다는 것이다. 바꿔 말하면 이 모든 것들은 최상층의 리더가 자신의 가장 가까운 팔로어가 좋아하는 것을 구체적으로 알고 있고, 이를 지켜보고 있는 그 바로 아래 리더-팔로어 관계가 즐겁게 따라할 때만 가능하다. 오늘부터라도 늦지 않았다. 내 바로 아랫사람이 무엇을 좋아하는지에 관심을 기울여보자. 그 파급효과는 거대할 것이다. 이러한 과정은 실수 없이 정밀한 일을 해야 하는 조직에도 얼마든지 적용 가능하다. 조직 내 수많은 리더들이 자신과 가까운 팔로어가 무엇을 가장 싫어하고 피하고 싶어 하는지, 무엇을 좋아하는지를 구체적으로 잘 알고 있어야 한다.

직원 행복이 경쟁력의 열쇠다

외부 경쟁력과 내부 경쟁력을 구분하라

조직의 경쟁력과 내부 경쟁은 엄연히 다르다. 리더라면 당연히 내가 이끄는 조직이 경쟁력을 가지길 원한다. 경쟁력을 위해 조직 내부의 경쟁을 재촉하기도 한다. 그런데 이 경쟁력이 내부 경쟁을 통해서 얼마나 길러질까? 리더들이 내부 경쟁이 경쟁력 강화에 필수적이라 보는 건 여러 하위 지표로 나눠진 경쟁력 지수에 영향을 받기 때문이다. 경쟁력은 다양하게 정의되고 있지만 대부분 '남과 싸웠을 때 이길 수 있는 힘'이라는 요소가 사전적 정의들에 공통적으로 포함돼 있다. 그런데 다양한 기관들이 이 경쟁력을 실제 측정하고 평가할 때는 수많은 항목들을 활용한다. 그리고 그 최종적 지수 하나를 만들기 위해 다시금 많은 하위 지표들로 분해되고 있다. 그 수가 많을수록 발표되는 지수의 권위가 은근히 강조되는 것 역시 사실이다. 그렇다면 이렇게 다양한 지표들을 보게 되는 리더는 어떤 생각을 가장 먼저 하게 될까? 당연히 경쟁력을 그 수많은 평가항목의 수만큼 다양한 역량에 있어서 진행되는 여러 레이스의 합으로 보기 시작한다. 그리고 조직의 힘을 이루고 있는 요소들을 작게 구분해 보기 시작하면서 이제 경쟁의 초점은 점점 내부로 옮겨진다. 내부 경쟁이 심화되는 순간이다. 하지만 조직의 경쟁력이 조직의 구성원들을 내부적으로 경쟁시킴으로써 커지는 부분은 생각보다 미약하다.

실제로 조직의 경쟁력과 구성원들 경쟁 간에는 큰 상관이 없다. 왜냐하면 조직의 궁극적 경쟁력은 '다른 조직에는 존재하지 않는 우리들만의 질적인 차이'에 기인하기 때문이다. 그러니 비교의 대상은 조직 내부가 아닌 다른 조직으로 가야 하는데 내부 경쟁만으로는 그 차이를 얻어낼 방법이 없다. 그렇다면 내부 경쟁은 무엇을 위한 것인가? 기존의 것을 정밀하게 만드는 일에 적합하다.

경쟁심보다 행복감이 더 큰 성과를 창출한다

물론 조직의 힘은 다양한 요소로 이루어져 있는 것이 엄연한 사실이다. 하지만 조직의 최상층에 있는 리더라면 그 다양한 요소들을 보는 관점이 조금 더 거시적이고 추상적이어야 한다. 그리고 그 답은 바로 동기유발이다. 실제로 현명한 리더들은 무언가 경쟁력이 떨어진다는 결과를 받아들 때마다 "우리 조직의 팔로어들은 동기가 부족합니다."라는 아쉬움 섞인 진단을 내린다. 정확한 진단이다. 그렇다면 조직 경쟁력의 근원이라고 할 수 있는 동기, 즉 '자발적 노력'은 어떨 때 가장 촉진될까? 이 분야에서 저명한 미국 노스웨스턴대학의 클라우디아 하세 교수를 비롯한 다른 많은 전문가들의 의견은 한결같다. 행복할 때다. 행복할 때 사람들은 미래를 위해 투자하고 낙관적인 자세로 모험적인 투자를 마다하지 않는다. 그런데도 우리말에 있는 "배부르고 등 따시면 일을 하지 않을 것"이라는 생각에 리더들은 채찍에만 몰입하기 십상이다. 하지만 심리학적으로 보면 배부르고 등 따신 상태는 행복한 순간이 결코 아니다. 이는 단지 중립적인 상태다. 즉 '그저 그런 상태'라는 것이다. 따라서 조직이 구성원들로 하여금 무언가 더 노력하게 만들기 위해서는 이 중립적 상태에서 한걸음 더 나아가 행복한 상태로 만들어 줘야 한다. 수많은 리더들이 미래의 행복을 위해 지금 노력하자고 한다. 그런데 현재의 노력을 위해 팔로어들이 얼마나 행복한 상태에 있는지에 대해서는 별 관심이 없는 듯해 안타깝다. 조직의 궁극적 목적인 경쟁력을 위해 내부 경쟁은 최선의 답이나 해결책이 결코 아니다. 행복한 직원이 답이다.

심리적 오류에 빠지지 않고
인재를 판별하는 법

판단과 비교를 위해 우리는 어떤 측면을 보는가?

인재 선발과 평가는 더없이 중요한 영역이다. 그런데 이런 중요한 판단의 잣대로 적절한 정보를 사용할까? 심리학자들의 연구에 의하면 그렇지 못한 경우가 심심치 않게 있음을 알 수 있다. 왜냐하면 판단의 대상이 되는 개별 속성들을 독립적으로 평가하기가 힘든 경우가 생각보다 많기 때문이다.

한 가지 예를 들어보자. 한 회사에서 최근 많이 사용되는 KY라는 컴퓨터 프로그램 언어를 담당할 대졸 신입사원 프로그래머를 고용하려고 한다. 최종적으로 두 사람이 남았는데 이 둘 모두 같은 대학과 학과에서 컴퓨터 공학을 전공했고 KY라는 컴퓨터 프로그래밍 언어에 상당한 경험이 있다. 지원자 A는 졸업학점이 4.3(4.5만점)이고 최근 2년간 KY를 사용해 20개의 프로그램 제작 실적을 보유하고 있다. 그리고 지원자 B는 졸업학점이 3.0이고 같은 기간에 KY를 사용한 프로그램 제작 실적이 40개이다.

실제 연구 및 조사 결과, 두 사람의 정보를 한 번에 한 명씩 각기 다른 시간에 검토한 심사위원들은 검토 순서와 상관없이 지원자 A를 더 선호하는 경향을 보인다. 사람들의 반응은 대체로 이런 식이다. "프로그래밍 경력이야 대졸 신입 사원들에게 있어서 크게 중요하겠어? 하지만 학점은 얼마나 전공 공부를 잘했는지 확실하게 알려주지!"판단에 도달하는 시간이 그리 오래 걸리지 않는다. 그런데 두 지원자의 정보를 한 장소에서 동시에 검토한 심사위원들의 선택과 판단의 양상은 사뭇 다르다. 지원자 B에 대한 선호도가 증가된다. 반응은 대체로 이런 식이다. "학점만 좋다고 사람을 뽑을 수는 없잖아? 지원자 B를 봐. 학점은 저조해도 경험이 풍부하잖아?"판단을 위한 생각이 더 복합적인 양상을 띤다. 더욱 중요한 것은 이제 심사위원들은 두 사람의 프로그래밍 경험의 실제 차이가 어느 정도인지를 보다 더 심층적으로 알아내려고 한다는 것이다. 즉, 이전 경우와는 달리 판단에 시간을 더 많이 쓰려고 한다.

인재 평가의 불일치가 일어나는 이유

왜 이런 불일치가 일어나는 것일까? 첫 번째 상황에서는 두 지원자의 정보를 따로 보았기 때문에 비교가 쉽지 않다. 심리학자들의 연구 결과를 종합해 보면, 사람은 무언가를 판단하기 어려운 상황에 처하면 그 중 쉬운 것을 중요한 정보라고 여기는 경향이 크다.

컴퓨터 프로그램 제작 실적 20개와 40개의 차이는 어찌 보면 큰 차이이고 달리 보면 작은 차이이다. 그래서 그 격차가 어느 정도인지 판단하기가 어려운 정보에 해당한다. 하지만 학점은 상대적으로 더 쉬운 판단기준이다. 3.0 정도 받은 졸업생들과 4.0을 넘는 졸업생들을 주위에서 많이 찾아볼 수 있으므로 참조할만한 대상을 쉽게 발견할 수 있기 때문이다. 한 마디로 판단에 사용할 수 있는 더 '용이한'정보가 경력보다는 학점이다. 그런데 두 대상을 동시에 놓고 보면 이제 비교가 더 쉬워진다. 따라서 더 어려운 질적인 정보도 이제는 기꺼이 고려하려고 한다.

물론 학점과 경력 중 어느 것이 더 중요한 정보인지는 명확하지 않은 문제이다. 하지만 판단이 어려운 상황에서 학점과 같이 비교가 쉬운 정보만을 사용하려는 경향이 강해진다는 것은 분명 심각하게 고민해 볼 필요가 있다. 판단이 어려운 상황에서 사람들은 종종 생각이 용이한 정보만을 사용하여 더 빠른 시간 내에 결론에 도달하고, 판단이 더 용이한 상황에서 사람들은 상대적으로 더 깊이 생각하기를 주저하지 않는다는 것이다.

많은 기업들이 수많은 지원자들, 혹은 수많은 진급 대상자들을 매년 심사한다. 따라서 이 많은 사람들을 동시에 비교하는 것은 어려우며, 이로 인해 쉽게 판단할 수 있는, 그렇지만 별로 중요하지 않은, 정보를 중요한 것으로 착각해 활용하는 경우를 자주 발견하게 된다.

하지만 중요한 질적인 정보를 판단의 근거로 활용하려는 노력은 결코 시간과 자원의 낭비가 아니다. 질적으로 우수한 사람을 선택하고 중용하기 위한 노력은 혁신적인 신제품을 개발하거나 좋은 기획안을 만들고 선택하는 것보다 더 중요한 일이기 때문이다. 따라서 사람에 대해 판단하면서 활용하기 쉽고 판단을 빠르게 해 주는 자료들만을 쓴다는 것이 얼마나 위험천만한 일인지 생각해 볼 필요가 있다.

압박면접의 부작용

많은 리더들은 위기의 순간에서도 당황하지 않고 유연하게 난관을 헤쳐 나가는 인재를 원할 것이다. 그런데 필자의 눈에 안타까운 점 하나가 눈에 띈다. 리더들이 이런 사람들을 너무 쉽고 빠르게 찾아내려고 한다는 것이다. 예를 들어 회의시 면전에서 강하게 질책해 본다. 혹은 아예 면접 선발 상황에서 수모에 가까운 당황스러움을 안겨 준다. 이를 두고 최근에는 압박면접이라고 부르기까지 한다. 대부분 당황하지 않고 침착하며 유연하게 대응하는 모습을 보기 위해서다. 그런데 과연 이 방법이 얼마나 효과가 있을까? 별다른 효과가 없다면 그나마 다행일 것이다. 압박면접과 같이 대단히 당황스럽고 심지어는 수치스러운 상황을 안겨 주고 난 다음에 '어떻게 하는지 본다.'라는 식의 대부분 평가 방식들은 사실 엄청난 맹점을 지니고 있다. 결론부터 말하자면 제대로 된 수치심이나 죄책감을 느끼지 못하는 사람에게 극히 유리한 상황이라는 것이다. 겉으로 보기에는 그 상황에서 당황하지 않고 대처해 나가는 것처럼 보이지만 실상은 부끄러워야 할 상황에 부끄러움을 느끼지 못하는 사람들이 그 면접이라든가 테스트를 통과하게 할 수 있는 위험이 매우 높다. 국내외의 선도적인 기업에서 이런 면접을 중요시한다는 예를 찾아보지 못했는데도 왜 우리 사회의 많은 조직들이 이 방법을 탐닉하는 것일까? 한마디로 말하자면 판단을 위한 노력은 최소로 하면서도 빠른 시간 내에 좋은 사람을 뽑겠다는 이기적인 생각 때문에 이런 기이한 방식을 사용하는 것이다. 압박면접의 목적은 대체적으로 이렇게 요약된다. '유연하고 지혜롭게 상황을 극복해 내는 능력'이다. 이 요인들

중 짧은 시간 내에 무엇을 하는 것과 관련 있는 것은 아무 것도 없다. 오히려 성급하지 않게 시간을 두고 일을 천천히 풀어 나가는 능력을 보는 것이 목적이다. 그런데도 선발자들은 압박과 같은 당황스러움에 당황하지 않아 보이면 실제 역경과 고난도 잘 극복할 수 있을 것이라 순진하게 믿는다. 압박면접에서 볼 수 있는 것은 잘 쳐줘야 그 사람의 '임기응변'능력일 뿐이다. 사실 그것도 제대로 볼 수 있는지는 의문이지만 말이다. 관련된 심리학 연구들을 아무리 뒤져봐도 압박면접으로 볼 수 있는 좋은 측면들은 거의 없다. 오히려 그 반대가 더 좋다. 자신이 당황했음을 인정하는 것이 훨씬 더 지혜로워질 수 있는 지름길이기 때문이다.

관련 분야의 대가인 카네기멜론 대학의 바룻 피스코프Baruch Fischhoff 교수에 의하면 실제로 이런 사람들이 잘못을 스스로 고치고 재도전하기가 수월하다. 반대로 자신의 예상과 다른 상황에 처했을 때 당황하지 않는다는 것은 이른바 '내 그럴 줄 알았다.'는 생각이 강하다는 것이고 이런 자세는 그를 비롯해 수많은 심리학자들이 수십 년간 연구해 온 이른바 '사후확증 편향'을 의미한다. 이런 사람들은 실패로부터 배우는 것이 전무할 수밖에 없다. 결국 우리는 압박면접을 통해 사후확증 편향에 사로잡힌 사람을 가장 우수하다고 뽑고 있을 수도 있다는 것이다. 면접 상황에서의 짧은 역경을 극복하는 것과 실제 역경은 전혀 다르다. 따라서 전자를 통해 후자의 역량을 판단하려는 얄팍한 시도는 큰 문제를 지니고 있다.

그보다는 자신의 잘못이나 실수 혹은 판단 미스를 매우 진솔하게 인정하는 사람에게 눈을 돌려 보라. 이런 사람들이 잘못을 고치고 다시 도전하는 이유를 스스로 더 잘 만든다. 그리고 이를 가능하게 해 주는 상황을 만드는 것이 리더의 역할이다. 부디 올해부터는 많은 조직의 회의와 면접에서 압박을 목적으로 한다는 고압적인 자세와 고성이 사라졌으면 하는 바람이다.

경력사원의 의욕과잉이
독이 되지 않게 하라

교체선수가 패배의 원인이 되는 이유는

축구에서 자주 볼 수 있는 장면 중에 하나가 교체선수의 실수다. 후반전 초반 혹은 중반에 교체돼 들어간 선수가 평소에는 하지 않는 큰 실수를 범해 팀을 곤경에 빠뜨리는 것이다. 예를 들면 우리 팀 골문 앞에서 상대방 공격수를 거칠게 태클해서 페널티킥을 초래하는 현상 같은 것이다.

이런 상황을 지켜보는 노련하고 경험 많은 해설자는 이런 말을 종종 한다. "후반에 교체된 선수가 의욕이 앞선 나머지 평소에는 하지 않는 큰 실수를 하는 경우가 있다." 시간은 얼마 남지 않았는데 무언가를 보여 줘야 한다는 생각이 만들어내는 사고다. 이런 경우가 조직에도 종종 있다. 중간에 새로 들어온 사람이 있는 조직이라면 늘 직면할 수 있는 위험요인이다.

이와 반대의 현상도 있다. 야구 경기에서 자주 보인다. 새로 교체된 선수가 다른 선수들과의 조화나 팀플레이를 너무 신경 쓰는 경우다. 그러다보니 다소 모험적인 플레이가 필요할 때 안전 위주로 일관해 문제가 된다. 팀 분위기를 반전시키기 위해서 교체 투입했는데도 말이다. 두 경우 모두 감독 입장에서는 괴로운 결과다.

연초 분위기가 슬슬 마무리되면서 많은 기업과 조직에서 경력직 사원들을 채용한다. 운동 경기로 치자면 교체 선수들이다. 그런데 많은 경력 이직자들이 앞서 말한 둘 중 하나의 함정에 빠지기 쉽다. 첫째, 무언가 보여주기 위해 새 직장의 단점과 문제점을 찾는 데 집중한다. 당연히 전 직장과의 비교를 입에 달고 사니 이를 지켜보는 새 동료들과의 사이도 멀어진다. 둘째는 그 반대다. 적응과 조화를 잘하려는 생각만 앞선다. 이러면 기존의 규칙과 관습을 익히는 것에만 몰두하기 십상이다. 따라서 기존의 구성원들과 조금도 다른 모습을 보이지 않으니 새로운 사람을 뽑은 의미가 무색해진다. 두 경우 모두 리더의 입장에선 답답하기 그지없다.

모난 돌이 되지 않게 조직에 먼저 흡수시켜라

이런 문제를 해결하기 위해서는 어떻게 해야 할까? 물론 만병통치약은 없다. 하지만 모두가 생각해 봄직한 괜찮은 방법이 있다. 게다가 이 방법은 결과 못지않게 과정을 지켜보는 재미도 상당하다. 비슷한 문제로 골머리를 앓고 있던 꽤 큰 회사의 CEO에게 이런 조언을 한 적이 있다. 새롭게 둥지를 튼 경력자들에게 가장 먼저 이렇게 주문하라고 했다. "1)당신의 능력을 발휘해 2)우리도 몰랐던 우리의 장점을 찾아주시오."라고 주문하는 것이다. 곰곰이 생각해 보자. 1)을 위해서는 나만의 특별한 장점에 시선을 두어야 한다. 그런데 2)를 위해서는 조직과 구성원들의 특별한 장점에 관심을 가져야 한다.

이 작은 과제를 해 나가는 과정에서 이직자는 자신의 역할과 새로운 직장에 대한 애착을, 그리고 기존 구성원들과의 조화도 술술 이루어진다. 그래서 그 과정을 지켜보는 것도 재미있는 것이다. 하지만 필자는 애석하게도 이런 주문을 하는 리더들을 별로 본 적이 없다.

많은 성미 급한 리더들이 새로 온 사람들에게 이른바 '현 실태 진단과 문제점 파악'을 주문한다. 혹은 '새 직장으로의 빠른 조화와 적응'을 강조한다. 물론 필요하다. 하지만 결국에는 이 조직의 일부가 되어 같이 호흡해야 할 사람들에게 그런 일들은 꽤 시간이 흐른 후에야 가능한 일이다. 즉 결과라는 것이다. 지혜로운 리더라면 그보다 먼저 해야 할 일이 있다. 그 이직자들로 하여금 새로운 직장의 장점을 나의 새로운 시각으로 찾는 것을 할 수 있도록 도와주어야 한다.

인재를 버리는 조직

조직은 언제 그리고 어떻게 인재와 아이디어를 버리는가?

기업이나 조직의 많은 리더와 CEO가 "우리 조직이나 회사에는 창의적 아이디어를 내놓는 인재가 없다."고 푸념한다. 그렇다면 이런 질문이 자연스럽게 남게 된다. 과연 우리 조직에는 애초부터 그런 아이디어와 인재가 없었을까? 심리학자의 눈으로 보면 그렇지 않은 경우가 대부분이다. 즉 시간이 흐름에 따라 조직 스스로 그들을 없애버리거나 체계적으로 배제해 나갔다는 것이다. 물론 조직 자신도 모르는 사이에 말이다. 어떻게 그런 과정이 진행되었을까?

이를 알려면 먼저 가치상승evaluation과 가치감소devaluation라는 두 개의 기제를 이해할 필요가 있다. 우리는 흔히 이렇게 생각한다. 목이 마르거나 배가 고프면 내 눈에 띄는 음료수나 음식의 가치가 평소보다 크게 느껴질 것이라고 말이다. 물론 어느 정도 사실이다. 하지만 심리학자들의 연구를 종합해 보면 그러한 가치 상승의 크기보다 책, 전화기, 가구와 같이 갈증이나 배고픔과 같은 지금 당장의 욕구 해소와 관련이 없는 대상들에 대한 가치 감소의 크기가 더 크다는 것이다. 다시 말하면, 목이 마른 사람에게 있어서 음료수가 매력적으로 보이는 것은 그 음료수 자체의 가치가 심리적으로 상승한 결과 때문이기도 하지만 더 큰 이유는 음료수 주위에 있는, 갈증 해소와 상관없는, 많은 다른 사물들의 가치가 평소보다 훨씬 더 떨어졌기 때문이라는 것이다. 따라서 상대적으로 음료수의 가치가 더 크게 느껴지는 것이다. 같은 키라도 어떤 사람 옆에 있느냐에 따라 다르게 보이는 일상생활의 경험과 마찬가지이다.

가치상승과 가치감소에 대한 이해

이러한 현상을 심리학자들은 '가치상승보다 더 강한 가치감소의 효과'라고 말한다. 그런데 재미있는 것은 이러한 가치감소의 효과가 언제 가장 강력하게 일어나는가이다. 앞서 언급한 바와 같이 무언가 부족하고 없어서 그것을 보충하거나 채워 넣으려고 할 때이다. 반대로 무언가 특별히 부족한 것은 없지만 좀 더 나아지기 위해서 어떤 것을 찾을 때는 가치감소 효과가 크게 일어나지 않는다. 이는 조직이 창의적이거나 혁신적인 아이디어 혹은 인재들의 가치를 언제 어떻게 깎아내리고 더 나아가 이들을 배제하고 쫓아내는가에 대한 좋은 실마리를 제공한다.

목마름이나 배고픔과 같이 무언가 없으면 큰일 날 것 같은 급박한 목표가 만들어지고 이 목표를 향해 조직이 일사불란하게 움직이도록 만든다면? 궁극적으로는 미래지향적이고 창의적인 아이디어를 만들고 제시하는 사람들이 지금 당장의 그 목표와는 크게 관련이 없어 보이기 십상이다. 그런데 문제는 그 사람들의 가치가 필요 이상으로 절하된다는 것에 있다. 그래서 필요 없어 보이고 밉상이며 결국에는 내쫓고 싶어지는 것이다.

따라서 어떠한 조직이든 이런 사람들을 보호할 안전장치를 지니고 있어야 한다. 특히, 무언가 하지 않으면 안 되거나 없으면 큰일 나는 것들을 조직이 긴급하고 일사불란하게 추구하고 있을 때 더더욱 이런 장치나 수단이 필요하다. 좋은 방법은 이런 상황에서 인사평가 시스템을 잠시 중단하거나 완화시키는 것이다. 이 시기에는 상을 줄 사람과 업적만 찾고 처벌 등 마이너스 요인은 최대한 덜 보는 것이다.

프로 스포츠에서도 이런 실수들이 자주 눈에 띈다. 투수나 타자가 부족하다고 느끼는 야구팀의 위기감이 절실할수록 자신들이 지니고 있는 반대편 포지션인 타자와 투수들의 가치가 필요 이상으로 떨어져 몇 년 내에 크게 후회할 트레이드를 하는 일이 빈번하게 일어나기 때문이다.

기업이라고 예외가 아니다. 수많은 협상과 거래, 혹은 인사에서 이러한 일이 자주 발생한다. 무언가 절박한 일을 할 때일수록 그 일과 상관없어 보이는 조직 내 사람들의 가치를 신중하게 판단해야 한다.

조직을 떠난 자에 대한 예의

떠나는 사람을 어떻게 평가해야 하는가?

어떤 조직이든 몸담고 있던 분들을 떠나보내야만 하는 일이 생긴다. 퇴직, 전직, 이직, 전근 등 다양한 형태들이 존재하지만 모두 이별을 의미한다는 점에서는 동일하다. 하지만 이것은 끝이 아니다. 왜냐하면 떠나는 사람과 남는 사람 모두에게 더욱 중요한 다음 단계가 남아 있기 때문이다. 그리고 이를 어떻게 하느냐에 따라 양쪽 모두에게 발전의 계기가 될 수도 있고 미래를 생각하는 능력을 잃는 악순환의 시작일 수도 있다.

그럼 무엇을 어떻게 해야 하나? 단순히 즐거운 해피엔딩으로서의 이별을 뜻하는 건 당연히 아니다. 이별에 있어서도 지켜야 할 중요한 몇 가지 원칙이 있으며 이는 인간의 삶과 행동의 방향성에 대한 근본 원리에 부합해야 한다는 것이다. 그리고 이 원리를 거스르면 설령 그 순간에는 해피엔딩인 것처럼 서로에게 느껴진다 해도 남은 사람들에게는 의욕과 이정표가 상실되며 떠난 사람들에겐 억울하거나 허탈한 상황이 오고 만다.

그렇다면 어떻게 해야 하는가? 사람이 하는 일에 대한 이해가 먼저 이루어져야 한다. 심리학적으로 볼 때 이 세상의 일은 크게 두 가지로 나눌 수 있다. 촉진과 예방이다. 촉진은 무엇인가 발전적이고 생산적인 일을 통해 개인과 조직으로 하여금 무언가 바라는 것을 가질 수 있도록 하는 생각과 행동을 아우른다. 반면, 예방은 글자 그대로 무언가 좋지 않은 결과를 막고 나나 우리로 하여금 부정적 상태에 빠지지 않도록 늘 미리 대비하고 주의를 집중하는 모든 것을 이른다. 그렇기 때문에 전자는 무언가를 만들어 내는 것이며 후자는 무언가를 만들어내지 않는 것에 그 역할의 초점이 있다.

사람들은 각자 자신이 주로 했던 일의 방향성과 일치하는 평가를 들었을 때 '아, 이 조직은 나를 제대로 알고 있었구나.'라는 생각을 가지게 되며 더 큰 동기를 지닐 수 있게 된다. 이를 곁에서 지켜보는 사람들 역시 '조직이 나에 대해서도 제대로 평가하고 그 역할을 알아주겠구나.'라며 장기적인 관점을 가지고 조직에 헌신하면서 동시에 자신의 발전을 도모할 수 있음은 물론이다. 따라서 좋은 말도 일의 종류에 따라 달라져야 한다.

그렇지 못하면 아무리 좋은 덕담이라도 공치사 혹은 과장된 찬사로 느껴질 뿐이며 이것이 만연하면 그 조직은 점점 더 내실없는 방향으로 빠져든다. 한 일에 대해 적합한 평가를 듣지 못하니 당연한 일이다. 예를 들어, 무언가 예방하는 일에 헌신했던 분들에 대한 평가는 "당신이 없었다면 우리는 큰 어려움을 겪었을 겁니다. 그래서 감사합니다."여야 하고 촉진에 더 많은 힘을 기울였던 분들께는 "당신으로 인해 우리는 많은 것을 누렸고 행복했습니다. 그래서 감사합니다."라고 해야 한다. 이점은 단순한 전별의 인사말이 아니라 각기 다른 방향의 일을 했던 분들에 대해 조직의 평가가 지니는 전반적 분위기에 녹아들어 있어야 한다는 것이다.

만일 이러한 방향성에 불일치가 일어난다면 떠난 자에 대한 평가를 조직이 제대로 못하고 있다는 생각을 현재 구성원들의 의식·무의식에 심어줄 것이다.

예방을 위해 일했던 분들을 "계셨기에 좋았다."는 촉진의 말로 평가하면 역할 평가를 제대로 못한 조직이나 리더라는 소리를 들을 것이다. 좋지 않은 무언가를 실제로 일어나지 않게 만든 사람의 업적은 말 그대로 '없음'에 있기 때문이다. 그런데도 억지로 무엇인가 공功을 만들어 칭송하려 한다면 결국 과장이 된다. 그보다는 일어날 수 있었던 불행이나 사고를 상기시키면서 그 인물과 일의 소중함을 역으로 일깨워 주어야 한다.

반대로, 촉진의 역할을 했던 분들을 '없으면 안 되는'예방의 말로 평가하면 이루어 낸 성과에 대한 적절한 집중을 못하게 되니 떠나는 사람이나 남은 사람 모두 허탈하거나 혼란스러울 가능성이 높다. 지혜로운 리더라면 떠나는 사람들의 지나온 발자취를 곰곰이 살펴보고 그 방향과 일치하는 평가를 조직에게 알려야 한다. 그래야만 떠나는 사람은 보람을, 남은 사람들은 미래에 대한 이정표를 가지게 된다. 단순히 위로나 덕담한다고 좋은 리더가 아니다.

3장

. . .

조직의 심리를 읽어라

우리와 나

'우리'와 '나'의 다른 역할

1인칭 대명사란 무엇인가? 말하는 사람, 즉 자신을 가리킬 때 쓰는 대명사를 말한다. 그런데 여기에는 두 가지 종류가 있다. 단수와 복수인 '나'와 '우리'라는 말이다. 즉 남이 아닌 자신을 나타내는 개념이 두 가지라는 것이다. 사소해 보이는 이 두 개념이 굉장한 차이를 만들어 낸다. 심리학 연구 결과들을 종합해 보면 '나'라는 개념이 우세하거나 활발해지면 '무언가 좋은 것을 추구하는 것'이라는 생각에 무게가 더해진다. 반면 '우리'라는 개념이 더 활발하거나 중요하게 거론되면 '무언가 좋지 않은 것을 피하거나 예방하는 것'이 더 중요한 가치관으로 자리 잡게 된다는 것이다. '과연 그럴까?'라고 생각을 할 수도 있겠지만 단 5분 동안만 나 혹은 우리를 반복적으로 되뇌기에 하기만 해도 그 효과가 나타난다.

사회적으로도 강한 행복 추구 혹은 회피 본능을 느끼는 시기에 언론이나 사람들의 대화 등 수많은 말들을 분석해도 분명하게 드러나는 사실이다. 한 마디로 인간의 본능에 가깝다는 것이다.

따라서 지혜로운 CEO라면 조직의 구성원들을 각각의 '나'로 구분해 주거나 하나의 '우리'로 묶을 때가 각기 다름을 알아야 한다. 일이나 목표의 성질에 따라서 말이다. '나'는 행복과 기쁨을 추구하는 데 더 적합한 자아개념이기 때문에 기발한 아이디어나 창의적인 일을 시작할 때 더 적합하다. 따라서 자아나 독립적으로 일할 수 있는 환경이 지원되고 있는지 관심을 기울여줘야 한다. 반면에 '우리'라는 개념은 실수하면 안 되는 일이나 긴박하게 무엇을 예방하는 것에 더 적합하기 때문에 이런 경우에는 구성원들을 한 자리에 모이게 하고 협동을 강조해야만 한다.

그런데 '우리'라는 말을 특히나 사랑하고 또 자주 쓰는 나라가 있다. 바로 '우리나라'다. 실제로 '나'라는 표현이 들어갈 자리를 '우리'가 차지하고, 심지어는 비문법적인 형태로 자리 잡고 있기도 하다. 우리 남편, 우리 아내, 그리고 혼자 사는 사람이 우리 집이라고 말하는 것 등 헤아릴 수 없이 많다. 영어나 유럽어권 사람들이 자기가 다니는 학교나 모국을 'my school', 'my country'등으로 표현하는 것과 확연히 대비된다.

우리는 자신이 어떤 대상에 대해 소유권을 아주 명확하게 지닌 경우조차도 1인칭 단수 대명사인 '나'를 잘 쓰려 하지 않는다. 무례하거나 거만해 보이기 때문이다. 그래서 나를 두드러지게 하기 보다는 나를 우리에 포함시켜 희석시키는 겸손을 보인다. 실제로 한국의 조직 문화는 '나'보다는 '우리'를 유난히 강조한다. 개인기 보다는 팀워크를, 개성보다는 협동을 강조한다. 분명 겸손, 팀워크, 협동 등은 조직이 발전하기 위해 중요한 요인들이다. 하지만 지나치면 몰개성은 물론이고 창조적인 의견이나 아이디어를 내놓지 않는 분위기로 이어질 수밖에 없다. 그런 분위기가 고착되어 있는데 CEO가 지향하는 바는 창조와 혁신이니 무언가 불일치가 일어날 수밖에 없는 것이다.

우리 사회와 기업은 나라가 무언가를 예방하거나 긴급한 일을 효율적으로 잘 하지 못할 경우 그 구성원들이 공분하는 경우를 쉽게 찾아볼 수 있다. '우리'의 관점이 잘 발달되어 있기 때문이다. 하지만 창조적이고 혁신적인 일은 잘 하지 않으려 할 뿐만 아니라 성취되지 않은 경우에는 인식 자체의 부족으로 자성의 목소리조차 높지 않은 것 역시 현실이다.

이러한 차이는 '나'보다는 '우리'가 지나치게 강조된 나머지 자신을 드러내고 자신의 개인적 능력이나 취향을 발전적인 방향으로 연결시키는 과정이 간과되기 때문임을 부인할 수 없다. 나는 행복과 즐거움을 추구하고 우리는 비극을 막는 존재임을 분명히 인식해야만 한다. 일의 종류가 달라짐에 따라 자아의 크기도 달라져야 한다.

'나'는 꿈꾸고 '우리'는 실행한다

인간은 홀로 있을 때, 즉 '나'일 때와 타인들과 함께 있을 때인 '우리'일 때 차이가 적지 않다. 이 둘의 자아가 각기 잘하는 생각과 행동은 따로 있다는 얘기다. 미국의 정치학자이자 심리학자인 데이비드 니커슨과 토드 로저스 교수 연구팀은 이와 관련해 재미있는 연구를 진행했다. 펜실베이니아 지역 거주 민주당원 3만 명의 예비선거 참여율을 조사한 것. 예비선거는 관심을 많이 받는 선거가 아니라서 투표자가 많지 않다. 연구팀은 이들에게 전화를 걸어 다음 세 가지 중 하나로 물었다. 선거가 곧 있다고 단순히 되새겨 주는 메시지, 선거가 곧 있고 투표할 의향이 있느냐고 묻는 메시지, 선거가 곧 있는데 어떻게 투표 장소에 가서 투표할지를 구체적으로 묻는 메시지였다. 결과는 흥미로웠다. 가족이 둘 이상인 사람들의 투표율은 메시지의 종류에 영향을 받지 않았다. 하지만 혼자 사는 사람들은 달랐다. 이 사람들은 세 번째 메시지를 받은 경우에만 평균 수준 투표율을 보였다. 이는 혼자 있을 때보다 여러 사람이 같이 있을 때 행동하기 쉽다는 것을 알려 준다. 투표처럼 일상적이지 않은 일인 경우에는 더 그렇다. 새로운 일을 하는 것은 생각만 가지고는 안 된다. 움직이게 하는 자극이 있어야 한다. 따라서 그 일을 할 것이라고 주위 사람에게 알려 타인들이 나의 실천 여부를 확인하게 하고, 제대로 진행될 때 성원도 해 주게 만들 필요가 있다. 그런데 그 일을 실제로 하기 전에 '생각하는 것' 자체는 언제 더 잘되는가? 이와 관련해 또 재미있는 연구가 있다. 미국 노스웨스턴 대학의 심리학자 웬디 가드너 교수는 두 그룹의 사람들에게 글을 읽게 했다. 내용은 완전히 일치하지만 그 글에 등장하는 사람들을 나타내는 대명사만 달랐다. 한 그룹이 읽은 글에서는 모든 인칭 대명사가 1인칭 단수인 '나'이고, 다른 그룹이 읽은 글에서는 '나' 대신 '우리we'를 썼다. 즉 내용은 같지만 '나'혹은 '우리'로 주인공이 달라지는 글을 읽은 것이다. '내'가 주인공인 글을 읽은 사람들에게 자신에게 지금 가장 중요한 게 무엇인가 물었더니, 행복, 미래, 성취 등과 관련된 것들을 말했다. 하지만 '우리'를 읽은 사람들은 안전, 관계 등 예방적 가치들이 더 중요하다고 대답했다. 어느 것이 일상에서 벗어난 가치를 나타낼까? 당연히 전자다. 이 두 연구 결과를 합쳐보면 리더십에 의미 있는 생각거리가 만들어진다. 미래지향적이고 새로운 일을 할 '생각' 자체는 혼자 있을 때 더 잘하게 된다. 하지만 그 생각을 하고 그것을 '실행'할 힘은 다른 사람들과 같이 있을 때 얻는다. 그런데 우리는 이 둘을 거꾸로 하는 경우가 상당히 많다. 특히 새롭고 혁신적인 일을 할 때 그렇다. 창조적인 일을 시작하기 위해 사람들을 한자리에 모아 '우리'를 만들어 놓고 회의를 거듭한다. 그리고 아이디어가 나왔다고 생각하는 시점에서 사람들을 여러 개의 '나'로 분리시킨 뒤 각자 맡은 일에 몰두하게 한다. 이럴 경우 두 가지의 부작용이 일어나기 쉽다. 첫째, 모여서 생각하니 새롭지 않고 안전한 아이디어가 선택된다. 둘째, 떨어져 일을 하니 서로 독려하고 확인하는 양이 줄어 사람마다 진도가 들쭉날쭉해 일의 취합이 어려워진다. 나 혼자 있을 때 창의적인 생각이 많더라도 실행으로까지 옮겨지지 않는 경우가 허다한 이유도 여기에 있다. 생각은 '나'가 하고, 실행은 '우리'가 하도록 책임을 나눠 주자. 특히 무언가를 바꾸려면 말이다.

신뢰에 대한 착각

안정성에 기반을 둔 신뢰도, 충성심에 기반을 둔 신뢰도

많은 CEO들이 신뢰할 만한 사람을 찾고 있다. 신뢰信賴라는 말의 뜻은 믿고 의지함이다. 상식적으로도 잘 납득이 되는 정의이다. 그런데 여기에도 심리학자들의 눈에는 중요한 구분이 필요하다. '안정성'과 '충성심'이다. 우리는 잘 변하지 않는 사람과 충성심이 강한 사람 모두에게 같은 감정인 '신뢰'를 느낀다. 하지만 전혀 다른 차원이기 때문에 혼동해선 결코 안 되는 개념들이다.

예를 들어 통계에서 여러 번 해도 같은 결과가 나올 가능성이 클 경우 신뢰도가 높다고 한다. 그리고 이를 '신뢰도reliability'라고 표현하며 이 신뢰도가 높을 경우 당연히 믿을만한 자료다고 이야기할 수 있다. 이는 어떤 대상이나 사람이 안정적이고 예측 가능할 때 쓰는 말이다. 따라서 정서나 감정과는 독립적인 차원이다.

믿을 수 있다는 말을 쓰는 경우가 또 하나 있다. 영어로 'trustable'이 라는 뜻이다. 이는 정서적인 차원이 많이 묻어 있는 말이다. 즉 '왠지 나를 배신하지 않을 것 같은' 더 나아가 '내가 어떤 일을 해도 나를 지지해줄 것 같은' 등의 생각에 속하는 믿음이다. 이건 안정성보다는 충성에 가까운 개념이다. 문제는 우리가 이 둘을 자주 혼동한다는 것이다. 실제 사용하는 말에 있어서도 우리는 전혀 다른 이 두 종류의 차원을 신뢰라는 한 가지의 믿음으로 느끼고 또 사용하고 있지 않은가. 그렇다면 CEO들은? 마찬가지 정도가 아니라 그 혼동의 정도가 더 큰 위험을 안고 있는 것이 사실이다. 왜냐하면 신뢰에 관한 판단을 평범한 사람들보다 훨씬 더 자주 하고 살아야 하기 때문이다.

많은 CEO들이 '믿을 만한 사람'인지 여부에 관한 평가를 내리기도 하고 이들을 중용하기 위해 애타게 찾고 있다. 그런데 이른바 안정성에 기반을 둔 신뢰도가 높은 사람과 충성에 기반을 둔 신뢰도가 높은 사람을 혼동하여 적재적소에 배치하지 못한다면 결과는 매우 좋지 못할 것이다. 예를 들어 안정적이고 예측 가능하기에 신뢰할 만한 사람의 단점은 뭘까? 이런 사람들은 상식적으로 변화에 대해 달가워하지 않는 경향이 강하다. 당연히 새로운 생각을 하지 않으려는 사람이며 혁신적인 일에는 적합하지 않은 사람이다. 이들이 자신보다 불안정하기는 하지만 사고의 전환 역시 수월하게 하는 사람들이 만들어 내는 즐겁고 행복한 해프닝들을 조직 내에서 긍정적으로 평가해 줄 리 만무하기 때문이다. 이런 식의 '믿을 만한 사람'들이 변화까지도 만들어 낼 것이라고 믿어서는 안 된다

충성심에 기반을 둔 신뢰도가 높은 사람은 오히려 너무 많은 변화조

차도 고민 없이 만들어낼 위험을 늘 안고 있다. 이는 적절하지 않거나 심지어 부정한 방향으로의 변화로까지도 이어질 수 있다. 왜냐하면 이 사람들에게는 어떤 식으로든 자신을 믿어주는 사람과의 관계가 일이나 사명 자체보다 더 중요할 수 있기 때문이다. 우리 주위에서 CEO의 신망을 받는 사람들이 무언가 극단적인 선택을 너무 쉽게 내리는 경우를 어렵지 않게 볼 수 있는 것도 같은 이유와 과정을 거쳐서이다.

신뢰도를 평가할 중간자를 두어라

따라서 현명한 CEO는 나와 내 신뢰를 받는 사람들 사이에 그 신뢰로 인해 놓치는 것들을 알려줄 만한 사람을 하나 더 두어야 한다. 그 좋은 예가 부통령, 부사장, 부시장 등 우리 사회에서 이른바 '부副'자가 붙은 사람들의 역할이다. 국가든 기업이든 우리나라가 다른 경쟁 조직에 비해 가지는 약점 중에 하나가 바로 이 '부'로 시작하는 위치의 사람들에 있다. 왜냐하면 효율성과 상명하복을 지나치게 강조하는 나머지 이들이 가지는 역할을 너무 약하게 설정해 놓았거나 심지어는 아예 허수아비로 만들어 놓는 경우가 많기 때문이다. 그러한 안전장치가 없기에 조직이 너무도 일사불란하게 잘못된 결정에 이르고 또 이를 실행한다는 것이다. 이들이 해야 할 중요한 역할은 CEO의 복제품이 아니라 CEO가 느끼는 '신뢰'라는 감정을 제어하거나 조언해 줄만한 안전장치이다. 굳이 열거하지 않아도 이러한 장치의 부재가 만들어 내는 비극과 오류들을 너무나도 쉽게 떠올릴 수 있을 것이다. 지혜로운 CEO라면 자신을 가장 잘 긴장시키는 사람을 '부'의 자리에 앉힐 수 있어야 한다.

인센티브도 잘못 주면 독이 된다

인센티브는 언제 효과를 보는가?

수많은 심리학자들, 더 나아가 경제학자, 사회학자들이 오랜 세월 논쟁해 온 이슈 중 하나가 "과연 금전적 인센티브가 일을 더 잘 하게 만드는가"이다. 어떤 학자들은 돈과 실적 혹은 임무수행은 큰 관계가 없다고 주장하는 반면 아주 높은 상관관계가 있음을 역설하는 사람들도 있다. 그런데 사실, 이렇게 양측으로 갈려 팽팽하게 주장이 맞서는 경우는 대부분, 어느 한 쪽이 맞거나 틀리기보다는 두 입장이 각기 더 잘 들어맞는 경우나 상황이 따로 있을 가능성이 더 크다. 따라서 중요한 건 그게 뭔지 아는 것이다.

이와 관련된 흥미로운 현상이 하나 있다. '발상의 전환'이 필요한 부분이 포함된 문제나 사안을 사람들에게 해결해 보라고 하는 것이다. 여기서 발상의 전환이라 함은 예를 들어, 어떤 물건이나 대상을 상식적이고 일반적인 원래 목적이 아니라 전혀 다른 용도로 사용해 보는 기지와 재치를 의미한다.

그런데 이러한 발상의 전환이 필요한 상황에서 사람들에게 문제를 빨리 해결할 경우 인센티브를 주겠다는 동기부여를 하게 되면 오히려 해결의 속도가 느려지는 경우가 더 많다. 더욱이 이러한 결과는 이후 수많은 실험 연구나 실제 조사에서 반복적으로 입증되고 있으니 우리를 당황하게 만드는 결과가 아닐 수 없다.

그러나 실제 수많은 기업들과 조직에서 무언가를 빨리, 제대로 해결한 사람에게는 금전적인 인센티브나 보너스라는 보상을 주겠다고 약속한다. 즉, 돈을 약속하는 것이다. 왜냐하면 그 돈이 동기를 유발하여 주어진 문제를 해결하고자 하는 과정을 촉진시킬 것이라고 믿기 때문이다.

그런데 왜 고정관념을 벗어나야 하는, 즉 창의적이거나 발상의 전환이 필요하기 때문에 '어려운'일에는 오히려 역효과를 내는 것일까? 바로 시야의 폭에 그 이유가 있다. 어떤 일들은 폭넓은 관점을 가지고 여러 가지 가능성들과 대안들을 모두 고려해야만 풀리는 반면 구체적이고 좁은 시각으로 집중해야 더 잘 해결되는 일들도 있다. 일의 성격에 따라 시각의 폭이 넓거나 좁을 필요가 있다는 것이다. 그리고 인센티브는 폭넓은 시각을 요구하는 일에는 역효과를 낸다.

그렇다면 이제 발상의 전환이 이미 이뤄지고 따라서 고정관념으로부터 탈출한 상태에 사람들이 있다고 가정해 보자. 이 상황은 목표의 최종 지점이 어느 정도 눈앞에 더 구체적으로 보이는 경우일 것이다. 재미있게도 이제는 금전적인 보상이 사람들로 하여금 더욱 빠르게 문제를 해결하게 한다는 것이다. 이제야 보상은 순기능을 하기 시작한다.

그리고 그 보상의 크기를 키울수록 사람들은 그 일을 더 빠르고 제대로 해내기 시작한다.

금전적 보상의 명과 암을 이해하라

이는 무엇을 의미하는가? 돈은 사람들로 하여금 좁은 시야를 가지게 하고 그 좁은 시야로도 해결할 수 있을 정도로 구체적인 문제를 해결하는 데에만 유용한 도구라는 것이다. 그리고 좁은 시야라는 것은 무엇을 의미하는가? 내가 현재 고려할 다양한 대안들의 수를 적게 가지고 있다는 것을 의미한다. 다양한 생각이나 발상의 전환을 위해 폭넓은 생각을 해야 하는 경우에는 돈이라는 것이 오히려 좁은 시야를 가지게 함으로써 훼방꾼의 역할을 한다는 것이다. 우리가 살아가면서 직면하게 되는 여러 가지 '어려운'문제들이 돈으로 해결되지 않는 이유가 바로 여기에 있다.

그런데도 수많은 국가, 기업, 기관들은 돈을 더 많이 주면 일을 더 잘해 줄 것으로 기대하고 있다. 구체적인 문제의 해결에는 도움이 된다. 하지만 발상의 전환이 필요한 창의적 일들에는 오히려 악영향을 미치고 만다. 정말이지 중대하고 심각한 오해이다. 이때에는 일 자체를 즐길 수 있는 동기부여만이 해결책이다. 지혜로운 리더나 CEO라면 금전적 보상을 부각시키고 사용함에 있어서 매우 신중해야만 한다.

질투와 시기를 경쟁력으로 활용하라

질투와 시기의 힘과 폐해

러시아 우화에 이런 이야기가 있다고 한다. 어떤 농부가 혼자 힘들게 밭을 갈고 있었다. 소가 있었으면 훨씬 수월할 법도 하겠지만 가난해서 소는 엄두도 내지 못했다. 그런데 밭에서 마법 램프를 하나 주웠는데 이 램프를 만지작거리자 신령이 홀연히 나타나 소원을 하나 들어주겠다고 했다. 이 농부의 소원이 걸작이다. "이웃 농부는 소를 한 마리 갖고 있습니다. 그 소가 지금 당장 죽었으면 좋겠습니다." 참으로 어처구니없는 소원이었다. 하지만 생각해 보면 이 정도로 사람에게 있어서 질투란 무서운 것이다. 때로는 내가 잘되는 것보다도 남이 잘 못되는 것을 더 바라니 말이다.

만일 이러한 일이 조직에서도 일어난다면? 자신의 발전이나 상승보다도 다른 구성원들의 실패를 더욱 바라는 사람들이 많아진다면? 리더 입장에서는 생각만 해도 끔찍한 일일 것이다. 하지만 불행하게도 이런 경우는 동서고금을 막론하고 조직 내에서 부지기수로 일어난다. 인간의 감정 중 가장 어리석은 것이라 할 수 있는 질투를 리더는 어떻게 해야 할까?

질투라는 본능을 없앤다는 것은 애초에 불가능하다. 하지만 언제 질투가 가장 크게 발생하고 질투를 어떻게 다뤄야 하는가에 대해 안다면 오히려 큰 긍정적 변화를 도모할 수도 있다.

질투는 언제 발생할까? 여러 가지 이유가 있겠지만 질투를 위한 최적의 조건은 첫째, 즐거움이 없을 때이다. 내가 즐겁지 않고 따라서 일과 삶에 활력이 없는 와중에 주위의 다른 사람이 좋은 것을 가지고 있거나 행복하면 질투가 쉽게 일어난다. 나의 상태와 똑같이 만들고 싶은 것이다. 러시아 농부처럼 말이다. 둘째, 동질감이다. 한 마디로 자기와 처지와 상황이 비슷한 사람한테 느끼는 것이 질투라는 것이다. 먼 나라 사람이나 옛날 사람 혹은 나와 신분이나 처지가 확연히 다른 사람에게 질투를 느끼는 법은 거의 없다. 고대 그리스의 시인 헤시오도스Hesiodos는 이를 두고 "도공은 도공을 미워하고, 목수는 목수를 미워한다. 걸인은 걸인을 시기하고, 시인은 시인을 질투한다."고 말했을 정도이다.

왜? 가깝기 때문에 이해관계가 있다. 그리고 상대방에게 무언가가 생기면 크기가 정해져 있는 빵조각이 더 작아져 나에게 올 것의 크기가 줄어든다고 생각하기 때문이다. 셋째, 비교의 상황이다. 내가 좋은 집이나 자동차를 가지고 있어도 이웃이 더 크고 좋은 집과 자동차를 가지고 있으면 그 우열감에 의해 질투가 생긴다.

그렇다면 조직에서 질투가 최고로 만연할 수 있는 상황을 종합해 보자. 조직에 즐거움이 없으면서도 동질감은 강하고 서로 비교당하고 있을 때이다. 이 경우 구성원들은 무언가를 잘 하고 있는 사람을 끌어 내리려는 데 몰입하기 십상이다. 그렇기 때문에 지혜로운 리더라면 조직 내 경쟁을 유도할 때에도 매우 조심스러워야 하며 질투를 잘 다스릴 줄 알아야 한다.

이를 위해서는 첫째, 조직의 생산성 못지않게 중요한 것이 조직의 구성원들이 현재 만족스러울 만큼의 즐거움을 느끼고 있는가에 관심을 가져야 한다. 많은 리더들이 조직의 성과나 생산에 비해 즐거움과 만족에는 관심을 거의 두지 않는 오류를 범한다. 둘째, 조직의 구성원들 각자의 경쟁 상대도 그 조직 내부가 아닌 외부에 있음을 피부로 느끼게 해야 한다. 우리 조직과 다른 조직의 경쟁은 많이들 강조하지만 이를 위해 조직 내부의 구성원들 간의 경쟁에만 심취하면 안 된다는 것이다. 그래서 아무리 작은 일을 하는 구성원이라도 비슷한 일을 하는 세상의 많은 사람들을 보고 경험하게 해야 한다. 셋째, 논공행상이 끝난 후에는 항상 조직 내의 패자들을 위한 다른 만회의 기회를 최대한 빨리 주어야 한다. 그럼으로써 질투의 에너지를 질투의 대상자가 아니라 다른 일에 쏟을 수 있도록 길을 터 주어야 한다.

리더가 이 세 가지에 무관심해 인류 역사에서 수많은 조직이 스스로 무너졌음을 잊지 말자.

'잘'부러워하면 이기는 거다

사람들이 요즘 많이 하는 말 중 필자를 상당히 당황스럽게 만드는 것이 하나 있다. "부러워하면 지는 거다."라는 말이다. 남이 가지고 있는 것을 보면서 자신을 초라하게 만들지 말라는 뜻으로 보통 사용된다. 절반은 맞는 말이다. 자신만의 잠재력이나 소중함을 찾아내는 것이 중요하지 다른 사람이 가진 것을 좇는 데 너무 많은 힘을 쓰지 말라는 뜻에서는 그렇다.

하지만 이 말을 너무 곧이곧대로만 따르게 되면 오히려 무엇을 해야 하는가에 관해 중요한 점들을 놓치는 우를 범할 수가 있게 된다. 결론은 지혜롭게 부러워해야 진정으로 이긴다는 것이다. 이를 위해 가장 중요한 것은 열등감과 부러움을 분별할 줄 알아야 한다. 열등감은 무엇인가. 사전을 찾아보면 "자기를 남보다 못하거나 무가치하게 낮추어 평가하는 마음"이다. 그렇다면 부러움은 어떻게 정의되는가. "어떤 사람이 다른 사람이나 그 능력을 자기도 그렇게 되고 싶어 하거나 가지고 싶어 하는 것"으로 정의된다. 따라서 두 정의 간에는 분명한 공통점이 있다. 자신보다 뛰어난 다른 존재가 있다는 것이다.

그렇다면 차이점은 뭘까. 열등감에는 자기를 낮추는 생각이 깔려 있으며 부러움에는 그 요소가 없다. 그러니 "부러우면 지는 거다."보다는 "열등감 가지면 지는 거다."라는 말이 더 맞는 표현이다. 그리고 잘 부러워하면 좋은 일이 굉장히 많이 생긴다. 사람은 사회적 존재다. 그렇기 때문에 자신이 정말 무엇을 원하는지 혹은 진정으로 무엇이 되고 싶은지의 상당부분을 타인과의 관계에서 파악해 간다. 무인도에 혼자 있는 사람이 어떻게 꿈을 가지거나 미래를 생각하겠는가. 위대한 인물들의 이야기를 왜 책이나 TV를 통해 몰두하고 또 심지어는 아이들이나 팔로어들에게 교육하겠는가. 타인의 존재는 우리가 혼자 있을 때는 알아차리기 어려운 소망, 꿈, 미래, 혹은 비전에 대해 더 수월하게 생각하게 해 줄 수 있다. 그렇기 때문에 부럽다는 것을 지나치게 숨기는 것은 이러한 가치들에 눈을 제때 뜨지 못하게 할 위험에 우리를 빠뜨린다. 부럽다는 것을 자유롭게 표현하는 과정에서 개인이든 조직이든 꿈과 소망을 가지게 되기 때문이다. 인정하지 않으면 발전이 없다는 말은 하면서 왜 부러워하는 것은 주저하는지 모를 일이다. 자기를 필요 이상으로 낮춰 평가하는 열등감과 자신이 열광하고 몰두할 수 있을 것을 찾아나가는 출발점인 부러움의 차이는 구분되어야만 한다. 그렇다면 어떻게 해야 잘 부러워하는 것인가. 앞서 말했듯이 열등감과 부러움의 차이에 그 해답이 있다. 리더의 사소한 말 한마디가 팔로어들로 하여금 열등감과 생산적인 부러움의 갈림길에서 어느 길로 가는가를 순식간에 결정한다. "저 사람은 그런데 왜 당신은?" 혹은 "저 조직은 이렇게 대단한데 왜 우리 조직은?"이라는 '비교'가 시작되는 순간에 열등감의 길로 빨려 들어간다. 비교당하는 것만큼 자신의 존재 가치가 내려가면서 비참한 것이 없기 때문이다. 리더가 팔로어에게 하고 싶은 말들은 언제나 많다. 하지만 부러움 자체에만 집중하고 더 이상의 이야기를 참을 줄 알아야 한다. 한마디로 여운을 크게 남기라는 것이다. 나머지 부분은 팔로어들이 채워갈 수 있게끔 말이다. 거기까지조차 리더가 말로 메우고 싶은 조급증 하나만 자제하더라도 부러움이 가지는 긍정적 효과를 크게 기대해 볼 수 있을 것이다.

목표 설정을 잘하는 방법은 따로 있다

새로운 결심은 언제 어떻게 해야 하나?

연말연시가 가까워지면 많은 사람들이 새로운 결심으로 새해를 맞이하려 한다. 리더들에게는 더더욱 중요한 시간이다. 개인적인 소망을 넘어서 자신이 이끄는 조직을 위한 새해 결심과 계획을 내놓아야 하기 때문이다. 그런데 여기에도 지혜를 발휘할 수 있는 구석이 많이 있다. 왜냐하면 인간에게는 크게 두 가지 목표가 있으며 이는 각각 자신에 부합되는 시점과 상황에서 더욱 강한 힘을 발휘하기 때문이다. 그래서 지혜롭게 목표를 설정하기 위해서는 이른바 '좋은 것에 다가가기 위한'목표와 '나쁜 것을 피하기 위한'목표가 지니는 중요한 차이를 이해해야 한다.

심리학자들은 인간의 행동이 지향하는 바를 크게 두 가지로 나눈다. 첫째는 무언가 소망하는 상태에 도달하기 위한 목표이며, 둘째는 무언가 바라지 않은 상태로부터 벗어나거나 그것에 빠지지 않기 위한 목표이다. 전자를 '상승'후자를 '예방'이라고 부르며 '~하기 위해'와 '~하지 않기 위해'라는 말로 각각 그 목표가 표현된다.

그런데 중요한 점은 이 두 목표가 힘을 발휘하는 시간대가 서로 다르다는 것이다. 지금 어떤 일을 열심히 하는데 그 결과가 상당히 먼 미래에 나타난다. 우리는 흔히 이런 일을 '장기적 관점'을 가지고 하는 일이라고 부른다. 반면 어떤 일은 지금 당장 해야 하는 구체적인 것들도 있다. 재미있는 것은 장기적 관점을 가지고 해야 하는 일들은 대부분 성취하면 좋은 것들인 반면 지금 당장 해야 하는 일은 대부분 하지 않으면 안 되는 것들이다. 즉, 상승적 목표와 예방적 목표가 각각 장기와 단기의 두 시간 관점에 더 잘 부합된다는 것이다.

심리학자들의 연구 결과들을 종합해 보면 장기적 관점을 지니고 해야 하는 일을 예방 목표로 설정하거나, 지금 당장 해야 하는 일들을 상승적 목표인 것처럼 포장하면 열심히 해도 잘 안 된다. 노력한 만큼의 결실을 보기 어렵다. 목표의 성격과 남은 시간의 양이 서로 호환성을 지녀야 한다는 뜻이다.

예를 들면 새해 소망이나 설계, 신년사가 너무 비장해서는 안 된다. 이렇게 무겁기 그지없는 신년 결심들은 대부분 '~하지 않기 위해서 열심히 하자.'라는 마음가짐을 만들며 이는 필연적으로 단기적인 시야를 필요 이상으로 자극한다. 그 결과 1년 혹은 그 이상의 기간 동안 열심히 해야 할 일들에 대한 거시적 관점을 방해한다. 이에 따라 지금 당장 할 수 있는 작고 구체적인 일들에만 구성원들이 매달려 꽤 시간이 흐른 후에 보니 종합이 되지 않고 엉뚱한 방향으로 흘러가 있는 경우가 많다는 것이다.

마찬가지로 얼마 남지 않은 올해의 남은 일들을 마무리하기 위한 조직의 분위기에는 긴장감이 필수적이다. 필요 이상의 상승 목표가 지배적이면 낙관적 기대로 인해 '올해 못하면 내년에 하지'라는 식의 안일함이 커지기 때문이다.

따라서 시간이 얼마 남았는가에 따라 목표 설정에도 지혜가 필요하다. 얼마 남지 않은 한해는 미시적이고 구체적인 관점으로 꼼꼼하게 마무리 하자. 그리고 새롭게 시작하는 해는 거시적이고 긍정 지향적 비전 제시로 조직 구성원들이 오랫동안 그 일을 할 수 있게끔 해 주어야 한다. '남은 시간'이 얼마인가에 따라 목표의 분위기도 달리 설정해 주는 지혜가 리더에게 필요하다.

아무 일 없음에서 배우기

든 자리는 몰라도 난 자리는 안다

10여 년 전, 신혼 초의 직장인 후배에게 "술을 마시고 늦게 들어가는 날은 어떻게 되느냐."고 물어본 적이 있다. 부부싸움이 나거나, 아니면 늦잠을 자서 다음날 지각해 상사에게 혼쭐이 나는 등 참으로 많은 일이 생긴다고 그 후배는 이야기했다. 한 마디로 기억에 남는 것이 많다는 것이다.

질문을 바꿔 봤다. "집에 일찍 들어간 날에는 어떤 일이 일어나는가?" 그랬더니 대답이 굉장히 짧았다. "아무 일 안 일어나는데요." 대부분 이런 식이다. 그리고 주목할 만한 기억도 별로 내놓지를 못했다.

참 이상한 불일치다. 일찍 들어갔으니 집에 있는 시간은 더 많았고 따라서 기억나는 것이나 이후에 일어나는 일들에 관해서도 더 잘 알고 있어야 하지 않을까. 하지만 사람들은 후자의 질문에는 그저 "별일 없었다."라고 답하며 크게 신경 쓰지 않는다.

이는 단순한 말장난이 아니다. 왜냐하면 이는 심리학에서 다뤄지는 중요한 현상 중의 하나이기 때문이다. 이른바 사건과 사건 사이의 관련성은 사람들이 머리에 잘 담고 이후의 판단에 사용하지만, 사건과 '사건 없음'의 관련성에는 거의 주목하지 않는다는 것이다. 즉 한 사건이나 행동이 일어난 후 어떤 일이 발생하면 그 둘 간의 관련성에 사람들은 열심히 주목하지만 어떤 일이 발생하지 않았는가에 대한 생각은 훨씬 덜 한다는 것이다.

이 이야기를 리더나 CEO에게도 한 번 적용해 보자. 많은 리더들이 이렇게 한탄한다. "우리 조직은 OO가 없어서 XX하지 못한다."는 것이다. 여기서 OO와 XX는 모두 일어나야 할 일들에 대한 생각들이며 대부분 조직의 발전이나 생산성이 만족스럽지 못하다는 의미에서 하는 얘기다.

질문을 좀 바꿔본다. "그런데 그런 많은 문제점을 가지고 있는 귀하의 조직이 어떻게 아직까지 유지되고 있는 걸까요?"이렇게 물어보면 대답이 쉽게 나오지 않는다. 마치 "일찍 들어간 날에는 집에서 어떤 일이 일어나는가?"에 관한 대답을 어려워하는 것처럼. 생각해 본 적이 별로 없기 때문이다.

격언 중에 "든 자리는 몰라도 난 자리는 안다."라는 말이 있다. 새롭게 들어온 사람보다는 나간 사람의 자리가 더 커 보이기 때문에 나온 말이다. 왜 이런 말을 할까? 조직을 떠난 사람이 조직의 '아무 일 없음' 즉 '무사'함의 유지를 위해 지금까지 해 낸 역할을 나중에야 남은 사람들이 깨닫고 후회하기 때문에 나온 말일 것이다.

지금 조직 내부에서 무언가 뚜렷하게 생산적인 일들이 일어나고 있지 않을 때 많은 리더들이 어떻게 하면 다시금 변화를 줄까 고민한다. 물론 필요한 생각이고 행동이다. 하지만 이것이 다가 아니라는 것이다. 특별한 일이 없는 날 리더는 자신의 책상에서 그 무사함을 즐기거나 변화 없음을 한탄할 것이 아니라, '내 조직이 어떻게 아직도 버티고 혹은 유지되고 있는 거지?'라고 생각을 바꾸어 지금까지 조직과 구성원이 무언가를 함으로써 '일어나지 않은 일'과 '막아낸 일들'에 관하여 생각해 볼 필요가 있다. 그러면 구성원들의 역할과 가치 중 내가 모르고 있었던 것들이 보이기 시작한다. 그리고 이런 일을 하는 사람들이 평소 드러나지는 않지만 조직에서 생동감 있고 창조적인 일들을 하는 사람들을 잘 지원해 주고 있음을 알 수 있다.

지혜로운 리더라면 어떤 좋지 않은 일이 일어났을 때에도 무언가를 배워 부족함을 채워나가야 하겠지만 아무 일도 일어나지 않을 때도 그 '무사'함의 이유를 곰곰이 생각해 이미 채워져 있는 조직의 역량을 확인해 놓아야 한다. 그래야 무엇을 버리고 무엇을 채울지에 대한 판단을 보다 더 완전하게 내릴 수 있다. 다소 무료하고 따라서 별 일 없어 보이는 날이라면 그 아무 것 없음을 만들어내는 조직의 힘과 이유에도 관심을 기울여 보라. 그래야만 개혁을 도모하는 과정에서 조직의 안정장치를 풀어버리거나 기본적 무사함을 망가뜨리는 우를 범하지 않을 수 있다.

적재적소에 인재를 배치하는 법

한 번 물 먹은 사람이 계속 물 먹는 이유

한 번 보지 않으면 별다른 이유 없이 싫어진다. 선택은 의지만의 문제가 아니다. 선택하지 않는 것, 즉 배제 역시 의지만의 문제가 아니다. 사람은 특정 이유로 한 번 관심을 주지 않은 대안이라면 그와는 전혀 무관한 기준으로 선택해야 할 때도 부지불식간에 배제하기도 한다.

예를 들자면 키 큰 사람을 뽑을 때 당연히 배제되는 키 작은 사람이라면 키와는 무관하게 운동 잘하는 사람을 뽑을 때에도 별 다른 이유 없이 후보군에서 슬며시 배제되는 것이 얼마든지 가능하다. 특정 프로젝트에서 부적격이라고 한 번 탈락한다면 그 이후 연속으로 이어지는 전혀 다른 프로젝트에서도 탈락할 때가 많다. 실제로 물건을 살 때도 이런 일이 일어난다. 플로리다대학 크리스 야니셰프스키 교수 연구진은 한 가지 실험을 했다. 그는 대학생들에게 물건을 정리하는 일을 하게 했다. 어떤 학생들에게는 나중에 팔아야 하기 때문에 진열대 위에 올라오면 안 되는 물건들을 배제하는 일을 시켰다. 이런 작업을 하고 난 뒤 학생들에게 해당 물건이 얼마나 마음에 드는지 판단하도록 했다. 당연히 이전에 물건을 분류한 일과 지금 자기에게 마음에 드는 물건을 고르는 일은 다른 것이다. 그럼에도 불구하고 이 학생들이 자신이 이전에 무시, 즉 배제했던 물건을 좋아한다고 답한 비율은 현저히 낮았다. 영국 버밍엄대학 심리학자인 제인 레이먼드 교수의 실험도 사람들의 선택과 배제가 얼마나 비합리적일 수 있는지를 보여준다. 실험에 참가한 사람들이 보는 화면 좌우에 각각 그림이 하나씩 있다. 한 그림 속에는 작은 사각형들이 숨어 있고 다른 그림에는 작은 원들이 숨어 있다. A그룹 사람들은 사각형이 있는 그림이 어떤 것인지, 그리고 B그룹 사람들은 원이 있는 그림이 어떤 것이지 재빨리 선택하는 일을 했다. 이 과제를 한 후 사람들에게 이제 원과 사각형이 포함된 새로운 그림을 보여준다. 그리고 그림이 얼마나 즐거운가, 혹은 지루한가를 물었다. 결과는 놀라웠다. 사람들은 자신이 무시해야 했던 도형이 포함되어 있던 그림은 즐겁지도 않고 지루하다는 평가를 했다. 그런데 자신이 주의를 기울여야 했던 도형이 있는 그림에 대해서는 즐겁다는 평가를 했다. 그런데 더욱 재미있는 것은 이런 혼동 현상은 바쁜 상황에서 더욱 강하게 일어난다는 점이다. 다시 말해서 어떤 대상을 의식적으로 무시하는 것이 아니라 바쁜 일을 처리하는 과정에서 부지불식간에 무시할 때는 이후 전혀 다른 상황에서도 그 대상을 배제할 가능성이 더 높아진다. 가령 인터넷에서 뉴스 기사를 볼 때 중요한 내용을 읽으면서도 귀찮은 배너 광고는 끈질기게 시야에 들어온다. 우리는 이것을 의식적으로 배제해야 한다. 그러면 그 결과는? 나중에 정작 그 상품을 TV 광고에서 볼 때도 좋아하지 않게 된다.

이는 무엇을 의미하는가? 조직이 바쁜 일을 처리하는 과정에서는 그 일과 무관한 사람들을 별다른 생각 없이 그 근처에 놓지 말고 아예 다른 곳으로 옮겨줘야 한다는 것이다. 그렇게 하지 않으면 부지불식간에 평가절하되기 십상이고 결국 필요한 시점에 간과될 위험이 커진다. 사람, 일, 역할 어느 것이든 마찬가지다.

위기 땐 엉뚱한 사람에게 끌린다

리더는 위기가 닥쳤을 때, 해결자를 찾아야 한다

리더는 위기를 직접 해결하는 사람이라기보다는 위기를 해결할 수 있는 사람을 찾아 앉히는 사람이다. 생각해 보면 당연한 명제다. 그런데 왜 위기를 해결할 수 있는 사람들을 제자리에 앉혀 놓지 못해 위기의 순간에 조직이 좌초할까. 가장 흔한 이유를 찾아보면, 이런 사람들이 평소에는 '엉뚱한 사람'으로 오해받는 경우가 있기 때문이다. 정반대로 평소에는 지극히 상식적인 사람이 오히려 위기의 상황에서는 엉뚱한 말과 행동으로 국민 혹은 조직원들로부터 지탄을 받는 경우도 상당하다. '엉뚱하다'는 말을 좀 더 자세히 들여다보자.

'엉뚱하다'는 사전적 의미로 "짐작하거나 생각했던 것과 전혀 다르다."는 뜻을 갖고 있다. 따라서 무언가 상식적으로 지극히 당연한 대답이나 행동을 취하지 않는 경우 그 사람을 우리는 엉뚱하다고 말한다. 답은 여기에 있다. 분명 능력은 있는데 엉뚱하다는 소리를 듣는 사람은 그 위기를 평소에 생각하기 때문이다. 그래서 비상식적이거나 분위기 못 맞추는 이야기를 하기 일쑤다. 하지만 평소에 엉뚱한 사람 중 상당수는 위기에서 만큼은 대단한 힘을 발휘하는 경우가 많다. 그 원리는 다음과 같다.

예를 들어보자. 갓난아기-기저귀, 스마트폰-케이스, 지갑-명함지갑의 조합이 있다. 서로 유사성을 띠고 있다. 당연하다. 분류학상 서로 가까운 곳에 위치하기 때문이다. 그래서 평소에 우리는 각각의 조합을 더 연관성 있게 생각한다. 하지만 집에 불이 났다고 가정해 보자. 긴박한 위기의 순간이다. 그러면 우리는 앞서의 조합을 버리고, '갓난아기-스마트폰-지갑'이라는 더 중요한 것들을 하나의 카테고리로 다시 묶어 이 세 개를 순간적으로 챙겨 나와야 한다. 그런데 놀랍게도 사람들이 이걸 못하는 경우가 대부분이다. 당황한 나머지 엉뚱한 것을 들고 나와 나중에 땅을 친다. 왜 그런가?

그 위기 순간을 마음속으로 그려보거나 경험하지 않았기 때문이다. 그래서 재난 현장에 서서 전체 지휘를 하는 사람이 평소 높은 자리에 있는 사람이면 오히려 부작용이 일어난다고 재난 전문가들이 늘 조언하는 것이다.

상식적인 사람보다 엉뚱한 사람이 위기에 강하다

평소 엉뚱하다고 생각되는 사람은 평소에도 불이 나는 것과 같은 상황을 염두에 두고 대비하는 경우가 많다. 그래서 갓난아기와 스마트폰, 지갑과 같이 언뜻 보기엔 연관성 없는 것들도 같이 묶어 보려고 한다.

이 사람이 평소에는 엉뚱한 사람으로 놀림당하기 쉬운 이유다. 필자도 이것 때문에 적지 않게 놀림을 받은 적이 있으며 때론 다른 사람을 엉뚱하다고 놀리기도 했다.

어떤 사람이 충분한 능력이 있어 보이는데도 리더와 주위 사람들로부터 엉뚱하다는 소리를 자주 듣는다면 그 사람은 이 일에 맞지 않는 사람이 아니라 이 일의 '다른 상황'에 맞는 사람일 가능성이 크다. 그러니 항상 기억해 둘 필요가 있다. 위기의 순간이 왔고 그 위기를 헤쳐 나갈 사람이 곁에 보이지 않는다면 과거에 엉뚱한 말과 행동으로 분위기를 못 맞춰 리더의 주위에서 밀려나간 사람들을 기억해 보라. 그중에 해답이 있을 가능성이 매우 높다. 평소 엉뚱한 이야기를 하는 사람은 위기의 순간에 오히려 가장 적절한 사람일 수 있으며 반대로 평소 가장 상식적인 사람은 위기의 순간에 오히려 가장 엉뚱해질 수 있다. 전자에 해당됐던 사람을 역사에서 쉽게 찾아볼 수 있다. 이순신 장군, 율곡 이이 선생과 같은 사람들이다.

가치의 기준을 미리 정해놓아라

가치를 매겨놓지 않으면 임의의 수에도 당한다.

현상유지 편향status quo bias라는 것이 있다. 심리학자들이 사람들 사이에서 볼 수 있는 고집스러운 행동 패턴 중 아주 중요하게 다루는 것 중하나이다. 요지는 "사람들은 지금 있는 곳에서 벗어나는 것을 아주 싫어한다."는 것이다. 괜히 벗어났다가 손해를 보면 그 후회의 양이 그 자리에 가만히 있다가 그만큼의 손해를 볼 때보다 더 크기 때문이다. 예를 들어, 아파트를 팔지 않고 그대로 살다가 그 아파트 가격이 X만큼떨어진 경우와 아파트를 팔고 난 뒤 예전 아파트 가격은 그대로인데 새로 산 아파트 가격이 X만큼 떨어진 경우에 후자가 더 속상해 할 가능성이 크다는 것이다. 이러한 경향성은 이사 비용을 감안하여 X를 조정했을 때조차도 여전히 일관되게 관찰된다.

무언가 변화를 준 것은 보다 더 모호한 상황으로 들어가는 경우가 상대적으로 더 많은데 그 모호함을 감수했음에도 불구하고 결과가 좋지 못할 경우에는 그 상처가 배가 되기 때문이다. 이는 우리가 인정해야 할 인간의 기본적 경향 중 하나로서 '고착'이라고 부르기도 한다.

그런데 더욱 중요한 점은 그 '지금 있는 곳'이 심지어는 의미가 없는 임의의 지점일 때도 쉽사리 벗어나지 못한다는 것이다. 이를 두고 인간의 판단과 결정을 연구하는 심리학자들이 자주 언급하는 현상 중 하나가 이른바 '닻 내림anchoring' 효과이다. 굳이 정의를 하자면 임의의 숫자나 관련 없는 상황에도 일단 마음의 닻이 내려지면 거기서 좀처럼 벗어나지 못하는 것을 의미한다. 연구 논문은 물론이고 최근에는 언론에서도 꽤 자주 언급되는 현상이기 때문에 이젠 대중에게도 적지 않게 친숙한 용어이다.

하나만 예를 들어보자. 학생들에게 묻는다. "터키의 인구는 5천만 명보다 많거나 적다. 실제 터키의 인구는 얼마나 될까?"라는 질문에 학생들의 추정 값은 그 5천만 명 주위를 맴돈다. 그리고 이번엔 "터키의 인구는 2억 명보다 많거나 적다."라고 말해 준 뒤 인구를 추정케 하면 그 2억 명 주위에서 맴돈다. 5천만 명과 2억 명 모두 임의의 숫자일 뿐인데도 말이다. 사람은 한 번 무언가로부터 시작하면 그곳에서 좀처럼 벗어나지를 못한다는 것이다.

불안심리가 변화를 가로막는다

현재의 무언가로부터 이처럼 벗어나지 못하는 이유는 무엇일까? 앞서 언급한 대로 불안 때문이다. 불안은 무언가 변화를 주는 것을 본능적으로 싫어하게 만든다. 하지만 중요한 다른 이유가 또 하나 있다. 그

것은 내가 가지거나 생각하려고 하는 것의 가치를 제대로 지니고 있느냐에 관한 것이다. 즉, 생각을 얼마나 해봤는가의 문제이다.

예를 들어보자. 물건을 사려고 흥정 중이다. 상인이 2만 원이라고 한다. 그럴 때 만일 손님인 내가 1만 5천 원에 달라고 할 때와 1만 8천 원에 달라고 할 때 최종 타협가격은 어떨 때 더 비싸겠는가? 당연히 후자다. 가장 좋은 결과라고 해봤자, 상인이 "좋습니다. 그럼 1만 8천 원에 해드리죠."라고 하는 순간이다. 여기서 거래는 마무리된다. 하지만 전자에서는 여전히 그 가격에서도 협상의 여지가 남는다. 그런데 재미있는 것은 실제 저 물건은 얼마면 사겠는가를 매겨보라고 하면 가격을 모르는 사람들의 추정은 대부분 1만 5천 원과 같이 25% 싼 가격에 가깝다. 하지만 사람들한테 물건 가격이 2만 원이라고 미리 알려준 다음 흥정을 시작해 보라고 하면 그 가격에서 10% 정도만 내린 1만 8천 원에서 출발한다.

그래서 서양의 쇼핑 가이드북에서는 종종 "마음에 드는 물건을 발견했다면 가격표를 보기 전에 그 물건의 가격을 스스로 매기라."고 충고한다. 90% 세일해서 O,OOO원'이라는 원래 가격이 아니라 자신이 스스로 매긴 가격에 마음의 닻을 내리는 뜻이다.

단순히 쇼핑을 할 때만 필요한 조언이 아니다. 훌륭한 CEO나 리더라면 자신에게 평소 소중한 대상이나 사람에 대한 가치를 스스로 매겨 놓아야 한다. 그래야 이런저런 상황에서 다른 사람이 던진 임의의 숫자에 현혹되고 거기에 닻을 내려 내가 가지고 있는 것의 훌륭한 가치로부터 출발하는 협상이나 거래를 이루지 못하는 일이 벌어지지 않게 된다. 기업의 M&A, 프로 스포츠팀 간 선수 트레이드 등 수많은 협상과 거래에서 이른바 '현상유지 편향'과 '닻 내림 현상'에 가려져 미래의 큰 손해를 예견하지 못하는 안타까운 사례가 오늘도 계속되고 있다.

바늘도둑을 소도둑으로 만들지 말라

잘못과 공과에 대한 판단

우리 속담에 "바늘도둑이 소도둑 된다."는 말이 있다. 처음에는 작은 잘못을 저지르다가도 나중에 그것이 계속 쌓이면 큰 잘못도 서슴없이 저지른다는 것이다. 왜일까? 대부분 이렇게 생각한다. 겁이나 죄의식이 없어지기 때문이라고 말이다.

그렇다면 애초 바늘을 훔쳤을 때 엄격하게 혼쭐내면 소도둑 되는 일은 없어질까? 문제는 그리 간단하지가 않다. 오히려 그런 강한 처벌이 이후 소도둑 만들기에 불을 지필 수도 있기 때문이다. 작은 잘못에 대한 큰 처벌은 아주 작은 틈만 생겨도 그 잘못을 저지르고 싶은 유혹을 더 크게 만든다. 그것이 쌓여서 잘못의 크기가 커지는 경우가 허다하다. 그 과정을 심리학사에 남을 연구 하나를 통해 알아보자. 엘리엇 애런슨과 메릴 칼스미스가 1960년대에 연구한 유명한 '불충분한 정당化insufficient justification 현상'이다. 아이들을 여러 가지 장난감이 놓여 있는 두 개 방 중 하나에 들어가게 한다. 인솔한 교사가 방을 떠날 때 아이들에게 특정한 장난감을 하나 지목한 뒤 그것은 가지고 놀지 말라고 지시한다. A방의 아이들에게는 만약 그 지시를 어기고 가지고 놀면 엄한 벌을 주겠다고 말하는 반면, B방의 아이들에게는, 아이들 생각에, 가벼운 벌을 주겠다고 말한다. 두 방에서 모두 아이들은 그 장난감을 가지고 놀지 않았다. 그런데 그 교사가 방에 돌아온 후 이제 어떤 장난감이든 가지고 놀아도 된다고 말한다. 두 방의 아이들은 큰 차이를 보였다. 엄한 처벌에 관해 들었던 A방의 아이들은 그 장난감이 색다른 것이 아니었는데도 마치 오랫동안 사달라고 졸랐던 장난감을 손에 쥔 것처럼 앞 다퉈 가지고 놀았다. 하지만 가벼운 처벌에 관한 지시를 받았던 B방의 아이들은 그 처벌의 위험이 사라진 후에도 그 장난감을 가지고 노는 모습을 거의 보이지 않았다. 왜 이런 차이가 만들어졌을까? 무거운 처벌을 두려워했던 아이들이 장난감에 냉큼 손을 내미는 건 당연하다. 전적으로 처벌이 무서워 참고 있었다가 이젠 그를 막는 처벌이 없었기 때문이다. 그러나 가벼운 처벌이 있을 거라 경고 받아 장난감을 손대지 않은 아이들은 '처벌에 겁먹어서가 아니야. 원래 그 장난감은 재미가 없을 것 같아서 안 놀았어'라고 생각을 강하게 바꾼다. 만약 그 장난감이 단순한 놀이가 아니라 잘못된 일이나 심지어 조직을 와해시키는 비리의 유혹이면 어떻겠는가?

처벌의 유무보다 중요한 건 크기다

신상필벌信賞必罰. 공功에 대해서는 상을, 잘못에 대해서는 벌을 주어야 한다. 모르는 리더는 없다. 하지만 벌을 줘야 할지 말지에 관한 고민보다 몇 배 더 중요한 고민은 그 벌의 크기가 얼마냐는 것이다. 많은 리더들이 필자에게 이런 하소연을 한다. 엄한 문책이나 벌을 주는데도 팔로어들이 같은 잘못을 되풀이한다는 것이다. 이럴 때는 우리 상식과는 반대로 벌의 크기가 너무 크기 때문은 아닌지 고민해 볼 필요가 있다. 작은 비리에 큰 처벌은 필연적으로 처벌의 손길이 미치지 않는다고 생각되는 상황이나 순간이면 어김없이 그 비리를 저지르고 싶은 유혹을 만들어낸다. 바늘도둑과 소도둑이 엄청나게 다른 것이 아니다. 바늘이 무수히 쌓여서 소가 되는 것이니 말이다. 바늘도둑에 아무런 처벌이 없어도 소도둑이 되지만 바늘도둑을 소도둑 취급해도 마찬가지 결과가 일어난다. 처벌 유무만 결정하고 그 크기는 남에게 맡기거나 미룬 채 많은 리더가 자리를 떠난다. 하지만 처벌의 유무를 오히려 다수에게 묻고 그 크기를 결정하는 고되고 긴 수고를 마다 않는 것이 리더의 본질에 더 가깝다.

가족 같은 분위기가 좋은 것만은 아니다

팀워크와 단결력

없으면 안 되는 아주 친한 소수의 친구가 있다. 또한 먼 곳에 있지만 문득 생각나고 힘을 주는 많은 친구도 있다. 이들 중 누가 더 소중할까. 뜬금없는 질문이지만 여기에서 재미있는 생각거리들을 끌어내 리더십과 연결시킬 수 있다. 사람들은 무조건 팀워크나 조직 단결을 좋다고 생각한다. 하지만 그 안에는 잘 보이지 않는 변수들이 숨어 있다. 흔히 놓치는 중요한 변수는 '자원'과 '이동'이다. 인간은 자신이 속한 집단에 얼마나 많은 부가 존재하고, 구성원들이 들어오고 나가는가에 따라 들이는 노력과 시간의 정도가 다르다. '가까운 동료'혹은 '먼 친구'중 어느 쪽에 더 많은 시간과 노력을 쏠지를 결정하는 요인이 여기에 있다. 다만 그 과정을 의식하지 못할 뿐이다. 시게히로 오이시 미국 버지니아대 교수와 셸린 케세비르 런던 경영대 교수 연구팀은 이 점을 오랫동안 연구해 왔다. 결과는 다음과 같다. 가난하고 사람의 이동이 적은 지역이나 집단의 사람들은 아주 가까운 친구나 동료에게 대부분의 시간과 노력을 집중한다. 행복도도 높다. 왜일까? 그 사회나 집단에서 새롭게 얻을 것이 별로 없기 때문에 가까운 이들과의 결속력을 최대한 강화시켜 '지킬 수 있는 것들을 최대한 제대로 지키는 것'에 초점을 맞추는 것이다. 쓸데없는 낭비와 손실을 최소화하려는 시도다.

팀을 넘어선 더 폭넓은 네트워크가 필요할 때

하지만 집단의 부가 넉넉하고 사람들의 이동이 잦은 곳에선 가까운 인간관계에만 몰입하는 경향이 현저히 떨어진다. 자신을 중심으로 하는 네트워크상에서 상대적으로 먼 거리에 있는 친구나 동료들에게도 자신의 시간과 노력을 쓰게 된다. 더 중요한 건 그렇게 하는 사람들이 더 행복하고 만족도가 높은 삶을 누리고 일도 잘한다는 것이다. 왜 그럴까? 피를 나눈 사이라고 부를 만큼 가까운 사람이 어디론가 떠나면 내가 받아야 할 상처가 너무 크기 때문이다. 따라서 인간관계를 좀 더 넓고 먼 거리까지 확장해야 한다. 심리적 안전함이 보장되고 일하기도 좋아진다. 다양한 기회가 많아지는 것이다. 이제 역으로 생각해 보자. 지금 나의 조직에 움직임이 많다. 새로운 태스크포스도 만들어지고 있다. 이는 무언가 이윤이나 실리가 많이 기대되는 경우 조직이 새로움을 추구하는 데서 나오는 결과다. 이런 경우 친한 기존의 친구, 동료들과의 이해관계나 정 때문에 오히려 발목이 붙잡히는 사례가 많다. 이때는 조직 구성원들이 원거리에 있는 사람과 연락을 잘 주고받을 필요가 있다. 결국 '마당발형 인사'가 중용돼야 한다. 주변 몇 사람과 긴밀한 인간관계를 맺는 인사를 쓰면 일이 잘 돌아갈 리 만무하다. 반대의 상황으로 가보자. 조직에 물질적 자원이 부족하다. 최소한의 인원 이동만 있다. 한마디로 여유가 없는 상황이다. 이때는 두루두루 아는 사람이 많은 마당발형 인사는 조직에 상처만 줄 가능성이 크다. 이런 사람이 조직을 돌아다니며 새로운 만남과 연결을 한다고 한들 그로 인한 떠남과 관계의 단절이 반복되면서 팔로어들의 상처와 허탈감만 더해지기 때문이다. 얻고 싶은 것이 많을 때는 구성원들의 위치를 적극적으로 이동시켜야 한다. 팀워크와 끈끈한 조직력을 강조하면 창의적인 일이 잘 안 되는 이유도 여기에 있다.

하지만 지켜야 할 것이 분명할 때는 사람들의 움직임을 최대한 줄여 가까운 사람들과의 결속력을 이용해야 한다. 가까운 거리에 있는 사람들과 꼼꼼하고 세밀한 시선을 가지기 유리해지기 때문이다. 팀워크나 가족 같은 분위기는 이럴 때만 강조해야 한다.

권위적인 사람의 부하는 왜 뻔뻔할까?

불공정함과 불평등함에 대한 거부 심리

심리학과 경제학 등 사회과학 전반에 걸쳐 자주 사용되는 게임 형태의 실험과제가 있다. 이른바 '최후통첩 게임ultimatum game'인데, 두 명의 플레이어 A와 B가 게임을 한다. A에게 10만 원이 주어진다고 하자. A는 자신이 받은 돈의 일부를 B에게 나누어 주어야 하는데 얼마를 주는지는 전적으로 A의 자유다. 그리고 B는 A가 주는 돈을 수용하거나 그 제안을 거부할 수 있다. B가 A의 제안을 수용하면 그 제안대로 각자 돈을 나누어 가질 수 있으며 만일 거부하면 A와 B 모두 돈을 전혀 받을 수 없다.

만일 A가 돈을 5대5로 나누자고 제안한다면 B는 '수용'할 가능성이 크다. 문제는 A가 자신은 8만 원, B는 2만 원을 가지는 불공정해 보이는 제안을 했을 경우다. 어떤 일이 일어날까? 이런 불공정한 제안을 받은 B들은 대부분 거부한다. 그런데 이는 어찌 보면 바보 같은 일이다.

A의 제안을 수용하면 받을 2만 원의 공돈을 거부하는 것이기 때문이다. 심지어 이런 불공정한 제안을 받아들일 경우 가질 수 있는 돈이 자신의 1~2개월 월급에 해당하는 돈일 경우에도 거부하는 사람들이 상당히 있다.

사람들은 이 정도로 불공정함이나 불평등함을 혐오한다. 자신이 무언가를 가지지 못해도 불공정한 제안이나 지시를 내리는 사람이 큰 이익을 취하는 것을 막으려 한다.

뇌과학 연구들을 종합해 보면 그 이유에 관한 흥미로운 점들을 알아볼 수 있다. 연구 결과 최후통첩 게임에서 불공정한 제안을 받을 경우 배외측 전전두피질이라는 뇌 영역이 평상시보다 훨씬 더 활성화된다는 것을 발견했다. 그렇다면 이 뇌 영역이 '불공정함'을 알아차리게 만들어 주는 부분일까. 답은 그리 간단하지 않다. 사실 이 영역은 그보다는 '신뢰'를 담당하는 곳이다. 그래서 이 영역이 손상된 환자는 제안을 하는 사람이 얼마만큼 믿을 수 있는 사람인가를 판단하는 능력이 떨어진다. 따라서 불공정한 제안도 얼마든지 받아들이는 경우가 허다하다.

뇌가 정상일 때도 잘못된 신뢰 때문에 이런 일이 일어나기도 한다. 가족 혹은 가까운 친구들로부터 부적절한 제안이나 지시를 받을 경우 '이러지 말아야 하는데'라는 생각을 하면서도 그 일을 결국 하는 경우가 다반사다. 가족이나 가까운 친구들에 대해선 '철석같은 신뢰'를 갖고 있는 경향이 크기 때문이다.

조직 내 부조리에 동조하는 심리

조직 내 부조리도 상당수 이와 같은 과정을 거친다. 부정이나 불공정한 일을 저지른 사람들을 보면 주위에 철석같이 믿는 사람들의 지시를 아무 생각 없이 따른 경우가 허다하다. 우리나라처럼 화목과 단결을 강조하고 끈끈한 팀워크를 늘 최고의 조직 역량으로 삼는 문화권에서는 더욱 위험하다.

이를 막으려면 어떻게 해야 할까. 단순하게 내부 고발자를 보호하는 프로그램이나 방책으로만로는 부족하다. 권위의 강도를 조절해야만 한다. 권위가 강한 사람의 밑에 있는 사람들은 평소에 그 사람을 뒤에서 욕하다가도 어쩔 수 없이 부조리하거나 부정한 일을 하게 되는 순간 그 사람 믿어버리는 심리적 도피행각을 벌인다. 내 행동의 잘못을 그 사람이 책임져 줄 것이라는 자기합리화가 발동하기 때문이다.

2차 세계대전 당시 평범한 독일 군인들이 어떻게 잔혹한 유대인 학살에 쉽사리 동조했을지 생각해 보자. 히틀러와 그의 수하들은 항상 극도로 권위적인 사람을 수용소장에 앉혔다. 모든 군인들은 수용소장들을 혐오했지만 결정적 순간에는 신뢰와 믿음이라는 가면을 쓰고 범죄를 저질렀다. 우리 조직에서도 일어나지 말라는 법이 없는 과정이다.

큰 그림을 그리는 리더가 존경 받는다

요절하는 아버지가 이상적인 아버지다?

일본발 망언 제조기 중에 이시하라 신타로라는 인물이 있다. 정치인이지만 정치와 무관한 저술도 꽤 남겼는데 수십 년 전에 꽤 인기를 끌었던 자신의 육아 서적에도 지금의 관점으로 보면 꽤 엽기적인 수준의 조언들이 많이 있었다. 그 중 〈아들을 남자답게 키워라〉라는 책이 있었는데 그 내용 중 일본 사람들에게 꽤 회자됐던 것이 바로 "요절하는 아버지가 이상적인 아버지다."라는 주장이다.

다소 황당하기까지 한 이 주장의 이유는 이렇다. 아버지가 오래 살아 자식에게 남김없이 가르치면 아들은 그저 아버지의 인생을 닮는 것에만 골몰한다는 것이다. 하지만 아직 배울 것이 남았는데 아버지를 잃으면 아직 배우지 못한 아버지의 인생 궤적과 자신의 미래에 대해 더 많이 상상하면서 스스로 익히고 더 큰 꿈을 키워 나간다는 것이다.

물론, 이상적인 아버지가 되기 위해 요절할 필요는 조금도 없다. 하지만 어렸을 때 일찍 아버지를 여읜 사람들 중에서도 위대한 인물과 리더들이 참으로 많다는 사실에 기초해 봤을 때 그 사람들이 아버지가 없는 핸디캡을 어떻게 극복하고 더 나아가 인생의 중요한 원동력으로 승화시켰을까에 대해서는 한 번 생각해 볼 필요가 있다. 그리고 이는 현재를 살아가는 많은 리더들로 하여금 중요한 교훈 하나를 던져 준다.

가출 청소년들의 상당수가 엄마보다는 아버지와의 불화로 인해 가출을 한다고 한다. 이런 사례들을 자세히 들여다보면 폭력적이고 억압적인 아버지가 자주 등장한다. 하지만 놀랍게도 젊은 엄마보다도 더 꼼꼼하고 잔소리가 심한 아버지들 역시 자주 발견된다. 이유가 뭘까? 평소늘 자주 만나고 대화의 시간과 기회가 많은 엄마로부터는 자질구레한 잔소리들을 듣더라도 버틸만하다. 그 잔소리에 대한 자신의 반응이 당사자인 엄마로부터 곧바로 관찰되고 "옳지 그렇게 해야지." "거봐. 그러면 되잖아." 등의 말을 들을 만한 만회의 기회가 곧 오기 때문이다.

아버지의 잔소리가 조심스러운 이유

하지만 어쩌다 한 번 대화하는 아버지에게서 같은 말을 들으면 참으로 난감하고 답답해진다. 아버지는 그 잔소리를 남겨놓고는 아이의 그 다음 행동을 곁에서 지켜볼 틈도 없이 출근해서 일터로 나가기 때문이다. 그래서 그 잔소리나 핀잔에 대한 나의 개선과 반응은 제대로 평가받지 못한다. 그래서 억울하게도 비슷한 잔소리가 몇 번 쌓이게 되면 이른바 '못난 놈'이라는 커다란 상처를 나에게 안겨준다.

대부분의 가정에서 엄마는 잔소리는 할지언정 이렇게 충격적이고 험한 말을 아이에게 하지 않는다. 해결의 기회가 중간마다 서로에게 많기 때문이다. 하지만 그런 기회가 서로에게 적은 아버지의 잔소리는 정말 조심스러워야 한다. 그런 의미에서 아버지의 역할은 무언가 엄마와 달라야 하며 따라서 그 역할을 제대로 하지 못하는 아버지는 없는 것만 못하다는 이야기를 이시하라 신타로는 꽤 과격하게 한 것이다.

한 사람의 리더는 수많은 구성원들과 각기 다른 거리를 가진다. 그 중 말단의 부하는 어쩌다가 한 번 볼 수밖에 없다. 그러니 엄마보다는 아버지의 역할에 훨씬 더 가깝다. 따라서 꼼꼼하고 정밀하게 다가서면 잔소리가 생길 수밖에 없다. 병사들의 내무반을 뒤지는 사단장, 말단 직원의 근태 기록을 챙기는 CEO가 여기에 해당할 것이다. 이러한 먼 거리의 관계에서 리더는 미시를 과감히 포기하고 거시로 가야만 한다. 자신이 줄 수 있는 것은 긍정적 비전과 구성원들의 상상력을 키워주는 것이기 때문이다. 이 역할을 해 주지 못하고 그저 꼼꼼한 잔소리에만 집착하는 리더라면 빨리 물러나 주는 것이 낫다.

4장

· · ·

창의적 조직을 위한 심리학

창의적인 사람은 골칫덩어리인가

창의적 인재에 대한 오해

우리가 많이 하는 오해가 있다. 창의적인 사람은 어딘가 반항적이고 아웃사이더이며 더 나아가 조직 내에서 골칫덩어리라는 생각이다. 이는 분명한 오해다. 한국 사회에서는 더더욱 오해의 위험이 크다. 창의적인 사람이 소수이다 보니 그들이 독특해 보이고 그 독특함을 달리 표현할 방법이 없어 이런 수식어들을 붙이는 것으로 봐야 한다.

창의적인 사람들이 골칫덩어리임을 실제로 보여 주는 연구 결과는 거의 없다. 그런데도 왜 우리는 그런 오해를 하는가? 창의적인 아이디어가 만들어지고 완성되는 과정에 대한 이해가 부족하기 때문이다. 그래서 창의적인 무엇, 즉 결과물만 놓고 설왕설래하게 된다. 그 결과 그것이 물건이든 아이디어든 만들어 낸 사람의 대단함에 감탄하고 부러워하거나 그 사람의 성격이 특이할 경우 성격 탓으로 돌리는 것이다. 이래서는 도무지 발전이 없다.

하지만 창의적인 아이디어가 만들어지고 실행되며 완성되기까지의 과정을 제대로 이해하기 시작하면 나에게 무엇이 필요한지를 알 수 있다. 게다가 '언제' '무엇이' 그리고 '왜'필요한지도 쉽게 알 수 있다. 그렇게 함으로써 '창의적'이라는 한 마디에 막막함을 느끼기보다는 더 구체적으로 내가 어디에 어떤 상태로 있는가를 알 수 있고 따라서 무엇을 왜 해야 하는가를 쉽게 납득할 수 있다. 그리고 창의적인 사람은 골칫덩어리라는 오해를 자연스럽게 풀 수 있다. 이제 '창의'의 과정을 하나씩 풀어 보자.

창의적 아이디어를 꺼내는 습관과 환경

일이든 일상생활이든 '창의'를 우리는 참으로 많이 원한다. 무언가 새로운 아이디어가 필요한 경우가 많기 때문이다. 가슴 아프게도 마음만 먹는다고 해서 참신하고 새로운 아이디어가 나오지는 않는다. 그렇지만 조금만 잘게 썰어서 생각해 보면 창의적 아이디어의 본질이 보인다. 기본적으로 창의적 아이디어란 늘 하던 방식이 아니라 새로운 무언가를 의미한다. 따라서 '발상의 전환'이 필요하다.

그렇다면 발상의 전환은 어떻게 가능할까? 아주 작은 곳에 그 비밀이 있다. 이른바 '추상적인 생각과 말'이다. 추상이라는 말을 우리는 그다지 좋은 의미로 사용하지 않는다. "추상적으로 말하지 말고 구체적인 사항을 내놓으라."라든가 "추상적인 것보다는 현실적인 것이 필요하다."등등의 말이다. 그런데 추상적인 말과 생각은 발상의 전환을 이끌어내는 엄청난 힘을 지니고 있다.

필자가 매우 좋아하는 예를 하나 들어보자. 디지털 카메라는 혁신적 제품이다. 나이가 30대 이상이라면 사진을 찍기 위해 꽤 많은 비용을 필름 값으로 치렀던 기억이 날 것이다. 이제 우리는 값비싼 필름에 돈을 쓰지 않아도 된다. 얼마나 좋은가. 그런데 이 기발한 물건을 누가 언제 만들었을까? 아이로니컬하게도 이 엄청난 물건은 필름으로 유명했던 코닥Kodak이 만들었다. 필름을 구체적으로 정의하면 '빛에 노출되면 화학반응을 일으켜 이미지를 형상화하는 물질'이다. 그런데 필름을 이렇게 정의하면 필름 값을 낮출 방법이 지금도 없다고 한다.

하지만 갓 입사한 연구원 한명이 추상적인 한 마디를 농담처럼 던진다. "결국 필름이라는 것도 무언가를 담는 그릇 아닐까요?" IT의 역사를 장식할만한 한 마디였다. 왜냐? 무언가를 담는 그릇의 역할을 하는 물건들은 정말 많기 때문이다. 그 중 대표적인 것이 예전에 우리가 음악을 들을 때 많이 사용하던 카세트테이프이다. 실제로 그 말을 들은 연구원들은 카메라 렌즈로부터 나온 이미지를 카세트테이프에 담아 보려고 시도했다. 세계 최초의 디지털 카메라가 탄생하는 순간이었다. 무려 40여 년 전인 1970년대 중반의 일이다. 이렇듯 추상적 사고는 발상의 전환이 필요한 순간에 수많은 대안들을 더 포괄적으로 볼 수 있게 해 준다. 최초의 디지털 카메라는 필름에 대한 추상적 정의를 통해 다양한 타 분야의 기존 지식과 접목할 수 있음을 보여 주는 좋은 예이다. 그렇다면 추상적 사고를 가능하게 마음은 언제 더 쉬워질까? 앞에서 설명한 인간의 두 가지 동기인 접근동기와 회피동기를 다시 한 번 떠올려 보자. 접근동기는 무언가 좋은 것에 가까워지려고 하는 마음이고, 회피동기는 무언가 나쁜 것을 피하려는 마음이다. 추상적 사고는 접근동기를 지니고 있을 때 훨씬 더 쉬워진다. 따라서 즐겁고 행복한 분위기가 필요하다. 그러니 엄숙하고 비장한 마음을 잠시 비워두자. 웃고 떠들며 수다를 떨어보자.

브레인스토밍은 왜 하는가? 새로운 아이디어를 만들어 내기 위해서다. 그런데 많은 직장인들에게 "브레인스토밍, 잘 되나요?"라고 물으면 쓴 웃음을 지으며 "'브레인'에서 '스토밍'만 일어납니다."라고 푸념한다. 왜일까? 널찍한 푸드코트에서 점심을 먹으며 즐겁게 떠들다가 상사가 비장한 표정으로 "자, 이제 브레인스토밍 회의 하러 들어가지."라고 한다. 자주 볼 수 있는 광경이다. 반대로 해야 한다. 브레인스토밍을 하러 회의실에서 밖으로 나가야 하며, 비장하고 진지한 상태에서 허허실실하고 즐거운 곳으로 떠나야 한다. 책임보다는 행복과 기쁨이 강조되어야 한다. 그렇게 하지 못할 거라면 차라리 회의를 최소화해야 한다. 그래야 각기 다른 장소에서 동상이몽이라도 해 주면서 새로운 아이디어를 가져올 수 있다.

창의적 아이디어의 실행과 완성

그렇다면 무조건 즐겁고 행복하게 웃기만 하면 다 되는 일인가? 물론 아니다. 왜냐 하면 내 머릿속에서 꺼낸 새로운 아이디어를 실현 가능한 무언가로 완성해야 하기 때문이다. 재미있게도 이런 순간에 오면 이제 필요한 동기와 분위기가 바뀐다. 이제는 구체적인 언어가 필요하기 때문이다. 왜일까? 실행과 완성은 구체성을 필요로 하기 때문이다. 그렇다면 구체적인 언어로 표현하는 것을 우리는 뭐라고 하는가? 설명이다. 이 설명에는 참으로 중요한 힘이 있다. 실패를 막아주기 때문이다. 무슨 뜻일까?

심리학자들은 세상에는 두 가지 종류의 지식이 있다고 말한다. 첫째는 내가 알고 있다는 느낌은 있는데 남들에게 설명은 못하는 지식이다. 둘째는 내가 알고 있다는 느낌도 있고 남들에게 설명도 할 수 있는 지식이다. 두 번째만 지식이다. 첫 번째는 내가 나에게 속고 있는 것이다. 무언가 있고, 할 수 있다는 허상인 것이다. 창의적인 아이디어가 그 자체로는 얼마든지 참신하고 혁신적일 수 있다. 하지만 현실 세상에서 실현 가능한 것으로 바뀌어야 하지 않겠는가. 따라서 그 가능성을 타진해 봐야 한다. 그것이 설명이다. 입으로 하던 손으로 하던 간에 설명을 해 봐야 한다. 따라서 이 순간에는 조직의 구성원들이 최대한 서로 입을 열고 손을 써서 설명을 해야 한다. 구체적인 일과 설명에 필요한 동기는? 당연히 회피동기다. 실수하면 안 되기 때문이다. 완성을 향해 점점 나아갈 수 있는 동력이 된다.

자, 그렇다면 우리가 창의적인 무언가를 위해 일을 상당 부분 거꾸로 하고 있다는 결론에 도달하게 된다. 일의 시작 단계에서는 참으로 많은 곳에서 진지하게 회의를 한다. 회피동기가 생긴다. 그러니 아이디어는 평범하게 다듬어진다. 하지만 무언가가 나왔으니 이후의 단계에서 입을 닫고 각자의 일에 몰두한다. 그것도 무언가 열심히 하고 있으니 '잘되겠지'라는 흐뭇한 마음으로 말이다. 접근동기가 꼼꼼하고 구체적인 생각과 행동들을 오히려 방해한다. 이 잘못된 순서만 정상적으로 바꿔줘도 많은 개인과 조직이 훨씬 더 쉽고 즐겁게 창의적인 아이디어를 만들고 완성해 나갈 수 있을 것이라 기대한다.

참, 궁금한 점 하나가 남았을 것이다. 코닥이 만든 디지털 카메라를 써 본 적이 없는데 코닥이 '디카'를 개발했다고? 안타깝게도 코닥의 경영진은 자신들이 만들어 낸 것이 무엇인가를 제대로 알아보지 못했다. 그리고 이러한 실수를 수차례 반복하다 결국 파산했다. 창의적인 아이디어를 만들어 내는 것도, 완성하는 것도 중요하지만 그것을 알아보는 능력도 그에 못지않게 중요하다는 것을 잘 알려주는 대목이다.

브레인스토밍이 제 힘을 발휘하려면

브레인스토밍은 언제 어떻게 무력화되는가?

1940년대 미국 광고계에서 종사하던 알렉스 오스본Allex F. Osborn이 기발한 아이디어의 창출을 위해 고안해 낸 회의방식이 바로 그 유명한 브레인스토밍이다. 회의에 참여한 구성원들이 가능한 한 많은 아이디어를 자유롭게 쏟아내도록 권장하고 이를 위해 비판이나 평가를 최소화하는 것이 그 핵심이다.

지금까지 수많은 기업과 조직에서 자신들이 갈망하는 창의적이고 혁신적인 아이디어를 만들어 내기 위해 마치 만병통치약인 것처럼 브레인스토밍을 해 온 것이 사실이다. 하지만 이런 방식의 회의를 실제로 시도한 이들은 수 없이 많지만 그 효과가 대단했다고 말하는 이는 그다지 많지 않다. 브레인스토밍을 해봐도 별다른 아이디어가 나오지 않는 경우가 많다는 것이다. 왜 그럴까?

브레인스토밍 이전과 이후에 무언가가 더 있어야 한다는 중요한 사실을 사람들이 간과하기 때문이다. 브레인스토밍이 효과를 발휘하려면 창의적인 아이디어의 본질과 그 아이디어가 생산되는 과정을 정확히 이해해야 한다. 대부분의 창의적 아이디어는 유추라는 과정을 통해서 발생한다. 예를 들면, 원자의 구조에 대해 전혀 알 방법이 없던 연구 초기, 태양계의 구조와 비슷하지 않을까라는 발상이 이를 해결했다. 당연히 노벨상을 받을 획기적인 아이디어였다. 바로 여기에 주목해야 할 측면이 있다. 태양계가 어떻게 생겼는지는 그 당시에도 10대 중반만 되면 다 아는 사실이었다. 이른바 신지식이 아니라는 것이다. 그런데 원자와 태양계가 전혀 다른 분야에 속하는 문제이기 때문에 사람들이 그 둘을 연결시킬 생각 자체를 하지 못했던 것이다.

어떤 문제를 해결하려 할 때 사람들은 그 문제가 포함된 영역에서만 해결 방법을 찾으려 한다. 다른 영역에 있는 쉽고 상식적인 지식을 적용하는 건 시도조차도 않는다는 뜻이다. 따라서 창의적인 해결책을 찾으려면 다른 분야에 있는 상식들과 쉬운 지식들을 두루 살펴보아야 한다. 회의실에는 같은 분야에 있는 종사자들과 같은 문제를 앞에 두고 있는 사람들뿐이다. 따라서 창의적인 것을 위한 회의 전에는 참석자들이 최대한 완전히 다른 분야에서 최대한 다양한 경험을 하고 들어와야 한다.

고착으로부터의 탈피

어떤 막막한 난제에 대해 창의적인 아이디어를 만드는 데에는 또 다른 중요한 측면이 있다. 고착으로부터의 탈피이다. 다시 말해 '발상의 전환'을 통해 고정관념을 버리는 것이다. 그런데 브레인스토밍을 통해 나오는 아이디어 중에는 여전히 발상의 전환과는 거리가 먼 것이 많다. 왜 그럴까? 통찰이 발생하여 발상의 전환이 일어나는 과정에 대한 깊은 이해가 없어서이다. 통찰이 필요한 대부분의 문제들은 그것으로부터 공간적, 시간적으로 잠시 떨어져 보는 시간인 배양기를 반드시 필요로 한다. 역사적으로 유명한 발견이나 발명 뒤에는 대부분 이러한 배양기가 있었다.

따라서 브레인스토밍 자체는 무죄다. 하지만 이 회의 기법 전후로 브레인스토밍이 제 힘을 발휘할 수 있도록 해 주는 여건 조성이 무엇보다도 중요하다. 회의 전에는 최대한 참가자들이 다른 경험을 하도록 해 주어야 하며, 이들이 같은 시간과 장소에 있어야 한다는 고정관념도 버려야 한다. 물론 창의적인 아이디어를 위해 젊고 새로운 인력을 보충할 필요가 있을 때도 있다. 때로는 전문적인 컨설팅을 받아보는 것도 한 방편일 것이다.

하지만 현재 당면한 문제가 속한 분야에 대해 그들이 가진 전문 지식은 떨어질 수밖에 없다. 따라서 회의에서 나온 아이디어가 획기적이라도 나중에 실행단계에서는 현실성이 지극히 떨어지는 경우가 많다. 결국 현재 조직 내의 경험 많고 전문적인 지식을 지닌 사람들이 창의적인 아이디어를 내놓을 수밖에 없다. 그렇다면 그들로 하여금 회의 장소에서 최대한 멀리 떨어져 있는 어딘가에서 시간을 보낼 수 있도록 배려하는 수밖에 없다. 브레인스토밍은 그 후에야 제힘을 발휘할 수 있기 때문이다.

올바른 답을 찾는 질문의 힘

왜, 왜, 왜, 묻고 또 물어라

인간의 생각은 '어떻게how'와 '왜why'로 나뉜다. '어떻게'는 목적을 달성하는 방법이다. '왜'는 일과 목적의 의미와 가치를 위한 생각이다. 사람들에게 물어보자. 돈을 버는 방법이 뭘까. 수만 가지 답이 나온다. 하지만 돈을 왜 버느냐고 물어보자. 사람들 대답은 훨씬 더 의미와 가치에 부합하며 몇 가지로 압축된다.

온 나라가 슬퍼하고 분노한 세월호 참사 같은 비극을 어떻게 하면 막을 수 있을까. 이는 '어떻게'에 관한 이야기다. 처벌 강화, 시스템과 매뉴얼 구축 강화, 훈련 강화 등이 이야기된다. 이들이 모두 중요하기는 하다.

하지만 더 중요한 게 있다. '왜'에 대한 생각을 평소에 하지 않았다는 것이다. 즉 이번 참사는 '나는 이 배를 왜 조종하는가' '선장은 왜 존재하는가' 등에 관한 생각을 평상시에 하는 사람과 그렇지 않은 사람 간

차이에 기인했을 가능성이 크다는 이야기다.

위기에 닥쳤을 때 자신이 무엇을 가장 중요하게 먼저 해야 하는지 생각지 못하는 사람들이 있다. 수많은 정보와 행동들이 서로 더 자신이 중요하다고 싸우는 바람에 의식의 출구 앞에 끼어 옴짝달싹하지 못하기 때문이다.

그러나 우리가 만약 반드시 해야 할 두 가지와 절대 하지 말아야 할 한 가지 정도만으로 압축할 수 있다면 어떨까. 필자는 이를 '3의 법칙'이라고 말하곤 한다. 결정적 순간에 사람들은 가장 중요한 것 세 가지 정도만 생각할 수 있다. 이것만 알아도 대부분 긴급한 상황에서 어처구니없는 실수나 생각에 기인한 비극을 막을 수 있다.

그런데 이는 방법에 관한 '어떻게'만 가지고 가능한 것이 아니다. 이유에 관한 '왜'가 있어야만 한다. 그래야만 긴급한 순간에 사람 머릿속에 있는 수많은 자질구레한 정보와 지식들을 한 순간에 걷어내고 가장 중요한 일에 집중을 할 수 있다.

'왜'에 대한 집요한 추적이 올바른 해답으로 이끈다

중동전쟁 때 이스라엘 고위 장성들은 작은 석판을 놓고 작전회의를 했다고 한다. 우리나라처럼 커다란 상황판과 바인더가 즐비한 대책 회의실을 생각해 보면 큰 차이다. 자연스럽게 그 작은 석판에 중요한 세 가지만 열거된다. 그 세 가지는 예하 부대에 자연스럽게 신속하고도 효율적으로 전달된다. 이스라엘이 1970년대 중동 국가들을 상대로 연전연승했던 가장 중요하지만 사람들이 잘 모르는 이유 중 하나다.

그런데 더 중요한 점이 있다. 이런 결과를 가능하게 하는 질문이 하나 있었다는 것이다. 이스라엘 지휘관들은 그 상황에서 "우린 이 작전 회의를 왜 하는가?"와 "우리는 왜 이 자리에 있는가?"라는 질문을 주고 부하들에게 대답하게 했다고 한다. 부하들 생각은 본질로 돌아가고 압축되기 시작한다. 상급부대 시선이나 자질구레한 장애 요소들에 생각이 묶이지 않게 됐다.

1852년 영국 해군 버큰헤드호 선장인 세튼 대령은 수병 400명에게 여자와 어린아이가 구명보트에 탈 때까지 부동자세를 취하게 했다. 배가 침몰하거나 항공기가 바다에 추락했을 때 '여자와 어린아이 먼저'라는 원칙을 남긴 인물이다. 하지만 훈련이나 매뉴얼로만 가능했을까. 평상시에 선장이 선원의 존재 의미에 대한 '왜'를 부하들 가슴 깊이 새겨 넣었기 때문에 가능했을 것이다.

세월호 비극 이후 방지 시스템과 매뉴얼은 더 복잡해지고 훈련도 강화될 것이다. 하지만 긴급할 때에 지켜져야 할 것은 명확하고 단순한 원리 몇 가지에만 지배받아야 한다. 이는 '왜'에 대한 생각을 평소에 해놓아야만 가능하다. 리더와 조직이 있는 곳이라면 어디든 예외가 아니다.

일을 제대로 진행하기도 바빠 죽겠는데 어떻게 존재와 일의 이유인 '왜'까지 생각하는 여유를 가지라는 거냐고 반문할지 모르겠다. 하지만 결과를 보라. 얼마나 참혹한가. 리더가 조직의 가치와 존재의 이유를 자신과 팔로어들에게 가르치지 않은 결과다.

'**No맨**'은 미래지향적이다

현재에 안주하는 것의 위험성

많은 기업과 조직이 너도나도 뛰어들어 치열한 경쟁을 벌이는 분야가 있다. 언론도 이에 대해 '치열한 각축전'이라는 표현과 함께 매출액 등 다양한 지표로 서열화하며 경쟁을 부추기기도 한다. 하지만 과연 지금 우리가 치열하게 경쟁하고 있는 이 분야가 10년 혹은 20년 후에도 세상이 필요로 할까? 생각해 봐야 한다. 지금의 경쟁에서 승리한 조직과 기업이 가까운 미래에 망하는 사례가 매우 많다는 점을 고려하면 더욱 그렇다. 현재 집중하는 것들이 미래에도 소중하게 쓰이는 것이 아니기 때문이다. 하지만 불행하게도 이를 예측하기란 어렵다.

그러나 분명한 점이 하나 있다. 미래의 가치를 현재의 치열한 경쟁에서 찾으려 한다면 노력이 이상한 곳으로 흘러갈 가능성이 크다는 것이다. 실제 이런 기업들은 수없이 많다. 필름을 고집해 파산한 코닥, 휴대전화 자판을 고집해 쇠락한 블랙베리, 원거리 이동통신 기술을 고집해 구글에 매각된 모토로라 등이다. 이들에겐 공통점이 있다. 자신들이 1등을 하고 있는 분야를 '고집'했다는 것이다. 그래서 이 분야에서 추월당하지 않으려고 각고의 노력을 기울였다. 그 사이 세상의 다른 변화에는 눈을 감았다. 대부분 이런 고집에 깔려 있는 마음은 이렇다. '사람들이 지금 이걸 버리고 굳이 왜 새로운 것을 쓰겠는가?'라는 것이다.

그러나 한 번 생각해보자. 지금 자신들이 1등이나 2등을 하고 있는 것을 사람들이 '싫어할 이유 혹은 버릴 이유'를 말이다. 팀이든 개인이든 이런 생각을 할 수 있는 사람들이 조직 내에 있어야 한다. 심지어 갈등을 일으킬 정도로 목소리를 내야 한다. 이런 노력을 하지 않고 일치단결만 해서 한 목표로 가는 조직은 언젠가는 좌초한다. 쓴 소리 하는 사람 없는 조직이 망하는 이유다.

쓴소리가 조직을 살린다

문제는 쓴 소리를 누가 하느냐는 것이다. 쓴 소리라고 하면 근엄하고 다소 성마른 성격의 누군가를 생각하지만 정답은 그 반대다. 호기심 많은 사람들이 쓴 소리를 해야 한다. 미래 가치는 호기심 많은 사람들이 발견한다.

어떤 사람의 호기심이 많을까. 성격이 나쁘든 좋든 간에 'No'를 할 줄 아는 사람이다. 'Yes'는 철저히 현재형 시점이다. 'Yes'라고 말하면 생각은 거기서 끝나고 실행만 하면 그뿐이다. 하지만 'No'라고 대답하면 더 많은 생각과 말을 해야만 한다. 그 이유를 조목조목 이야기해야 한다. 그래서 현재의 행동과 방법 위주의 사람은 'Yes'를, 미래를 위한 가치와 깊은 생각 위주의 사람은 'No'를 상대적으로 더 많이 하게 끔 되어 있다.

현재를 지키는 사람과 미래가치를 결정하는 사람들은 꽤 명확하게 구분된다. 리더라면 일과 사람을 짝짓기 할 때 능력만을 보는 것이 아니라 성향도 고려해야 한다. 꼼꼼하게 챙기는 사람이 없는 조직은 현재의 경쟁에서 뒤처지고, 호기심으로 가득 찬 사람이 없는 조직은 현재의 맹목적 경쟁에 몰입한다.

이 둘 모두를 완벽하게 잘 하는 사람은 별로 본 적이 없다. 지혜로운 리더라면 이 두 부류의 사람을 시점에 맞게 제대로 배치하고 이동시킬 줄 알아야 한다. 그런데도 많은 리더들은 'Yes'하는 사람들만 좋은 위치에 놓고 심지어 마무리까지 시키려 한다. 하지만 이른바 'Yes맨'이 많은 조직은 미래가치에 취약해질 수밖에 없다. 'No'하는 사람들을 어떻게 이끌까, 혹은 설득할까만을 생각하면 평범한 리더다. 이 사람들을 위한 일에 어떤 것이 있는가를 생각해야 지혜로운 리더다.

같다는 것은 곧 다른 것이다

같음에 기초한 차이와 다름에 기초한 차이
: 두 차이를 보는 눈

많은 사람들이 혁신을 원한다. 전 세계의 수많은 CEO들이 혁신적인 것을 만들어내지 못하는 기업은 살아남지 못한다고 강조하고 있음은 주지의 사실이다. 이 혁신은 대체로 기존의 것과 다른 창의적인 무엇을 의미한다. 그런데 혁신을 위해서 반드시 염두에 두어야 할 심리학적 명언이 하나 있다. "세상의 많은 다름은 결국 같음을 의미하는 것이다."

무슨 뚱딴지같은 이야기인가라고 생각할지 모르겠지만 이는 심리학자들이 인간이 생각하는 방식을 연구해 밝혀낸 가장 중요한 사실 중 하나다. 이는 리더와 CEO들이 판단과 결정 과정에서 한 번쯤 생각해 보아야 할 근본적인 측면을 이야기해 주고 있다. 왜냐하면 이 세상에는 두 가지 종류의 차이가 있기 때문이다. 그리고 이 두 차이 중 어느 것을 더 중점적으로 보느냐에 따라서 개인과 조직의 미래는 근본적으로 다르게 나타난다.

예를 들어보자. 두 대의 자동차 A와 B가 있다. 자동차 A의 연비, 출력, 최고속도는 각각 16.3km/l, 190마력, 시속 200km이다. 자동차 B는 각각 15.3km/, 180마력, 시속 180km이다. 자동차 B에는 내비게이션과 선루프가 있고 자동차 A에는 없다. 어느 자동차가 더 좋은 것일까? 자동차에 대한 전문적 관점이나 철학에 근거한 구체적인 기준이 있을 수도 있겠지만 여기서는 그런 점을 논하고자 하는 것이 아니니 일반적인 상황이라고 가정을 해 보자.

자동차 A가 좋다면 왜일까? 아마도 연비, 출력, 최고속도에서 자동차 B보다 더 앞서기 때문일 것이다. 그런데 이 세 가지 측면은 '엔진'이라는 것을 두 자동차 모두 가지고 있기 때문에 가능한 '상대비교'의 요소들이다. 즉, 공통점에 기초한 차이점들이다. 그래서 평가에 대한 이유를 대기도 구체적이고 쉽다. 그런데 자동차 B가 더 좋다면? 자동차 A에는 아예 없는 내비게이션과 선루프가 있기 때문일 것이다. 그런데 이는 상대비교가 되지 않는 측면이다. 비교가 어려우니 왜 더 좋은지를 설명하기가 쉽지 않다. 질적인 차이이기 때문이다. 그런데 세상은 어떤 차이를 보이는 것에 '혁신'이라는 이름을 부여하는가? 대부분 후자의 차이에 대해서다.

질적인 차이의 우수함을 비교하라

조직 내부에서는 상대비교가 쉽고 또 거기에서 앞선 제품이나 계획들이 더 잘 살아남는다. 왜냐하면 개발이나 판매 단계에서 구성원들끼리 그 이유를 설명하기가 쉽기 때문이다. 또한 도표나 그래프 등으로 우열을 가시화하기도 쉽다. 한 마디로 그럴 듯하다. 하지만 이유를 대기 쉬운 것과 혁신적인 것에는 분명 차이가 있다. 대부분의 경우 사람들이 열광하거나 찬사를 보내는 아이디어나 제품들은 사소해 보이는 것에서부터 심오한 것에 이르기까지 '예전에는 없었던 것'을 공통적으로 지니고 있다. 새삼 놀라운 일도 아니다.

관련 연구와 사례를 종합해 보면 다음과 같은 결론에 도달할 수 있다고 심리학자들은 조언해 준다. 실패를 걱정하거나 후회하지 않으려는 경향이 강할 때, 혹은 조직 내에서 그 선택이나 결정에 대한 '이유'를 잘 설명하는 것에 주로 초점을 맞추게 되면 질적인 차이보다는 상대적인 비교에서 나아 보이는 계획이나 제품으로 선택의 추가 기울게 된다는 것이다. 하지만 실패에 따른 후회를 피하려 하기 보다는 성공을 지향하는 분위기가 조성되고 일에 강하게 몰입되는 환경이 만들어지면 질적인 차이와 우수함에 관심이 모아진다. 세상은 질적으로 무언가 다른 것들에 대해 '혁신'이라는 이름을 붙여준다.

혁신을 원한다면 조직과 개인이 기존의 것과는 질적으로 다른 아이디어나 제품들에 얼마나 관심을 기울이고 있으며, 비교우위에 얼마나 집착하고 있는가를 한 걸음 떨어져 곰곰이 되돌아 볼 필요가 있을 것이다. 상대비교에 기초한 차이는 결국 같음을 의미하기 때문이다.

나무가 아닌 숲을 보는 법

떨어져 보는 배양기의 효과
: 걸어야 하고 여행을 가야 하는 이유

꽤 오래 전 일이다. 일본을 방문했을 때 무심코 호텔 객실에서 TV 오락 프로그램을 보고 있었다. 그 방송은 일종의 몰래 카메라였는데 어떤 사람이 자신의 집안에서 특정한 물건을 찾으면서 보이는 재미있는 행태를 담고 있었다. 짧은 일본어 실력으로 대충 들은 바로는 그 사람은 제작진이 숨겨 놓은 물건을 찾으면서 집안의 애꿎은 다른 사람들을 계속 의심하고 탓했다. 그런데 아무리 집안 곳곳을 돌아다녀 봐도 나오지 않자 그 사람이 보여 주는 우스꽝스런 장면보다 심리학자인 필자의 눈을 더 끄는 대목들이 있었다. 화면 속의 인물은 이전에 자신이 확인해 봤던 곳에 다시 와서 또 살펴보는 것이다. 물건에 발이 달려서 돌아다니는 것도 아닌데 말이다. 예를 들면 서재 서랍을 이미 살펴보았는데 조금 있다가 다시 열어보고 한참 뒤에 다시 들어와 심지어 세 번째로 열어보기까지 하는 것이다.

우리도 이런 경험을 참 많이 한다. 집안에서 여권, CD, 손톱깎이 등을 마지막으로 사용한 뒤 제 자리에 놓지 않아서 찾아 헤맬 때 말이다. 본 곳을 보고 또 보곤 하면서 스스로에게 허탈함을 종종 느끼곤 한다. 그런데 참 재미있는 건 '에라, 모르겠다. 나중에 찾지.'라며 외출 해 버스 정류장에 우두커니 서 있는데 '아! 거기를 왜 확인해 보지 않았지?'라는 생각이 스치듯 지나간다. 나중에 집에 돌아와서 다시 확인해 보면 정말 그 물건이 거기에 있는 경우가 꽤 있다. 무시할 수 없을 정도로 꽤 있다. 이 현상은 심리학적으로 봤을 때 결코 사소하거나 재미있다고만 생각할 문제가 아니다. 왜냐하면 어렵고 막막한 문제를 해결할 때 가장 중요한 것 중 하나가 '문제로부터 시간적, 공간적으로 떨어져 보는 것'을 필요로 하기 때문이다. 그리고 이러한 떨어짐을 심리학자들은 '배양기'라고 부른다.

거리를 두면 통찰력이 생긴다

그리고 그 문제가 새롭고 창의적인, 더 나아가 혁신적인 생각이나 아이디어를 요구하는 것이라면 이러한 배양 효과는 더욱 커지게 된다. 왜냐하면 우리로 하여금 통찰력을 가지게 해 주는 시간이 되기 때문이다. 실제로 역사적으로 중요한 발견에서 배양 효과의 다양한 사례를 볼 수 있다.

모양이 불규칙한 금관의 부피를 측정하는 데 어려움을 겪고 있었던 아르키메데스는 욕조에 들어갔을 때 떠오른 생각을 그 유명한 치환의 원리로 발전시킬 수 있었다. 너무나도 유명한 수학자인 앙리 푸 앙까레Henri Poincar 는 자신이 골몰하고 있던 문제로부터 떨어지기 위해 여행을 떠나는 버스에 오르는 순간 갑자기 생각이 떠올라 '푸크스 함 수Fuchsian Functions'의 해법을 발견했다. 미국 항공우주국NASA의 저명한 과학자인 짐 크로커는 호텔 방에서 샤워를 하던 중, 우주인이 우주 공 간을 걸어 허블 우주망원경을 수리할 수 있는 방법에 대한 생각이 떠올 랐다고 회상하고 있다.

한국으로 한 번 시선을 돌려보자. 송강 정철의 '가사문학', 서포 김만 중의 〈구운몽〉, 추사 김정희의 '추사체', 다산 정약용의 〈목민심서〉와 〈경세유표〉 등은 우리 문화의 자랑거리인 창조적 산물들이다. 더욱 흥 미로운 점은 이런 찬란한 유산들이, 이분들이 귀양 혹은 유배를 가셨을 때 탄생했다는 것이다.

단순히 시간이 많았기 때문이었을까? 아니다. 현안과 문제로부터 떨 어져 봄으로써 새로운 시각을 가질 수 있는 기회가 생겼기 때문이다. 물론 그 과정은 차후에 좀 더 자세히 설명할 것이다. 다만 "성공하려면 여행을 떠나야 한다."고 많은 사람들이 조언해 주는 이유가 바로 여기 에 있음은 분명히 짚고 넘어가야 할 대목이다.

친숙한 것과 아는 것의 차이

설명의 위력, 친숙함의 함정

우리는 종종 친숙한 것에 대해서 잘 알고 있다는 착각에 빠지곤 한다. 왜냐하면 실제로 인간은 자신이 무엇에 대해 알고 있는지 여부를 엉뚱하게도 친숙함에 기초해 판단하기 때문이다. "대한민국의 수도 이름을 아는가?"라는 질문에 "예."라는 대답이 쉽게 나온다. 그리고 "과테말라에서 일곱 번째로 큰 도시 이름을 아는가?"라는 질문에도 "아니오."라는 대답이 같은 속도로 쉽고 빠르게 나온다.

그런데 이는 조금만 생각해보면 인간의 생각이 지닌 대단한 능력으로 볼 수 있다. 컴퓨터가 안다(즉, 그 파일이나 정보가 하드디스크에 있다)는 대답을 할 수 있는 시점은 그 파일 혹은 정보를 검색으로 찾는 순간이다. 하지만 컴퓨터가 모른다(즉 그 파일 혹은 정보가 하드디스크에 없다)고 대답하는 것은 자신의 하드디스크를 100% 검색해 보고 나서야 가능하다. 따라서 모른다는 대답은 안다는 대답보다 무조건 느릴 수밖에 없다.

그럼 인간은 어떻게 이 어려운 모른다는 것을 쉽게 알아차릴 수 있는가? 친숙함을 판단하기 때문이다. 과테말라라는 나라는 생소하다. 또한 '일곱 번째로 큰 도시'같은 이야기 역시 살아오면서 거의 접하지 않은 이야기이다. 따라서 이 둘의 조합을 내가 알 리가 없다는 판단이 쉬운 것이다. 이러한 판단을 하는 기제를 심리학자들은 '메타인지meta-cogni-tion'라고 부른다.

친숙한데 잘 모르는 대상의 치명적 함정

그런데 어떤 대상이 친숙하기는 한데 실상 잘 모르는 것이라면? 메타인지가 우리로 하여금 치명적인 함정에 빠지게 할 수 있는 순간이다. 실제로 우리는 종종 잘 알고 있다고 자신하면서 어떤 대상을 접하거나 일을 시작하는 순간부터 삐걱대고 어려움을 겪는 순간을 경험한다.

도서관에서 자신감 있게 시험공부를 마치고 교실에서 시험지를 받자마자 텅 비어버린 것 같은 자신의 머리를 붙잡고 괴로워하는 학생, 고장이 나 멈춰선 자동차의 보닛을 자신 있게 열어본 순간 아무 것도 할 수 없음을 발견하곤 난감해 하는 운전자, 잘 알고 있는 계획이라고 생각했는데 막상 시작하려고 하면 그 계획의 중요한 세부사항들을 거의 모르고 있음을 느끼고 막막해 하는 경영자 등 수많은 사람들이 '많이 봐서 친숙한 대상'에 대해 실제로는 아는 바가 거의 없음을 발견하고 난감해 한다.

그렇다면 친숙함이 우리로 하여금 빠지게 하는 함정은 여기가 끝인가? 아니다. 더 큰 함정을 만든다. 왜냐하면 친숙함은 우리로 하여금 '잘 알고 있다.'는 느낌을 가지게 하고 이는 다시금 '잘 할 수 있다.'는 자신 감으로 쉽게 연결되기 때문이다.

친숙함이 주는 판단의 함정에 빠지지 않으려면

그렇다면 이러한 친숙함이 주는 판단의 함정에 빠지지 않으려면 어떻게 해야 하는가? 필자의 지도교수이자 스마트 싱킹의 저자로서 우리나라 대중에게도 이제 꽤 익숙한 텍사스 대학 심리학과의 아트 마크 먼Arthur B. Markman 교수로부터 들은 말 중에 중요한 해답이 있다. "세상에는 두 가지 종류의 지식이 있다. 첫 번째는 알고 있다는 느낌은 있지만 남에게 설명할 수는 없는 지식이다. 두 번째는 알고 있다는 느낌도 있고 남에게 설명도 할 수 있는 지식이다."분명하게 말하지만 후자만 지식이다. 전자는 내가 스스로에게 속고 있는 것일 뿐이다. 단순히 상대성 원리를 생각해 냈기 때문이 아니라 세상에 그 원리를 설명까지 해 줄 수 있었기 때문에 아인슈타인이라는 것이다.

CEO도 자신의 계획과 전략을 가장 가까운 위치에 있는 사람에서부터 말단에 있는 부하에 이르기까지 다양한 대상들에게 직접 설명해 봐야 한다. 그래야만 자신이 어디를 어떻게 모르고 있고 따라서 어떤 문제점을 해결해 나가야 하는가를 파악할 수 있기 때문이다.

필자가 몇 년 전 어떤 방송사와 함께 전국 최상위권 학생들이 평범한 학생들과 무엇이 다른가를 조사해 본 적이 있다. 지능지수, 부모의 학력과 소득 등 거의 모든 면에서 큰 차이가 없었다. 유일한 차이점이자 그들 내의 공통점은 메타인지가 뛰어나다는 것이었으며 이 메타인지는 설명하기를 통해서만 상승한다. 많은 점잖은 CEO들이 "말 안 해도 알지?"라고 하면서 자신의 의중을 팔로어들이 잘 알고 따라줄 것이라고 생각한다. 말을 하지 않으면 팔로어들도 모르지만 자신도 모르게 된다. 의견을 모을 때에는 자신의 입을 닫고 경청해야 하지만, 자신의 전략은 최대한 친절하게 여러 대상에게 여러 번 설명해 줘야 한다. 자신과 다른 사람 양쪽 모두를 위해서 필요하다.

마지막 기회가 발휘하는 힘

미루기는 왜 일어나는가

미국에 살고 있는 친구 A가 오랜만에 한국을 방문했다. 정신없이 바쁘다 보니 이 친구가 한국에 온 것도 잊고 지내다 늦은 오후 다른 친구 B로부터 A가 그 다음날 출국한다는 연락을 받았다. 달려 나가 늦은 밤까지 그 친구와 소주잔을 기울였다. 그런데 재미있는 대화가 중간에 툭 튀어나왔다. A는 "너희는 한국에 살고 있으니 서로 자주 봐서 좋겠다. 난 몇 년 만에 한국에 올 때나 너희를 만날 수 있는데 말이야."라고 했다. 우리는 상당히 머쓱해졌다. 왜냐하면 우리가 마지막으로 모인 날은 A가 지난번에 한국에 왔을 때이기 때문이다.

이런 경험을 해 본 사람이 꽤 있을 것이다. 늘 정신없는 우리는 가까운 사람이라 하더라도 평소에 거의 만날 기회가 없다. 그런데 어느 먼 곳에서 그 구성원 중 한 사람이 오게 되면 지금 못 보면 기회가 없다는 절박함으로 우정을 불태우게 되고 바쁜 일정이라는 핑계 댈 생각을 하지 않는다. 그래서 바로 만난다. 이번이 어쩌면 마지막 혹은 몇 안 되는 기회라는 생각을 하기 때문이다.

이는 개인과 조직, 더 나아가 국가에 만연한 이른바 '미루기'가 왜 일어나는가에 대해 중요한 시사점을 던진다. 우리는 왜 미룰까? 기회는 앞으로도 많다는 생각 때문이다. 오늘 아니면 내일, 이번 주 아니면 다음 주, 혹은 다음해……. 그렇게 미루다가 곪아 터지는 일이 어디 한둘인가.

그러므로 기회의 횟수를 사람들에게 알려줘야 한다. 특히 하면 좋은 큰일도 그렇지만 하지 않으면 안 되는 작은 일들이 더 그렇다. 이런 일들이 제대로 해결되지 않고 미뤄지면 그 속성상 눈에 띄지 않게 쌓여가기 때문이다.

평범한 리더는 "무엇을 하라."고 가르친다. 괜찮은 리더는 "언제까지 무엇을 하라."고 시한을 알려준다. 그보다 더 지혜로운 리더는 기회가 몇 번 남았는지, 더 나아가 왜 그런지를 구성원에게 제대로 알려준다. 그렇게만 해 줘도 팔로어들은 무척 영리해진다. 일을 어떻게 하면 더 잘할 수 있을까를 스스로 생각할 수 있게 되기 때문이다.

다그치지 말고, 남아 있는 기회를 언급하라

팔로어들이 모든 일을 잘할 수는 없는데도 성미 급한 리더들은 다그치기 일쑤다. 질책과 검사가 반복되다 보면 팔로어들은 이른바 정신적 탈진을 맞게 된다. 차라리 한 걸음 떨어져 각각의 일에 얼마나 기회가 남았는가만 알려주라. 그렇다면 팔로어들이 알아서 우선순위를 정할 것이다.

리더 책상 앞에는 밑으로부터 올라오는 '몇 번이고 확인했다.'혹은 '매일 점검하고 있다.'는 수많은 보고가 쌓인다. 그래서 안심하고 지나친다. 하지만 대부분 이런 일들이 제대로 지켜지지 않아 결국에는 조직이 곤경에 빠진다. 팔로어들은 엄격히 평가하겠다고 하면 그 일을 그저 많이 하려고 하고, 그것을 보이려고 한다. 그래서 이런 보고가 쌓이는 것이다. 하지만 기회를 언급하면 사람들 마음이 달라진다. 더 절박하게 해야 할 일에 집중하기 때문이다.

기회란 무엇인가? 어떤 일이나 행동을 하기에 가장 좋은 때나 경우다. 그러니 지혜로운 리더라면 사람들로 하여금 '어떤 일을 언제, 어떤 상황에서 하는 것이 가장 좋을까?'라는 생각을 하도록 해야 한다. 이를 위해서는 처벌 강도를 높이는 것보다 기회의 횟수를 제한해야 한다. 그런데 처벌 강도에 관해서는 엄포를 놓으면서도 기회의 횟수를 너무 느슨하게 만들거나 모호하게 언급해 구성원을 막연한 안일함에 빠뜨리는 경향이 있다. 특히 절대로 일어나서는 안 되는 일을 대할 때도 그렇다.

절대 지지 않는 경쟁의 원리

지금은 동점이다
: 치고 나가 이기자와 지지 말자의 차이

이런 말들을 많이 한다. 치열한 경쟁 사회에서 쫓기는 자와 쫓는 자, 어떤 사람의 마음이 더 편할까? 대부분 쫓기는 자가 더 힘들 것이라고 이야기한다. 꼭 그럴까? 아니다. 사실 둘 다 힘들다. 왜냐하면 둘 모두 원래의 자기 기량이나 능력을 제대로 발휘하지 못할 가능성이 평소보다 높아지기 때문이다.

필자의 유학 시절 대학원 후배이기도 한 텍사스 A&M 대학 심리학과 대럴 워디Darrel A. Worthy 교수는 대학원생 시절 기발한 연구 아이디어를 생각해 냈고 훗날 이 연구가 발표된 후 많은 심리학자들이 그 결과를 인용할 뿐만 아니라 유사한 연구를 시도하고 있다.

그와 연구진은 2003년부터 2006년까지의 미국 프로농구NBA의 모든 경기에서 점수 차가 1점 이내인 박빙의 승부처에서 경기 종료까지 1분이 남지 않은 상황에서 선수들이 시도한 모든 자유투의 성공률을 분석하였다. 그 결과 매우 재미있는 결과가 관찰되었다. 자신의 팀이 1점을 이기고 있을 때나 지고 있을 때 모두, 선수들은 자신들의 시즌 평균에 훨씬 못 미치는 자유투 성공률을 보였다. 하지만 동점인 상황에서는 선수들이 자신의 시즌 평균보다 오히려 더 높은 자유투 성공률을 기록한 것이다. 다시 말하자면 숨 막히는 접전 상황에서 긴박하게 쫓거나 쫓기고 있을 때에는 평소보다 더 못한다는 것이다. 축구의 승부차기에서 먼저 차는 쪽이 더 많이 이긴다는 통계의 이유도 동점에서 시작하기 때문에 초반에 평소보다 못할 확률이 줄어든다. 이후 수많은 다른 분야에서 유사한 상황에 해당하는 빅데이터들을 통해 분석해 보았고 이는 어김없이 입증되고 있다. 따라서 부인할 수 없는 사실이라는 것이다. 이는 무엇을 의미하는가?

따라잡아야 한다는 강박과 따라잡히면 안 된다는 불안 모두 무언가를 성취해야 하는 것과는 맞아 떨어지지 않는 마음가짐이라는 것을 의미한다. 특히나 개인이나 조직이 해야 할 일이 '득점'과 같이 접근적으로 성취해야 일을 할 때는 더욱 그렇다. 쫓고 쫓기는 상황이라고 인식된 상황에서 사람들이 무슨 생각을 하기에 이런 현상이 발생하는 것일까? 앞으로 나아가 이기겠다는 마음보다는 잡히거나 잡지 못해 지면 안 된다는 생각으로 더 큰 압박감을 받고 있기 때문이다. 굳이 설명하지 않아도 이 두 마음에는 커다란 차이가 있다.

지나친 경쟁 압박은 능력과 의욕을 저하시킨다

현대 사회에서 개인이든 조직이든 경쟁을 해야 한다. 하지만 가뜩이나 이러한 치열한 경쟁의 상황에서 '쫓지 못하면' 혹은 '추월당하면' 등의 압박감이 더해지면 그것은 의욕이나 전의를 불태우는 것이 아니라 거의 모든 사람들로 하여금 제 실력을 발휘하지 못하게 만든다. 하지만 어쩌랴? 무언가를 경쟁의 관점에서 볼 수밖에 없는 상황은 늘 존재한다. 그게 엄연한 현실이다. 하지만 지혜로운 리더나 CEO는 이런 상황을 대비해 평소에 무언가를 다져 놓기도 하고 긴급한 상황에서 구성원들의 관점을 바꿔 주기도 한다. 그 핵심은 '심리적인 동점 상황'을 만들어 주는 것이다. 그래야 사람들이 쫓고 쫓기는 압박감을 덜어내고 승부에 집중을 할 수 있다. 그리고 그 동점 상황이 늘 팽팽하게 지속되는 관계를 우린 '라이벌'이라고 부른다. 서로를 발전시키는 더없이 좋은 관계이다.

이런 이야기를 하는 분들을 많이 본다. "A사는 더 이상 우리 회사의 상대가 되지 않습니다." 혹은 "우리는 기필코 B사를 따라잡고 말 겁니다."라는 선도자 혹은 추격자로서의 말들이다. 하지만 이런 평소 자신감이나 의지의 표현들이 일상화되면 치명적 함정에 빠질 수 있다. 결정적인 승부처에서 자기 역량을 발휘하지 못하게 할 가능성이 크다. 상대방을 나보다 더 낫거나 못하다고 판단하는 순간 쫓거나 쫓기는 관계를 스스로 만들어 버리기 때문이다.

나와 나의 조직 이외에는 모두 라이벌들이다. 즉, 우리보다 더 잘 나거나 못난 것이 아니라 호적수인 셈이다. 이렇게 생각해야 내가 더 발

전하고 또 승리한다. 이것이 좋은 CEO, 훌륭한 감독, 지혜로운 리더가
할 일이다.

조직의 환경도 배산임수를 따르라

조직의 배산임수(背山臨水)

제이 애플턴Jay Appleton이라는 지리학자가 있다. 그는 지형과 공간배치, 심리학을 접목시킨 흥미로운 연구로 유명하다. 그의 '조망과 피신prospect and refute'이론의 핵심은 이렇다. "인간은 다른 사람들에게 쉽게 들키지 않으면서도 자신은 남들이 있는 바깥세상을 쉽게 내다볼 수 있는 곳"을 선호하게끔 진화해 왔다는 것이다.

인간은 뒤에 눈이 없다. 따라서 뒤쪽은 위험을 막아 피신의 욕구를 충족시키기를 원한다. 그래야 도망가기가 유리하기 때문이다. 하지만 앞쪽으로는 확 트여 있어야 한다. 물이나 음식물같이 생존에 필수적인 자원들을 쉽게 찾을 수 있어야 하기 때문이다. 이는 '조망의 욕구'다. 원시시대에 거주지로 선호되던 산등성이의 동굴에서부터 뒤에 높은 산이 있는 중세의 성채 등에 이르기까지 모두 조망과 피신의 욕구를 충족시켜 주는 지형적 구조라고 할 수 있다.

그러므로 배산임수는 우리 조상들만의 고집이나 풍습이 아니라 심리학적으로 그 이유가 확실한 지혜로 봐야 한다. 그래서 현대에도 사람들은 내부는 아늑하면서도 큰 통유리로 창문을 만들어 밖을 내다보기 쉬운 집을 선호한다.

재미있는 점은 이렇게 물리적 공간에만 배산임수가 필요한 것이 아니라는 것이다. 우리의 마음에도 배산임수가 필요하다. 다시 말해서, 조망과 피신의 욕구가 모두 충족되는 환경을 필요로 하고 있다는 것이다. 그리고 이 배산임수가 지켜지지 않으면 피신이든 조망이든 둘 중의 하나가 무너지니 조직의 생존이 어려워진다.

조직의 조망을 가능케 하는 비전을 세워라

조직의 조망은 무엇인가? 중요한 것을 남들보다 먼저 알아보는 힘일 것이다. 그것을 가능케 하는 것이 바로 조직의 비전이다. 하지만 장엄한 표제어라고 모두 비전은 아니다.

조망을 가능케 하는 비전은 예를 들자면, 10년 후에 나와 나의 조직이 어떤 위치에 어떤 모습을 하고 있을 것이다.' 와 같은 것이다. 이렇게 미래의 모습을 상상할 수 있도록 해 주는 비전이 있어야만 구성원들은 외부 세상을 잘 살필 수 있는 마음을 가지게 된다. 미래를 상상해야 현재 없는 것에 대해 관심이 생기고 그래야만 남들보다 앞설 수 있는 관점이 촉진되기 때문이다. 그래서 지혜로운 리더는 조직의 미래를 구성원들이 상상하도록 끊임없이 자극한다.

하지만 조직은 피신의 욕구도 충족시켜야 한다. 피신이라는 것이 대단한 것은 아니다. 피신이 궁극적으로 지향하는 마음의 상태는 안전이다. 조직 내에서 안전함은 어떻게 느낄까? 바로 휴식과 충전을 할 때다. 사람들은 이 두 가지를 취할 수 있는 곳을 좋아할 수밖에 없다. 게다가 이를 통해 앞서 말한 조망을 위한 최적의 준비상태가 만들어진다.

구글러Googler, 구글 직원들은 높은 직무만족도를 보이고 있는 것으로 유명하다. 그 밑바탕에는 자신들의 캠퍼스라고 부르는 회사 내의 환경이 있다. 핵심은 두 가지다. 식당과 휴게실이다. 구글은 이 두 개를 5성급 호텔의 시설로 가지고 있다. 물론 모든 회사나 조직이 이런 시설을 지닐 수는 없다. 하지만 우리나라의 수많은 직장이 휴식을 위한 아주 작은 공간도 내부에 없어서 구성원들이 정처 없이 외부를 떠돌고 있음은 심각하게 되돌아 볼 필요가 있는 부분이다. 간섭받지 않는 휴식처와 충전을 위한 식당에는 과감하게 투자해야 한다. 자신의 조직 환경이 마음의 배산임수의 구조를 제공하고 있는지를 한 번 되돌아보기 바란다.

미래가치는 제대로 예측하라

지금의 욕구가 미래에 대한 판단을 좌우한다.

미국 노스웨스턴 대학의 미구엘 브랜들Miguel Brendl 교수가 10여 년 전에 했던 재미있는 연구 결과가 있다. 두 종류의 복권 A와 B가 있다. 두 복권 모두 일주일 후에 추첨한다. A는 당첨되면 담배 30갑을 받는다. B는 당첨되면 돈을 받는다. 그런데 이 돈은 평균적인 담배 30갑의 가격에 해당한다. 대학 캠퍼스에서 학생들에게 이 두 종류의 복권을 판다.

복권을 파는 장소는 두 가지다. 첫 번째 상황은 강의를 들으러 강의실에 들어가기 전 담배 하나를 막 피우고 난 학생들이 대상이다. 두 번째 상황은 무려 3시간의 지루한 강의를 듣고 나오는, 따라서 담배 하나 피우고 싶은 생각이 간절할 학생들이 대상이다. 두 경우 모두 질문은 똑 같다. "A와 B 중 어느 복권을 더 구입하겠는가?"이다. 물론 이 질문을 받는 학생들은 사전에 연구진이 미리 파악해 놓은 흡연자들이다.

결과의 차이는 극명하다. 강의실 앞에서 담배를 피우고 났기 때문에 흡연 욕구가 그렇게까지 간절하지 않은 학생들은 60% 정도가 B를 사겠다고 한다. 강의가 끝나고 나오는 길에 담배 한 대 피우고 싶은 욕구가 강한 학생들 중 B를 사겠다는 학생들은 10%도 되지 않는다. 돈이 아니라 담배가 상품인 복권을 사겠다고 모두 응답했다. 재미있는 건 이 학생들의 주머니에도 담배 한 갑씩은 모두 있었다는 사실이다. 담배 한 개비가 없어서 그런 응답을 할 이유는 조금도 없었다.

미래의 가치가 이렇기 때문에 판단하기 힘든 것이다. 철저히 지금의 욕구에 의해 지배당한다. 그리고 현재의 욕구와 무관해 보이는 것들의 미래 가치는 놀라울 만큼 평가절하된다.

쇼핑 중에 배가 고픈 사람들은 전혀 무관한 컴퓨터의 가치를 굉장히 낮게 평가하여 웬만큼 세일된 금액에도 시큰둥한 반응을 보인다. 뜨거운 여름에 지구 온난화에 대한 걱정은 설득력이 있지만 매서운 찬바람을 맞으며 돌아다녀야 하는 겨울에는 이런 메시지에 사람들이 귀도 기울이지 않는다.

따라서 미래의 다양한 대상들에 대한 가치를 논하기 위해서는 현재의 사소해 보이지만 부족한 욕구가 다 채워져 있는가를 먼저 확인해야 한다. 그렇지 않으면 아주 엉뚱한 방향으로 조직의 미래가 결정된다. 담배 30갑뿐만 아니라 다른 용도로도 얼마든지 사용할 수 있는 현금에 조금도 관심을 기울이지 않는, '지금 담배 피우고 싶은' 그 학생들처럼 말이다.

미래 예측의 함정

중요한 것이 하나 더 있다. 나와 내 조직이 지금 열망하고 있는 그것을 이미 충분하게 가지고 있는 사람들로부터 그것이 정말 얼마나 가치가 있는지 알아볼 필요가 있다. 또한, 그것을 가지고도 채울 수 없는 것이 무엇인지도 들어보아야 한다. 그렇게 함으로써 지금 무엇인가를 향하는 노력이 헛되지 않도록 길을 잘 잡아 줄 수 있을 것이다.

미래를 위한 비전과 목표는 너무나도 중요하다. 이를 위해 조직과 구성원이 혼신의 힘을 다할 것이기 때문이다. 하지만 조직이 지금 간절하게 원하고 있는 미래의 가치들이 정말 그 미래가 현재가 됐을 때도 그만큼의 값어치를 할까? 수많은 조직이 미래를 제대로 예측해서 망했다고 한다. 그래서 미래를 예측하는 데 많은 노력과 비용을 아낌없이 지불한다. 하지만 예측은 소망의 산물이며 그 소망은 현재 부족함의 지배를 받는다는 걸 인식하는 경우는 거의 없다.

사람은 현재 시점에 매몰되기 지극히 쉬운 존재이다. 이것이 조직의 불편함과 그 불편함이 해결된 다른 조직의 목소리 모두에 리더가 귀를 기울여야 하는 이유이다.

미래 예측을 막는 '달콤한 성공'

수많은 사람이 미래를 예측하고자 하고 리더라면 더더욱 그러할 테지만, 인간이 신神이 아닌 이상 미래를 예측한다는 것이 어찌 쉽겠는가. 제아무리 대단한 심리학자라 하더라도 미래를 예측하는 것을 돕는다는 것은 불가능하다.

하지만 미래를 예측할 때 인간이 빠지기 쉬운 함정 하나를 생각해 볼수 있도록 도움이 될 만한 이야기 하나를 들려드릴 수는 있을 것 같다. 왜냐하면 미래를 제대로 예측하지 못한 수많은 실패들은 거의 대부분 미래 변화를 과대보다는 과소로 평가했기 때문이다. 스페인의 조르디 쿠아드박 교수와 미국의 댄 길버트 교수 연구팀이 이와 관련한 매우 흥미로운 연구를 최근 세계적인 저널인 〈사이언스〉에 발표했다. 연구진은 사람들에게 자신의 가치나 성격이 지난 10년 동안과 얼마나 변했는가를 되돌아보고 앞으로 10년 동안 얼마나 변할까를 예측해 보도록 했다. 흥미롭게도 모든 사람들은 과거 변화보다 미래 변화를 더 과소평가했다. 과거 10년의 변화에 대한 기억에 비해 미래 10년의 변화에 대한 예측은 모든 연령대에서 절반밖에 안 된다는 것이다. 그리고 나이가 많은 사람일수록 과거든 미래든 변화 정도를 상대적으로 적게 추정한다. 예를 들어 20대는 지난 10년간 자신의 변화 정도를 100으로 평가하는 반면 앞으로 10년 동안의 변화를 50으로 놓는다. 또한 60대는 지난 10년간과 앞으로 10년간의 변화 정도를 각각 50과 25로 생각한다는 것이다. 그런데 당혹스럽게도 대부분 조직에서 리더는 가장 나이가 많다. 그러니 조직에서 미래의 변화를 최소로 내다보는 사람이 리더가 될 위험이 가장 크다.

수많은 리더가 조직의 팔로어들에게 이렇게 이야기한다. "혁신하지 않으면 미래 사회에 도태된다."고 말이다. 필자 주위의 리더들도 대부분 이런 마음으로 미래를 걱정하고 대비한다. 그런데 참으로 당혹스러운 것은 그렇게 미래를 걱정하고 팔로어들을 다그치면서도 자신의 판단과 예측 자체는 지극히 현재에 지배당하고 있는 경우가 허다하다. 과학 및 공학용 컴퓨터의 독보적 존재였던 디지털 이큅먼트사의 설립자이자 회장인 케네스 올센은 1977년 "집에 개인적으로 컴퓨터를 가지고 있을 이유가 전혀 없다."고 예측했다. 세계적인 컴퓨터회사였던 디지털 이큅먼트는 회장의 예측 실패로 컴팩과 HP에 순차적으로 인수되는 비운을 맞이했다.

노벨 물리학상 수상자이자 라디오를 발명한 마르코니의 후원자였으며 전화기 개발과정에도 관심이 많았던 영국 체신부의 최고 엔지니어 윌리엄 프리스 경은 "미국인들은 전화기가 필요할지 모르겠지만 영국인들은 필요 없다. 왜냐하면 우리는 헤아릴 수 없이 많은, 메신저 역할을 해 주는, 하인들이 있기 때문"이라고 일축했다. 심지어 빌 게이츠조차 1980년대 초반 1메가바이트도 안 되는 "640kb면 모든 사람에게 충분한 메모리 용량"이라고 내다본 적도 있다.

이들의 공통점이 있다. 첫째, 모두들 그 분야의 최고 전문가이자 리더다. 둘째, 그래서 오히려 현재의 지속성을 가장 과대평가하여 미래를 가장 과소평가했다. 그렇다면 어떻게 해야 할까? 정점에 도달해 성공의 달콤한 맛을 본 사람은 이제 미래를 예측하기 어렵다는 것을 인정해야 한다. 바로 자신이다. 지금까지 이룩한 바로 그것이 미래에도 지속될 것이라고 고집할 것이기 때문이다. 아직 그 정점에 도달하지 않은 사람의 예측에 귀를 기울여야 한다. 위 세 사람 중 이를 실행에 옮긴 사람은 빌 게이츠밖에 없었다.

혁신을 원한다면 예시를 없애라

창의적인 사람과 그렇지 못한 사람이 따로 있을까

리더라면 누구나 궁금해 하는 점이다. 이 명제는 어느 정도는 참이지만 사실 틀린 말에 가깝다. 문제는 우리가 이 주장을 필요 이상으로 믿고 있다는 것이다. 창의적인 사람과 그렇지 못한 사람이 따로 있다기보다는 같은 사람이라도 창의적으로 만들 수 있는 조건과 상황이 따로 있다. 그런데도 오늘날 리더들은 창의적인 사람과 그렇지 않은 사람을 구분하려고 하는 생각에 지나치게 심취해 있는 듯하다. 그 결과 기업들을 비롯한 꽤 많은 조직에서 바로 직전에 성공적이었던 개인이나 조직을 그다음 혁신에 투입한다. "지난번에 이 일을 잘했으니 이번에도 비슷한 일이 주어지면 잘하겠지."라는 단순한 생각 때문이다. 하지만 직전에 경험한 것이 새로운 생각을 얼마나 강하게 속박하는가를 보여 주는 연구는 의외로 매우 많다. 예를 들어 기억상실증 환자는 자신이 조금 전에 'ANALOGY'라는 단어를 보았다는 사실을 몇 분만 지나도 기억하지 못한다. 그런데 좀 더 시간이 흐른 후에 'A( )( )L( )GY'를 준 뒤 빈칸을 채워 단어 만들기를 시키면 이전에 봤던, 하지만 기억도 못하는, ANALOGY를 떠올리면서 더 쉽게 답을 완성한다. 거의 정상인 수준으로 말이다. 이렇게 직전에 경험한 것은 의식적으로 기억하지 못하더라도 매우 강한 힘을 이후의 모든 일에 발휘한다. 하지만 이런 현상이 늘 도움이 되는 것은 아니다. 오히려 얼마든지 방해가 될 수도 있다. 'ANALOGY'를 본 후 몇 분이 지나고 난 뒤 'A( )L( )( )GY'를 주고 빈칸을 채워 단어를 만들라고 한다. 사람들은 이전에 어떤 단어도 보지 않고 바로 이 과제를 시작한 사람들보다 이를 훨씬 더 어려워한다. 답은 'ALLERGY'다. 하지만 이전에 본 'ANALOGY'에 끼워 맞춰 보려는 시도를 반복하기 때문이다. 사람들에게 기존에 없던 새로운 생명체나 장난감을 그려 보라고 했을 때도 마찬가지의 결과가 일어난다. 다른 사람이 그린 예를 세 가지 정도 보여 주고 이 일을 시키면 사람들은 자신들이 본 다른 사람들의 그림으로부터 좀처럼 벗어나지 못한다. 차라리 안 보고 시작한 것만 못하다는 것이다. 심지어는 사람들에게 자신들이 본 예와 최대한 다르게 아이디어를 생성하도록 요구했을 때에도 이런 현상은 계속해서 일어났다. 사람들이 어떤 일을 하기 직전에 보거나 들은 것이 지금 이 일에 미치는 영향력은 상상을 초월한다. 따라서 혁신을 만들어낸 직후의 한 사람이나 조직이 다른 혁신에 오히려 가장 부적절한 사람들일 수 있을 가능성은 있다. 직전 경험이 가장 많기 때문인데 다음 혁신은 직전 혁신을 다시 한 번 바꾸자는 것 아니겠는가. 중요한 것은 창의적인 생각이 가능한 문화다. 많은 리더들이 창의적인 사람을 원한다. 물론 중요하다. 하지만 훨씬 더 중요한 것은 같은 사람이라

하더라도 리더가 창의적인 생각을 할 수 있도록 상황과 조건을 만들어 주고 배치하고자 하는 노력이다. 그래서 필자는 창의적인 인재를 뽑자는 말은 거창하게 하면서 우리 자신을 좀 더 창의적으로 만들자는 노력은 소홀히 하는 조직들을 볼 때마다 안타깝기 그지없다. 그런 조직들 대부분이 현재는 쇠락의 길을 가고 있기 때문이다.

운칠기삼, 동기의 두 얼굴

운칠기삼? 성공은 운이 좌우한다?

대부분의 리더들에게는 재미있는 이율배반적 모습이 있다. 자신보다 어리거나 아래 사람들에게 하는 말과 자신과 비슷한 연배나 지위에 있는 사람들과 나누는 이야기가 다르다는 것이다. 가장 대표적인 것이 바로 노력과 운에 관한 이야기이다. 교사는 학생에게, 부모는 자식에게, 또 CEO는 부하직원들에게 이렇게 이야기한다. "성공적인 무엇인가를 위해서는 부단한 노력만이 해답이다." 그런데 이런 말을 힘주어 하면서도 주위의 가까운 사람들과는 "인생을 살아보니 결국 운칠기삼이더군" 하며 쓴웃음을 짓는다.

운칠기삼運七技三. 무슨 뜻인가? 운이 7할이고 재주가 3할이라는 표현으로 어떤 일에 있어 노력보다는 운이 더 큰 역할을 한다는 표현이다. 실제로 성공한 사람 대부분은 "운이 좋았다."고 말하는데, 이는 겸손의 표현이기도 하지만 어느 정도는 진심에서 우러나온 말 일 수도 있다.

그런데 운이라는 것이 결국 '인간의 힘으로 어찌 해 볼 수 없는 요인'을 뜻하기 때문에 다양한 형태의 잘못된 미신적 신념들이 인간의 마음 깊은 곳에 자리 잡고 있다. CEO라도 예외는 아닐 것이다.

하지만 동기動機라는 말을 이해해 보면 그 7할의 운 중 상당 부분이 보인다. 왜냐하면 동기는 두 개의 측면을 지니고 있기 때문이다. 흔히들 동기가 부족하다고 말하는 것은 앞서 이야기한 노력의 부족을 의미한다. 그런데 형사가 범인을 붙잡은 뒤 취조를 하면서 묻는 "범행의 동기가 무엇인가?" 라고 할 때의 동기는 범행을 위해 얼마나 노력을 했는가에 관한 질문이 아니다. 범행의 '이유'를 묻는 것이다.

그렇다. 동기는 노력으로서의 측면과 이유로서의 측면 이렇게 두 가지를 아우르는 개념인 것이다. 그렇다면 우리는 많은 경우 동기의 전자에만 관심을 가지고 후자에는 거의 별 관심을 가지고 살아왔기 때문에 운칠기삼이라는 말을 하고 있는 것은 아닐까?

노력해야 하는 이유를 알면 성과는 더 커진다

실제로 많은 CEO들이 조직의 구성원들에게 열정, 땀, 혼신 등 다양한 말로 '노력'의 중요성을 강조한다. 하지만 그 노력의 '이유'에 관해서는 얼마나 공감시키고 있을까? 이유를 제대로 파악하는 것은 무엇보다도 중요한데 이에 대한 관심은 그다지 크지 않은 것이 현실이다.

왜 이유가 중요한가? 이유가 일의 종류와 맞아 떨어져야 한다는 것이다. 크게 봤을 때 인간의 행동에는 두 가지의 종류의 이유가 있다. 좋은 것에 가까이 가고자 하는 이유와 좋지 않은 것을 피하고자 하는 이유이다. 이를 심리학자들은 각각 접근동기와 회피동기라고 구분한다. 그리고 접근동기를 가지고 해야 하는 것과 회피동기로 해야 하는 일들이 각기 따로 있다는 것이다. 따라서 접근동기를 가지고 해야 하는 일을 회피동기로 덤볐다가는 노력해도 그 성과가 만족스럽지 않다는 것이다. 그렇기 때문에 들인 공에 비해 좋지 못한 결과를 앞에 두고 "아, 운이 없었구나." 라든가 "역시 운이 따라줘야 해."라는 식의 탄식을 내뱉는 것이 아닐까?

물론 길을 걷고 있는데 갑자기 하늘에서 무언가가 떨어진다든가, 아니면 천재지변과도 같이 정말로 인간의 힘으로서는 도저히 어찌해 볼 수 없는 것들도 있다. 이런 일들은 정말 운으로 생각해야 한다. 하지만 보다 많은 경우, 노력과 그 노력의 이유를 같은 방향으로 맞추기만 해도 노력의 효과가 극대화되는데도 그 맞춤에 신경을 쓰지 않았기 때문이다.

CEO라면 지금 당면한 일이 접근과 회피 중 어느 동기에 더 부합되는 일인가를 곰곰이 생각해 보는 것을 최우선으로 해야 한다. 성과 및 행복 지향적인 일들에는 접근동기에 호소하는 비전을 리더가 제시해야 한다. 즉 좋은 무언가를 "위해서 열심히 하자."라는 메시지가 담겨 있어야 한다는 것이다. 하지만 무언가를 예방하거나 피하기 위한 것이 궁극적인 목적이라면 일을 독려할 때 조직원들의 회피동기를 자극해야만 한다. 즉, 조직이 피해야 하는 비극적이거나 최악의 상황을 분명히 알려주고 이 나쁜 것을 직면하지 "않기 위해서 열심히 하자."라는 메시지를 강조해야 한다. 일의 종류와 동기가 같은 방향으로 가야만 노력이라는 자원이 헛되이 사용되지 않음을 명심해야 한다.

승리보다 값진 '무승부'도 있다

무승부를 기억해야 하는 이유

사람들이 도박하는 행동을 유심히 관찰하다 보면 재미있는 점을 발견할 수 있는 기회가 많다. 그중 하나를 소개한다. 결론부터 말하자면 사람들은 무승부를 기억에 담지 않는다. 예를 들어보자. 이길 때마다 1만 원씩 가져오고 질 때마다 1만 원을 잃는 게임이 있다. 어떤 사람A은 모두 50번 게임을 했는데 25번을 이기고 25번을 졌다. 또 다른 사람B도 50번을 했는데 15번을 이기고 20번을 비겼으며 15번을 졌다.

그렇다면 두 사람 모두 승률과 손익은 같다. 그런데 중요한 차이가 발생한다. A는 자기가 얼마나 많은 게임을 했는가를 비교적 정확히 추정한다. 하지만 B는 자기가 한 게임 횟수를 상대적으로 적게 추정한다.

왜일까? 20번의 무승부를 머릿속에 집어넣지 않았기 때문이다. 그래서 도박을 계속 하겠다는 경향이 더 강해진다. 추가적인 시간과 노력, 그리고 비용을 무의식중에 더 쓰는 것이다. 무승부가 많은 도박일

수록 사람들이 밤이 새는 줄도 모르고 한다는 세간의 경험담이 틀린 말이 아니다.

이를 조직에 적용시켜 보자. 뚜렷한 성공이나 실패가 없는 경우에도 조직 구성원들이 열심히 일한 경우는 많다. 이른바 '무승부'의 결과라고 할 수 있다. 하지만 이런 경우는 도박의 예에서 알 수 있듯이 리더의 생각 속에서 뚜렷하게 계산되지 않기 때문에 기억에 남을 가능성이 더 적다. 그렇기 때문에 리더는 그 사람들이 한 일의 횟수와 양을 적게 추정해 계속해서 일을 부여할 가능성이 높다.

심지어는 뚜렷한 실패를 한 사람들보다도 더 많은 일을 주는 경우도 있다. 두드러진 결과가 없었으니 일을 하지 않은 셈으로 치기 쉽기 때문이다. 팔로어로선 억울할 수밖에 없다. 실제로 조직 구성원들이 과부하로 탈진하는 중요한 이유 중 하나가 여기에 있다.

일의 세계에서 무승부는 사실 성공과 실패보다도 더 자주 일어난다. 열심히 하고도 뚜렷한 실적이 없는 경우가 다반사다. 그래도 지혜로운 리더라면 분명한 평가를 해줘야 한다. 그 무승부가 단순히 '0'이 아니라 무언가를 알아낸 무승부인지 아니면 막아낸 무승부인지를 훨씬 더 자세하고 꼼꼼히 살펴줘야 한다는 것이다.

무승부에서 배울 수 있는 것들

실제로 조직의 많은 발전이 여기에 기인한다. 왜냐하면 무승부는 결과로 놓고 보면 한 가지 같지만 만들어지는 과정은 실로 다양하기 때문이다. 치열하게 쫓기다 역전을 허락하지 않은 무승부, 결국에는 따라잡아 만든 무승부, 팽팽한 균형을 잃지 않고 유지하여 만든 무승부 등등 말이다. 이 모든 무승부의 결과도 조직 구성원들의 땀과 노력의 결과이며 마땅히 리더에 의해 언급되고 평가받아야 한다.

수많은 경영과 관리의 멘토들이 실패를 그냥 흘려보내지 말고 교훈 삼아 배우라고 한다. 옳은 말이다. 하지만 이에 못지않게 중요한 건 그보다도 훨씬 더 무수한 '무승부'에 관심을 갖는 일이다. 조직에서 드라마틱한 성공과 실패의 날들은 다 합쳐야 1년에 며칠뿐이다. 다른 수많은 무승부의 순간들에는 왜 시선을 두지 않는가. 한 번 돌아보자. 당신은 일의 결과에 대한 평가의 잣대를 '플러스와 마이너스' '성공과 실패' '성장과 퇴보'로만 가지고 있지 않은지, 의미 있는 '0'을 고려하지 않는 건 아닌지. 그렇다면 당신의 부하들은 소리 없이 탈진하고 있을 가능성이 크다.

5장

· · ·

지혜로운 의사결정의 심리학

올바른 결정을 위한 심리이해

결정과 정서의 상관관계

이성과 감정은 인간 판단의 근거와 과정을 이루는 양대 축이다. 우리는 지금까지 이성에 의한 판단과 행동이 더 합리적인 것으로 생각해 왔다. 과연 그럴까? 심리학자들은 결코 아니라고 한다. 왜냐하면 우리로 하여금 '결정'이라는 최종 도장을 찍게 해 주는 힘은 대부분 정서에서 오기 때문이다. 그 과정을 좀 더 자세히 들여다보자.

'결정'이란 무엇인가? 행동이 일어나기 바로 직전의 순간이다. 그렇기 때문에 결정 직전까지의 여러 가지 생각이 A를 선택하는 것으로 기울다가도 정작 결정은 B로 내리는 경우를 종종 경험한다. 즉, 생각의 긴 과정과 결정에 따른 행동이 불일치하는 것이다. 이런 자신을 보면서 "내가 왜 이러지?"라는 자괴감을 느끼는 경우도 있으며 심지어는 생각과 결정-행동이 다른 경우가 반복되면서 무력감을 느낄 때가 있다. 이는 심리학뿐만 아니라 다른 여러 학문 분야에서 오랫동안 관심을 기울여 왔지만 해답을 제대로 얻지 못한 연구 주제이기도 하다.

예를 들어 소비자들의 태도나 의견(즉, 결정 전까지의 생각)을 조사해 보면 신제품 A와 B중 A에 대해 더 긍정적인 것으로 나타나는데 정작 사람들은 결정(즉, 구매)의 순간에 B를 선택하여 마케팅 당사자들을 어리둥절하게 만드는 경우가 다반사이기 때문이다. 따라서 이를 아예 '태도와 행동 간에 존재하는 불일치' 현상으로 연구하는 사람들도 매우 많다.

왜 이런 일이 일어날까? 더 정확히는 왜 이러한 불일치를 우리가 오랫동안 제대로 이해하지 못했을까? 해답은 바로 정서에 있다. 그리고 이 정서가 결정을 내리도록 힘을 실어주지 않으면 결정은 매우 어려워진다. 결정이 어렵다는 것은 통계자료만 봐도 쉽게 알 수 있다.

매년 다양한 매체를 통해 발표되는 이른바 '가장 싫어하는 직장 상사'에서 언제나 1, 2위 중 하나는 '결정을 내리지 못하는 우유부단한 상사'이다. 하지만 그런 미움을 받는 상사들도 결정을 내리고는 싶을 것이다. 다만 망설여지고 주저되기 때문에 그렇게 못하는 것뿐이다. 결정을 내린다는 것은 그만큼 어려운 일이다.

'결정 내리기' 너무 어려워

굳이 상사나 윗사람이 아니더라도 평범한 우리 역시 결정 내리는 것을 어려워하는 경우가 하루에도 몇 번씩 있다. '점심을 뭘 먹을까?' '오늘은 누굴 만날까?' '주말에는 무엇을 할까?' '어떤 영화를 볼까?' 등으로 망설이고 주저한다. 이런 느낌을 갖는다는 것 자체가 우리 각자가 다른 대부분의 인류와 마찬가지로 결정이 어렵다는 것을 몸소 체험하고 보여 주는 셈이다.

지금까지의 다양한 연구결과들을 종합해 보면 결정의 순간에 우리를 주저하게 만드는 것은 정보의 부족이나 모자란 사고능력 등 때문이기도 하겠지만 더 중요한 것은 정서적인 측면이 취약해서라는 것이다. 이는 무엇을 의미하는가?

"장고長考 끝에 악수惡手 둔다."는 말이 있다. 우리가 살아가면서 자주 그 의미를 느끼는 말이다. 예를 들어보자. 어느 것을 살까 백화점을 돌며 몇 시간씩 고민하면서 산 물건은 오히려 집에 돌아와서 후회 끝에 환불하는 경우가 꽤 많다. 그런데 우리로 하여금 "나 저 물건에 꽂혔어."라는 말을 하게끔 하는 물건을 보면 결정은 쉬워지고 후회도 거의 없다. 판단하기까지 생각과 시간은 훨씬 덜 소모되었는데도 말이다.

무엇이 이런 큰 차이를 만들어내는 것일까? 감정이고 정서다. 이성과 논리가 아무리 좋다고 해도 내 정서가 반응하지 않는 것에 대해서는 주저하게 마련이고 선택 후에도 꽤 후회가 생긴다. 하지만 논리적인 설명은 못하더라도 정서에 의해 이른바 '당기는' 것들은 구매 후 나를 아주 잘 만족시키고 또 후회도 덜 하게 만든다. 이는 우리에게 중요한 의미를 깨닫게 해 준다. 무얼까?

천덕꾸러기로 살아온 우리의 '감정'

인간의 판단과 의사결정을 연구하는 심리학자들이 최근 한 목소리로 우리에게 말해 주는 것이 이성과 논리가 정서보다 언제나 우수하다는 생각은 틀렸다는 것이다. 그런데 지난 100년인 20세기에 '이성과 논리'의 중요성과 우수성을 지나치게 역설하다 보니 더욱 중요한 감정을 마치 무슨 천덕꾸러기로 푸대접하며 살아왔다. 그 결과 우리 인간이 저지르는 대부분의 실수나 오류들을 감정의 탓으로 돌려온 것 역시 사실이다.

우리가 일상적으로 쓰는 표현만 봐도 그 흔적들이 자주 발견된다. "그렇게 감정적으로 일을 처리하니 실수를 하지!"라는 꾸지람, "너 나한테 무슨 감정 있니?"라는 시비 등 우리는 감정이라는 죄 없는 단어 자체를 부정적인 맥락에서 열심히 사용해 왔다.

그런데 21세기를 전후로 심리학자들이 열심히 연구를 해 보니 이것이 얼마나 큰 착각이었는가가 여실히 입증되고 있다. 정서의 위대한 힘을 우리가 지금까지 너무나도 모르고 있었던 것이다. 가장 중요한 힘 하나를 말하자면 그것은 "결정은 정서의 힘에 의해 이루어진다는 것이다."

뇌에서 정서를 담당하고 있는 영역만 손상 받은 사람들의 증상을 보면 정확히 알 수 있다. 이 사람들은 뇌수술 후 자신의 일상생활로 돌아갔을 때 특정한 종류의 어려움을 경험할 수밖에 없게 된다. 불행한 어려움이다. 이들의 뇌에서는 이성과 논리를 담당하고 있는 뇌 영역이 상대적으로 덜 손상 받았기 때문에 수학, 퍼즐, 논리 문제 등을 예전에 비해 크게 어렵지 않게 풀어낼 수 있다.

하지만 아주 사소한 결정조차도 하지 못하는 장애를 가지게 된다. '오늘 점심에 무엇을 먹을까?' '이번 주말에는 어떤 친구를 만나서 놀까?' 등과 같은 사적인 결정에서부터 '다음 분기에는 어떤 사업을 추

진할까?'

'이번에 제출된 기획안들 중 어떤 것을 선택할까?'와 같이 공적인 일과 관련된 것까지 도무지 결정을 내리는 것이 거의 없다. 정서가 우리에게 어떤 도움을 주는가가 명확해 지는 순간이다.

결정의 순간에 작용하는 '정서'의 힘

인간이 결정을 내릴 때에는 무언가 어떤 느낌이 동반되어야 한다. 그런데 그 느낌의 도움을 받을 수 없으니 막막하고 주저할 수밖에 없는 것이다. 우리도 가끔 이렇게 망설인다. "점심에 자장면과 설렁탕 중 무엇을 먹을까?"이런 결정을 하기가 좀처럼 쉽지 않은 날들이 있다. 이러한 망설임은 그 과정을 좀 더 심리학적으로 들여다보면 그 이유가 보다 더 구체적이고 분명하게 설명된다.

쉽게 설명하자면 다음과 같다. 점심에 무엇을 먹을지 결정하는 순간 마음에서 일어나는, 따라서 일어나야 하는, 일은 '자장면과 설렁탕 중 어느 것을 먹고 난 후에 내가 더 좋은 상태일까?'에 대한 나의 정신적 시뮬레이션(미리 예측해 봄)이다. 즉, 미래의 정서를 예측해 보면서 그중 가장 좋은 정서 상태를 예측하게 해 주는 대상을 선택한다는 것이다.

따라서 이러한 시뮬레이션이 쉽지 않은 날이거나 그 시뮬레이션이 어려운 대상들이 나에게 주어지게 된다면 결정은 쉽지 않게 된다. 그렇다면 정서적 시뮬레이션을 잘 할 수 있는 능력은 어떻게 길러지는가? 당연히 다양한 정서적 체험을 해야만 가능한 것이다.

그런데도 우리는 좋은 결정을 내릴 수 있는 능력을 갖추기 위해서 수많은 자기계발서를 읽는 데에는 시간과 돈을 투자해도 정서적인 경험을 위한 만남과 기회에는 인색하기 짝이 없다. 이 둘은 결국 같은 것인데도 말이다. 우리가 대중매체를 통해 보는 이른바 성공한 사람들은 각고의 노력을 통해 그 성공에 도달하였음은 틀림없다. 하지만 그 성공의 밑바탕에는 중요한 결정의 순간에 제대로 된 결정 역시 반드시 있었음을 그들은 이야기해 준다. 노력 못지않게 중요한 것이 결정할 수 있는 힘이라는 것이다. 그 힘을 가지기 위해서라도 우리는 우리의 정서를 풍요롭게 하는 많은 대상과 기회에 기꺼이 지금 가진 것들을 써야 한다고 심리학자들은 조언해 주고 있다.

지혜로운 의사결정의 전제요건

힘든 결정 후에 인내심을 시험하지 마라

리더의 결정은 이성이 아니라 감성이 좌우한다며 결정에 있어서 정서의 활동이 매우 중요하다는 것을 강조한 바 있다. 그렇다면 이런 추리를 한 번 해보자. 감성이 들어간다는 것은 심드렁한 사고과정에 무언가 따뜻한 것이 더해졌다는 것이고 따라서 더 많은 에너지가 소모된다. 그리고 결정에는 많은 양의 정서가 개입된다.

그렇다면 결정은 엄청난 에너지를 소모하는 과정인가? 정말로 그렇다. 사소해 보이더라도 결정이라는 것을 하고 난 뒤에 사람은 많은 에너지를 소모한 운동선수처럼 지쳐 있게 된다. 다만 호흡이 가쁘지 않고 피곤함을 의식적으로 느끼지 못할 뿐이다. 우리가 놓치고 있는 점이 바로 여기에 있다. 이렇게 엄청난 에너지를 소모하는 결정 전후에 일이나 상황을 잘못 배치하는 것이다. 많은 실수나 실패들이 여기에 기인한다.

연구와 관찰 결과들을 종합해 보면 다음과 같은 몇 가지의 결론에 도달할 수 있다. 첫째, 결정 이후에는 참을성이 부족해진다. 마음에 드는 것 고르기와 같이 사소해 보이는 결정도 몇 번 계속하다 보면 결정을 포함하지 않은 일을 한 뒤보다도 훨씬 더 정신적·육체적으로 에너지의 소모가 많아지게 된다. 따라서 무언가 참을성이 필요한 일을 해내지 못한다. 심지어는 약간 뜨거운 물에 손을 담그고 있는 것에서조차 차이가 난다고 한다. 사소한 결정이라도 여러 번 내린 사람들은 물리적 온도조차 버티지 못한다는 것이다.

스트레스를 받으면 충동구매를 한다

버티지 못한다는 것은 무엇을 의미하는가? 크게 두 가지 방향으로 인간을 내모는데 대부분 화와 짜증, 성급한 후속 판단과 결정이다. 버티지를 못하니 이후의 조그만 불편함에도 화를 내거나 짜증스럽기 쉽다. 그리고 생각을 위한 에너지를 충분히 가지고 있지 못하니 꼼꼼하게 세부사항을 고려할 필요가 있는 일들은 중간에서 포기하게 된다. 충동구매가 일어나는 순간이다. 많은 사람들이 집 안에서 빈둥대다가 무료함을 달래기 위해 충동구매를 한다고만 생각하지만 실제로 결정을 포함한 일들로 인해 스트레스를 많이 겪은 후에 충동구매가 더 빈번하게 일어난다.

결코 설득되지 않는 경우도 있다. 결정권자가 어느 정도 위험을 감수해 주어야 하는 경우(예를 들어 조기석방을 검토하는 판사)에는 그 의지력이 체력과 함께 바닥난 상태인 오후 늦게 혹은 식사 직전에 이른바 '승인'의 비율이 가장 떨어진다는 조사 결과도 매우 많다. 우리말에 "밥

먹고 합시다.”가 괜히 있는 게 아니다.

세상에서 심리학자 다음으로, 혹은 보다 더, 사람에 관해 잘 알고 있다는 백화점에서 이를 모를 리가 없다. 그래서 그들은 구매라는 결정을 내려야 하는 소비자들이 힘을 잃지 않게 소중한 매장 면적을 아낌없이 할애해 먹을 것을 위한 공간에 내놓는다. 물론 그 형태는 푸트코트, 식당가, 스낵바, 시식코너 등 다양하기 그지없다. 결정이 필요한 순간에는 어디든 먹을 것을 제공한다.

지혜로운 리더가 의사결정 전후에 할 일

따라서 지혜로운 리더가 결정의 전후로 해야 할 일은 몇 가지로 정리가 된다. 첫째, 지쳐 있는 사람에게 결정을 강요하지 않아야 한다. 에너지를 되찾을 수 있도록 결정 전에는 쉬게 해야 한다. 여기서의 휴식은 말 그대로 편안함이다. 에너지를 최대한 보존해야 하기 때문이며 불필요한 움직임과 대화 등으로 간섭받지 않도록 해 줘야 한다.

그래서 아침에 하는 회의가 길면 좋지 않다고 하는 것이다. 수많은 결정을 온종일 내려야 하는 아침의 일 시작 직전에 가지는 조용한 시간은 엄청난 도움이 된다. 둘째, 이미 여러 가지 결정을 내린 사람에게 연이어 다른 결정을 강요하지 말아야 한다. 당연히 쉬게 해야 한다. 그런데 여기서의 휴식은 여흥의 형태로 활력 혹은 즐거움과 관련되어야 한다. 왜냐하면 결정을 위해 소모한 수많은 에너지에 수고의 의미를 부여하면서 생각을 재충전해야 하기 때문이다. 셋째, 잘 먹여야 한다. 마음과 몸은 따로 떨어져 있지 않고 연결되어 있다. 육체적 에너지는 곧 생각을 위한 에너지이다. 성공한 기업과 조직들이 최고의 구내식당을 가지고 있는 이유가 여기에 있다. 사람들이 지혜로운 결정들을 이 식당에서 즐겁게 식사하고 내리기 때문이다. 리더라면 이 돈 역시 아까워 말아야 한다.

인지적 구두쇠

리더는 무작정 많은 대안을 제시하지 않는다.

　인간의 뇌는 3파운드, 즉 1.4kg에 불과하다. 하지만 뇌는 무한에 가까운 깊이와 종류의 생각을 한다. 때문에 뇌는 엄청난 에너지를 소모한다. 생각의 깊이가 깊을수록 에너지 소모는 더욱 증가한다. 반면 인간에게는 생존에 필요한 에너지를 비축하고 아껴 쓰려는 본능 역시 존재한다. 따라서 사람은 생각을 깊이 하여 에너지를 쓰는 것을 본능적으로 꺼려한다. 이러한 인간의 경향성을 심리학자들은 '인지적 구두쇠'라고 표현한다. 이는 우리의 일상생활 언어에 그대로 녹아 있다. "아, 머리 아파. 그냥 간단하게 하자!" "짜증스럽게, 뭐 그리 복잡하게 생각하나? 그냥 아무거나 먹자." 등등 인지적 구두쇠임을 보여 주는 표현들은 무수히 많다.

　그렇다면 인지적 구두쇠인 우리는 어떻게 판단하고 행동할까? 우리의 상식이나 순진한 기대와는 꽤 거리가 먼 양상을 쉽게 찾아볼 수 있다. 결론부터 말하자면 다다익선多多益善이란 말이 때론 전혀 들어맞지 않는다는 것이다.

컬럼비아 대학교 경영대학원의 심리학자인 쉬나 아이옌거Sheena Iyengar 교수가 자신의 강연에서 자주 언급하는 내용 중 하나를 예로 들어보자. 마트의 시식 코너에 6개의 잼을 놓았을 때와 24개의 잼을 놓았을 때, 어떤 경우에 사람들은 더 많이 잼을 구매할까? 상식적으로는 대안이 많은 경우에 선택의 폭이 넓어지니까 사람들이 잼을 더 많이 구매했을 것이라는 추측이 가능하다. 하지만 결과는 정반대였다. 6개의 잼만 놓아둔 시식코너의 판매량이 24개를 놓은 코너보다 거의 6~7배나 많았다. 더욱 흥미로운 점은 코너 앞에 멈춰 서서 잼을 시식해 본 사람들은 24개의 잼을 놓아둔 곳에서 훨씬 더 많았다는 것이다. 이는 무엇을 의미하는가?

다시 말하지만, 인간은 인지적 구두쇠이다. 따라서 생각을 일정량 이상으로 하는 것을 싫어하는 우리는 대안의 수가 지나치게 많아지면 생각의 양이 기하급수적으로 늘어날 것을 지레 염려하게 되고, 대부분 아예 선택을 하지 않는 결과로 이어진다는 것이다. 실제로 24개의 잼을 놓아둔 코너에서 발걸음을 돌리는 사람들의 반응은 대부분 이러했다. "어휴, 머리 아파. 나중에 사자." 무슨 의미인가? 선택이 쉬워질 때까지, 즉, 대안의 수가 줄어들 때까지 기다리겠다는 것이다. 물론 그것이 언제인지 인간의 힘으로는 알기 어렵지만 '언젠가는 그 때가 오겠지.' 라고 무의식적으로 생각하면서 무작정 선택을 뒤로 미룬다.

더욱 재미있는 것은 우리의 실생활에서 대안의 수가 줄어들었을 때 남아있는 소수의 대안들 각각이 더 좋아 보이는 경우들이 꽤 많다는 것이다. 시중의 많은 이른바 '맛집'들 중 수십 가지의 메뉴를 파는 곳은 거의 없다. 사람들은 "이 집이 이거 하나는 끝내주게 잘하는 곳이야." 라며 주위 사람들의 손을 잡아끌고 음식점으로 들어간다. 실제로 그 메뉴는 무언가 특별하게 맛있는 것 같다. 반대로 이른바 'OO천국'이라고 불리는 프랜차이즈 분식점의 수많은 메뉴들 중 "정말 맛있다." 라고 극찬을 받는 것이 거의 없는 것도 마찬가지 이유일 것이다.

단 하나의 의견만 강조하지 마라

훌륭한 리더라면 자신을 따르는 사람들에게 단 하나의 의견이나 주장만을 강요하지 말아야 한다. 이것은 분명 독재이고 강압이라는 이미지를 심어줄 것이다. 아마도 '저항'을 불러일으킬 것이다. 하지만 영리한 리더라면 너무 많은 대안을 늘어놓아 인지적 구두쇠인 사람들로 하여금 '생각의 과부하'로 어려움을 겪게 하지도 말아야 한다. 이는 결정을 위한 생각의 '지연', 심지어는 '중단'을 야기하기 때문이다. 즉, 대안은 분명 존재해야 하지만 그 수는 판단하는 사람이 소화할 수 있는 범위 내에 있어야만 한다.

무언가를 잘 팔고자 한다면 더 좋은 것을 만드는 것 못지않게 선택을 쉽게 해 주는 것 역시 중요하다는 마케팅계의 상식도 여기에 해당되는 내용일 것이다. 이제는 정말로 인정하자. 우리는 인지적인 구두쇠이다. 이걸 인정해야만 바꿀 수 있고 결정과 판단을 이끌어 낼 수 있다.

명사의 함정

범주 정보가 주는 신속함의 이점과 편견의 함정

심리학에서 종종 이야기하는 '낙인효과'라는 말이 있다. 이는 명사 정보가 주는 신속한 판단의 장점과 편견의 발생이라는 단점을 모두 아우르는 현상을 뜻한다. 예를 들어 "OO는 사람을 죽였어." 라는 말과 "OO는 살인자야." 라는 말. 두 표현 모두 같은 의미이다. 하지만 전자보다 후자에서 우리는 무언가 더 강한 느낌을 받는다. 왜일까? 사람을 죽였다는 묘사보다는 살인자라는 범주, 즉, 명사 정보가 더 강한 심리적 효과를 지니기 때문이다.

사람들의 반응도 다르다. 전자의 표현을 들으면 "OO가 왜 그랬을까?"등 다소 유보적인 입장을 취하는 반면, 후자를 들으면 "OO는 나쁜 인간이군!" 이라는 식으로 단정적인 반응을 보인다. 그래서 범주로서의 명사 정보는 일종의 심리적 도장 찍기 효과를 지닌다고 심리학자들은 설명한다. 그게 낙인효과다.

그런데 낙인효과는 그 자체로 끝나는 것이 아니라 우리 자신이 누군가 혹은 무언가에 대해 평가하는 전반에 걸친 오류와 함정을 잘 말해주는 기회가 된다. 예를 들어보자. 55세의 중년 남자로 서울 근교 신도시 거주자이고 대형 빌라 소유주이며 대기업 임원이라고 사전에 들은 김갑동 씨를 지금 막 만났다. 이 사람은 청바지를 입고 있고, 왁스를 바른 최신 유행의 헤어스타일을 하고 있으며, 검게 그을린 얼굴을 하고 있다. 아마도 이 모습을 본 사람들은 다소 당황해 할 것이다.

하지만 김갑동 씨에 대해 사전에 들은 정보가 '상상력이 풍부하고, 다양한 활동을 즐기며, 외향적 성격인 분'이라면 어떨까? 지금 내 앞에 있는 모습 때문에 놀라는 사람이 거의 없을 것이다. 전자와 후자의 차이는 무엇인가? 전자는 특정 인물의 명사화된 범주 정보를 나열한 것이고 후자는 그 인물을 있는 그대로 묘사한 것이다. 그리고 전자의 경우에는 그 범주 정보들로부터 쉽고 빠르게 전형적인 이미지를 만들어 냈을 터이고 후자의 경우에는 그 묘사 자체에만 기초해 지금 있는 사람을 판단할 가능성이 더 크다.

고정관념과 선입견의 굴레에서 벗어나라

우리 사회에서 요즘 쉽게 찾아볼 수 있는 현상들도 이와 무관하지 않다. '지하철 OO녀'라든가 'OO남'으로 어떤 사람을 불러놓고 그 사람과는 전혀 상관없는 성격 혹은 행동 특징들까지도 우리는 '당연히 그렇겠지.'라는 생각으로 빠르게 추론해낸다. 물론 그렇게 추론해 낸 정보들이 그 사람과 맞아 떨어질 리 만무하다. 하지만 현대 사회에서 바쁘게 살아가는 우리들은 명사화된 범주 정보로 어떤 사람을 쉽고 빠르게 판단하고는 그 판단이 맞을 것이라고 자주 착각한다. 그 그릇된 판단의 중심이자 가장 큰 피해자는 나인데도 말이다.

우리가 보는 사람에 관한 서류에는 수많은 명사 범주 정보가 존재한다. 출신 지역, 출신 학교, 형제 관계, 예전의 직급 혹은 직함 등 말이다. 그런 범주들이 과연 그 사람에 대해서 얼마나 많은 것을 설명해 줄 수 있을까? 군이 심리학자들의 연구 결과를 통하지 않고서라도 그 설명의 양이 얼마 되지 않다는 것은 쉽게 알 수 있다. 따라서 어떤 사람의 성격이라든가 성향, 그리고 장단점을 판단하는 것은 당연히 그 사람을 여러 차례 다른 상황과 시점에 만나는 것을 필요로 한다. 그러면서 일관적으로 나타나는 측면을 살펴봄으로써만 그 사람이 다른 사람과 다르게 지닌 특징들을 파악해 낼 수 있다.

그런데도 시간의 압박이 많을수록 CEO들은 명사화된 범주 정보들에 눈길을 보낼 가능성이 높다. 그 결과는 대부분 자신의 고정관념을 만족시키거나 바라던 결과로 이어지기보다는 당황스럽게 만드는 경우를 만나는 것이다. 다른 것은 몰라도 사람에 대해서만큼은 쉽고 빠르게 내리는 결론이 대부분 틀리게 되는 이유이다. 세상에서 가장 어려운 일이 사람에 대한 판단인 이유가 빠르게 인출된 고정관념이 내 판단을 장악할 가능성이 가장 크기 때문이다. 따라서 어떤 사람을 만나면 맨 처음 해야 할 일은 최대한 그 사람을 있는 그대로 묘사하는 것이다. 그런 다음에야 내가 원하는 인재상과 맞아떨어지는가를 판단해야 한다.

의견 없음의 의견

'의견 없음'도 의견이다

어떤 이슈에 대해 잘 모를 경우에도 자신이 의견을 가지고 있는 것처럼 행동하고 심지어 그것을 말하는 일이 종종 발생한다. 오죽하면 미국의 저명한 정치심리학자인 러셀 노이만Russell Neuman은 대부분의 친숙한 주요 이슈들에 대해 80% 가까운 사람들이 안정적이고 일관적인 견해를 지니고 있지 않다고 말한다. 그에 의하면 정치 혹은 경제와 같은 영역에서 자주 들어서 그 용어에 대한 친숙도 자체는 높지만 사실 그 내용을 사람들이 거의 모르는 경우가 얼마든지 있다.

실제로 미국인들에게 "인종차별에 반대합니까?"라고 물으면서 보기를 '그렇다' '아니다' '모른다'라고 주면 대부분 '그렇다'와 '아니다' 중 하나를 선택한다. 하지만 응답 직후 응답자에게 관련된 이슈의 매우 중요하거나 핵심 측면을 물으면 아는 사람이 거의 없다는 것이다. 그런데도 의견이 있는 것처럼 말한다면 그것은 분명 거짓이다. 이를 관련 연구자들은 거짓 혹은 가짜 의견pseudo opinion이라고 한다.

가짜 의견에 현혹되는 이유

왜 이런 일이 일어나는 것일까? 다음의 두 가지 경우를 비교해 보자. 사람들에게 묻는다. "귀하는 중동국가들이 이스라엘과 평화관계를 유지하기 위해 노력하고 있다는 주장에 동의하십니까?" 결과는 '동의' 17%, '동의하지 않음' 60%, '모른다' 23%로 나왔다. 하지만 마지막 질문과 보기를 약간만 손보면 결과가 판이하게 달라진다. "귀하는 중동국가들이 이스라엘과 평화관계를 유지하기 위해 노력하고 있다는 주장에 대해 의견을 갖고 있습니까? 만일 그렇다면 그 주장에 동의하십니까? 동의하지 않으십니까?"라고 물으면 '동의' 10%, '동의하지 않음' 45%, '의견 없음' 45%로 나온다. 실로 대단한 차이이다. 거의 과반수가 더 솔직하게 '의견 없음'을 선택하는 것이다.

후자의 경우에서 왜 이런 결과가 나온 것일까? 일종의 심리적 퇴로를 만들어줌으로써 더 솔직한 답변을 이끌어낼 수 있었기 때문이다. 선택의 보기를 '모른다'로 할 경우 사람들은 이를 선택하려고 하지 않는다. 질문에 '모른다'라고 대답하기가 영 마뜩치 않기 때문이다. 하지만 '의견 없음'이라고 대답하기는 보다 수월하다.

이를 두고 전문가들은 "정중하게 물어보라."고 충고한다. 그렇게 함으로써 덜 불편하게 자신의 모름을 밝힐 수 있고 따라서 거짓 의견을 말하지 않을 수 있기 때문이다. 그리고 "구체적으로 물어보라."고 조언한다. 단순히 '그렇다' '아니다' '모른다'로 사람들의 생각을 손쉽게 묶어내려 하기보다는 더 많은 단계나 대안을 줌으로써 사람들로 하여금 자신의 의견이 어느 위치에 있는가를 보다 더 정확하게 대답할 수 있도록 해 주라는 말이다.

이 두 가지를 지키지 않으면 사람들이 거짓 의견을 '어쩔 수 없이' 말하게 될 가능성은 커질 수밖에 없다. 그리고 이러한 거짓 의견을 걸러내지 못하고 '의견 없음의 의견'을 지니고 있는 사람들의 수를 파악하지 못한다면 조직은 매우 엉뚱한 방향으로 나아갈 가능성이 얼마든지 있다. 사람들의 의중을 잘못 읽었기 때문이다. 그래서 리더는 의견을 물어볼 때에도 팔로어의 자존심을 건드리지 말아야 한다. 정확한 의견을 파악하고자 한다면 말이다.

회의의 마무리가 중요하다

회의의 목적에 따라 그 마무리도 달라져야 한다

많은 리더들이 필자에게 이런 질문을 한다. "회의 마무리를 어떻게 해야 하는가?"말이다. 그리고 그 물음의 대부분은 격려를 위한 덕담으로 끝나야 하는지 아니면 팽팽한 긴장감을 위해 채찍을 들어야 하는가에 관한 양자택일에 관한 것이다. 결론부터 말하자면 회의가 지향하는 일의 목적이 어떤 성질을 지니는 것이냐에 따라 달라져야 한다. 그렇다면 특별한 목적을 위한 회의를 어떻게 마무리해야 하는가? 필자가 몇 년 전에 했던 재미있는 실험이 하나 있다. A~H 이렇게 8개 팀으로 이뤄진 대진표가 있다. 그런데 절반의 사람들에게 이렇게 이야기한다. "만약 귀하가 고른 4개의 팀 중에서 우승팀이 나오면 상금 10만 원을 드리겠습니다." 하지만 나머지 절반에게는 이렇게 이야기한다. 이 사람들에게는 미리 10만 원을 나눠준 상태였다. "만약 귀하가 고른 4개의 팀 중에서 우승팀이 나오면 아까 드렸던 그 10만 원 도로 내놓으

셔야 합니다."라고 말이다. 이 두 상황에서 사람들의 선택 양상은 극명한 차이를 보인다. 우승팀을 맞혀서 상금을 받고자 하는 사람들은 예를 들어, 'A, D, F, H' 혹은 'B, C, E, G' 등과 같이 대진표상 처음 경기를 치르는 한 조에서 하나씩의 팀을 선택한다. 경우의 수가 많아져 기회가 많아지는 것 같다.

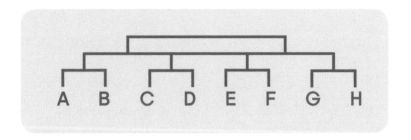

하지만 우승팀을 맞히지 않아서 상금을 지켜야 하는 사람들은 대부분이 A~D 혹은 E~H와 같이 한 곳으로 선택을 몰아간다. 초기에 2팀을 무조건 떨어뜨릴 수 있기 때문이다. 확실한 50대50의 게임이 된다. 경우의 수를 최대한 줄이고 싶어 하는 것이다. 왜 이런 일이 일어날까? 상금을 가지고 싶은 사람들은 좋은 것을 향하는 욕구에 기반을 둔다. 이 경우에 사람들은 자연스럽게 대안의 공간을 보다 넓게 보고자 한다. 기회를 잃고 싶지 않기 때문이다. 하지만 지금 있는 것을 빼앗기는 상황을 피하고자 하는 욕구에 기반을 둔 사람들은 기회를 갖는 것보다 더 중요한 것에 가치를 둔다. 이른바 '후회할 짓을 하지 않는 것'이다.

기회를 늘리기보다 후회를 줄이려는 결정

이런 현상은 실제 회의의 마무리에 단 몇 분간의 내용이 얼마나 중요한 것인가를 실감케 한다. 필자가 모 기업에서 이와 관련한 재미있는 실제 상황을 연출해 봤다. 같은 리더가 1시간 동안 같은 내용의 회의를 두 그룹을 대상으로 진행했다. 한 회의에서는 마지막 몇 분 동안 '이 일이 잘됐을 때 가질 수 있는 좋은 것들'을 슬쩍 언급했다. 반대로 다른 그룹의 회의에서는 '이 일이 잘되지 않았을 때 치러야 하는 것들'을 강조했다. 이 마지막 몇 분은 엄청난 결과 차이를 만들어냈다. 전자의 회의에 참가한 사람들은 회의가 끝나자 두루두루 돌아다니며 다양한 사람들을 만난다. 경우의 수를 늘려 기회를 다양하게 가지고 싶기 때문이다. 그런데 후자의 경우에는 만나는 사람들 대부분이 자신이 지금 하는 일을 예전에 했던 전임자들이다. 기회를 늘리기보다는 후회나 실수를 줄이고자 했기 때문일 것이다.

생각한대로이루어지는긍정적암시효과

호랑이도 제 말 하면 오는 이유

살다 보면 밉거나 싫은 사람들이 있다. 또한 사람이 아니더라도 달갑지 않은 일이나 사건들도 있다. 그런데 이런 사람들이나 일들에 대해 우리 자신은 일종의 미신과도 같은 규칙성을 믿고 있다. 이른바 "호랑이도 제 말 하면 온다."는 것이다.

싫어하는 직장 상사나 얄미운 동료를 친한 주위 사람들과 험담할 때면 어김없이 그 당사자가 불쑥 나타나서 당황한 경험이 누구에게나 몇 번쯤 있을 것이다. 또한 일어나지 않았으면 하는 일에 대해 조금이라도 얘기하면 주위 사람들이 득달같이 달려들어 말린다. "그런 말 하지 마. 얘기하면 꼭 그 일이 일어나더라."라고 핀잔을 주기도 한다.

그렇다면 이런 믿음은 정말 사실일까? 솔직히 아닐 가능성이 더 크다. 그런데도 이런 믿음은 왜 우리 마음 속 깊이 자리 잡고 심지어는 하나의 속담처럼 되어 있는 것일까? 이를 심리학자들은 '자기충족적 예언'

'현상'으로 설명한다. 이는 사람들이 어떤 대상에 대해 일종의 믿음이나 기대를 가지게 되면 그 대상이 그 믿음과 기대에 부합되는 방향으로 행동할 경우에만 이를 기억하거나 인식한다는 점에 기초하고 있다. 그리고 그 일이 실제로 일어났을 때 이를 마치 자신이 예언한 대로 일어난 것으로 생각하는 경향이 실제로 우리 인간에게 존재한다는 것이다. 예를 들어 내가 어떤 사람을 싫어한다고 가정해 보자. 비록 그 사람이 싫다고 해도 그가 늘 나에게 밉상인 행동만 하는 것은 당연히 아닐 것이다. 좋은 행동을 할 때가 있고 평범한 행동을 할 때도 있다. 하지만 일단 그 사람을 미워하게 되면 그가 하는 나쁜 행동만 유독 눈에 밟힌다. 그래서 흔히 이런 말을 하게 된다. "그것 봐. 내가 그럴 줄 알았어."라고 말이다.

긍정적 자기 암시를 통해 긍정적 결과를 만들 수 있다

물론 이렇게만 이야기하면 인간의 사고가 지닌 어두운 측면을 보여주는 현상이라고만 생각될 수도 있을 것이다. 하지만 모든 것에는 '빛과 그림자'가 공존하는 법. 이 현상을 통해 긍정적인 효과가 발생하는 것도 얼마든지 가능하다.

1964년 미국 샌프란시스코에서 실제로 있었던 일이다. 심리학자들은 한 초등학교를 선정하여 그 학교의 일부 교사들에게 자신이 맡고 있는 학급의 몇몇 학생들 명단을 건네준다. 물론 그 명단에 속한 학생들은 무작위로 선발되었기 때문에 다른 학생들과 별반 차이가 있을 리 없었다. 하지만 연구진이 '이 학생들은 앞으로 학업 발전 가능성이 큰 인재들'이라는 거짓 정보를 교사들에게 주었더니, 정말로 8개월 후 그 명단에 속한 학생들은 다른 학생들보다 눈에 띄게 성적이 향상된 것이다. 명단에 있는 학생들이 무언가 긍정적인 행동이나 학업관련 성취를 보일 때마다 교사들은 '아, 정말 이 아이는 무언가 다르구나.'라고 생각하면서 기대와 격려를 아낌없이 보냈으며 아이들은 정말 그 기대와 격려에 부응하기 위해 최선을 다했던 것이다.

"호랑이도 제 말 하면 나타난다."로 다시금 돌아와 보자. 내가 특정인을 만날 확률과 내가 대화중에 그 특정인을 거론할 확률이 존재한다면, 그에 관한 이야기를 하고 있을 때 마침 그 사람을 만날 확률도 일정하게 존재한다. 물론 이와 반대로 그에 관한 이야기를 하고 있을 때 그 사람과 마주치지 않는 경우나 그와 마주칠 때 그에 관한 이야기를 하지 않을 경우도 존재한다.

하지만 "호랑이도 제 말 하면 나타난다."는 말을 하게 되는 것은 전자의 경우에만 유독 의미를 부여하기 때문이다. 그렇다면 하나의 추정되는 원인과 그 원인의 결과라고 생각되는 현상 사이에서 사람들은 원인과 결과가 모두 존재하는 경우에만 유독 눈길을 주는 셈이 된다.

그런데 원인과 결과 각각의 존재/부재의 조합이 만들어 내는 정보의 유형은 모두 네 가지2x2이다. 어떤 현상을 이해하려고 할 때 이 네 가지 중 한 가지에만 관심을 가지는 것이 인간이고 그 한 가지를 미리 결정해 버리는 것은 내가 사전에 가진 기대나 관점이라는 것이다. "내가 생각하는 대로 세상은 이루어진다."라는 말이 이러한 과정을 거쳐 일어나는 것이다.

때론 김칫국 마시기를 권하라

도전하게 하려면 불안요소를 제거하라

"이봐, 해 보기나 했어?" 정주영 회장이 늘 하던 말로 유명하다. "왜 해 보지도 않고 문제나 장애물부터 생각하는가" 하는 질타이며 동시에 독려다. 말은 쉽지만 사실 실천에 옮기기 쉽지 않다. 그리고 리더가 아무리 힘을 주어 말한다 한들 팔로어들로 하여금 마음과 행동을 움직이게 하기는 더더욱 쉽지 않다. 그런데 이 말을 가능하게 했던 그의 또 다른 말을 같이 살펴보면 그 답이 보인다. "무슨 일을 시작하든 된다는 확신 90%와 반드시 되게 할 수 있다는 자신감 10% 외에 안 될 수도 있다는 불안은 단 1%도 갖지 않는다." 그렇다. 답은 불안의 제거에 있다. 불안은 목표나 비전이 이루어짐으로써 누리게 될 행복과 기쁨을 생각하기보다는 그 일을 함에 있어서 장애물이 무엇인가에 더 많은 눈길을 주게 한다. 영국 엑서터Exeter 대학의 그레그 우드Greg Wood 교수와 마크 윌슨Mark Wilson 교수 연구팀은 불안이 왜 할 수 없다는 생각을 만들어 내는가에 대한 중요한 단서 하나를 승부차기 연구에서 찾아냈다. 두 교수는 자신들이 재직 중인 엑서터 대학 축구 선수 14명을 대상으로 승부차기를 하도록 했다. 그 결과 성공에 대한 압박감이 심해 불안과 스트레스가 많은 선수들일수록 공을 차기 한참 전부터, 다시 말해 더 오랫동안 골대 중앙에 서 있는 골키퍼를 응시한다는 것이 관찰됐다. 그리고 이런 경향성은 결국 공을 골대 중앙으로 차거나 엉뚱한 곳으로 차게 만들어 승부차기에서 나쁜 결과를 낼 확률을 높인다.

수많은 세계적인 축구 스타들 역시 여기에서 자유로울 수 없었음을 우리는 잘 알고 있다. 불안한 선수들일수록 자신이 공을 보내고 싶은 곳을 생각하는 시간이 줄어들고 골키퍼로부터 시선을 떼어내지 못한다는 것은 무엇을 의미하는가? 내가 공을 보낼 곳은 일로 치자면 '목표'고 골키퍼는 그 목표를 성공하는 데 있어서 '장애물'이다. 즉 불안한 사람은 목표를 보기보다는 장애물을 본다는 것이다. 그러니 조직에서 안 되는 이유부터 이야기하는 사람들을 탓하기 전에 그들의 불안에 먼저 초점을 맞춰야 한다. 그렇다면 이는 어떻게 해결할 수 있을까?

실패의 고통을 미리 걱정하지 마라

수많은 조사 결과들을 보면 축구의 승부차기에서 성공률은 70% 정도다. 그런데 이 골을 내가 넣음으로 이기는 상황에서는 거의 90%에 육박한다. 그러나 내가 못 넣음으로 인해 지는 상황에서는 40% 정도로 추락한다. 이 극명한 차이는 무엇이 가르는가?

우리말에 "김칫국부터 마신다."는 말이 있다. 무언가 확실하게 이루어지기 전에 그것에 대해 말하거나 이미 가진 것처럼 호들갑 떨지 말라고 주의를 주는 말이다. 하지만 김칫국을 어느 정도는 마셔 주어야 한다. 졌을 때나 실패했을 때 겪어야 할 고통이나 치러야 할 대가를 환기시키는 리더는 많다. 하지만 그 일이 잘되었을 때 어떤 즐거움과 행복이 있는가를 같은 정도로 피부에 닿을 만큼 이야기해 주는 리더가 생각보다 별로 없다.

목표의 성취와 그 목표를 달성하는 데 심각한 장애물. 어떤 일이든 제대로 하려면 이 둘 모두를 명확히 인식해야 한다. 성공 후에 가능한 즐거움과 실패 후에 일어날 일에 대한 걱정을 그림으로써 각각 가능하다. 지혜로운 리더라면 적절한 시점에 이 둘 중 하나를 생생하게 팔로어들의 머릿속에서 그려질 수 있도록 도와주어야 한다.

군이 한마디 덧붙이자면 불안을 없애 주었는데도 여전히 팔로어들이 안 된다고 한다면 주의를 기울여야 한다. 무모한 리더의 판단일 가능성도 있기 때문이다. 김칫국을 한껏 마시게 해 주었는데도 여전히 안 된다고 하면 이젠 리더라 하더라도 의견을 굽힐 필요가 있다.

조직의 낙관적 오류

조직은 언제 어떻게 낙관적 예측에 빠지는가

심리학 연구 문헌에 자주 등장하는 것 중 이른바 '계획오류planning fallacy'라는 현상이 있다. 이는 '언제까지 무엇을 얼마만큼 할 수 있는가?'를 예측할 때 자주 일어난다. 실제로 그만큼의 달성이 어려운데도 할 수 있을 것 같다는 낙관적 기대에 의해 시작했다가 나중에 낭패를 보는 모든 경우를 말한다.

이럴 경우 목표 시점이 가까워지면서 그제야 시간과 자원이 부족하다는 것을 깨닫고 많은 일들을 허둥대면서 동시에 하려고 하게 된다. 당연히 성공적으로 이루어질 수가 없다. 그리고 이러한 오류는 정부, 기업, 심지어는 친목단체 등 인간이 있는 곳이라면 어디든 존재하며 그 낭패의 후유증으로 구성원들 간의 다양한 갈등을 초래하기도 한다. 그렇다면 조직은 언제 그리고 어떻게 이러한 낙관적 예측과 그에 따른 실패를 맛보게 되는가?

가장 흔하고 중요한 이유는 그 일을 완성하기까지 걸리는 시간과 목표를 하나로 묶어서 보기 때문이다. 예를 들어, 주부가 아침에 일어나 저녁에 있을 집들이를 준비한다고 가정해 보자. 그 준비를 하면서 '저녁 전까지 식사준비를 마치자.'라고만 마음먹으면 시간의 잣대도 하나(오늘 하루)이고 목표도 하나다(집들이 마치기). 목표가 하나밖에 없으니 '그거 하나 못하겠어?'라는 낙관적 생각이 드는 것도 무리는 아니다.

게다가 그 최종 목표를 위해 해야 할 세부적인 일들(국, 다양한 반찬들, 밥, 후식으로 사용할 과일 등)이 모두 하나의 시간잣대와 목표로 들어간다. 따라서 일의 경중이나 우선순위, 더욱 중요하게 개별적인 하나의 일들이 어떤 시간을 요구하는가에 대한 조망이 부족해질 수 밖에 없다.

하지만 재치 있는 주부는 경험상 이런 경우 일을 시작하기 전에 무언가 간단한 작업을 한다. 할 일들을 종이 한 장에 적어내려 가는 것이다. 그렇게 써내려 가면서 일의 순서를 바꾸기도 하고 연관성 있는 일들을 서로 이어붙이기도 한다. 그렇게 되면 하나의 시간 잣대와 하나의 목표는 여러 개의 시간 구간과 세부목표들로 구체적으로 구성되게 된다. 이런 과정을 거치면 여러 가지 일들을 동시에 하면서 허둥지둥 하는 사태를 상당 부분 줄일 수 있게 되고 차근차근 일을 처리하는 자신의 모습을 발견하게 된다.

조직이 혼란스러울 땐, 비전을 나눠라

개인이든 조직이든 시간이 없고 조급해져서 여러 가지 일을 한 번에

하려고 허둥대는 것이라고 생각하지만 실제로 그 과정을 살펴보면 그 혼란스러움 역시 낙관적 기대에 의한 계획오류의 결과에 더 가깝다. 따라서 이 지경에 이르렀을 때 리더가 "조급한 마음을 버리고 여유를 가져라."는 조언을 해 본들 도움이 되지 않는다.

그렇다면 어떻게 해야 하나? 커다란 목표나 비전이 정해지고 구성원들의 공감대가 형성되면 지체 말고 그 목표를 이루고 있는 하위 목표들(즉, 구체적 일들)을 열거해 주어야 한다. 그렇다면 자연스럽게 어떤 일에 얼마만큼의 시간이 필요한가와 그 작은 일들 간의 관련성이 파악되며 따라서 필연적으로 일의 '순서'가 발생한다. 그리고 이 '순서'라는 개념은 당연히 어떤 일을 순서 없이 동시에 하려는 혼란스러움을 막아 주는 제어장치 역할을 해 준다. 따라서 지혜로운 리더라면 조직이 혼란스러울 때 강한 하나의 비전을 몇 가지로 쪼개어 줄 수 있어야 한다. 그것이 아니면 구성원들이 스스로 쪼개 낼 수 있도록 일의 시작을 잠시 미루고 토론하고 생각할 시간을 주어야 한다. 지체되는 것 같지만 그보다도 훨씬 더 많은 대가를 이후에 치러야 하기 때문이다.

선택한 것과 포기한 것의 차이

가보지 않은 길이 더 탐나는 이유

저명한 심리학자인 댄 길버트 하버드대 교수가 자주 이야기하는 실험 하나가 있다. 수업을 듣는 학생들에게 대학 졸업 전에 추억이 될 만한 사진을 캠퍼스 내에서 찍으라고 한다. 사진을 찍어 온 학생들에게 각자 가장 마음에 드는 사진 2장을 고르게 했다. 그리곤 이렇게 얘기한다. "자, 1장은 과제로 제출해야 하기 때문에 포기해야 합니다." 당연히 학생들은 자신이 더 좋아하는 사진 1장을 남기고 다른 1장을 제출한다. 학생들은 이제 두 그룹으로 나뉜다. A그룹 학생들은 이런 말을 듣는다. "나흘간의 여유를 드립니다. 선택을 바꿀 수 있습니다." B그룹 학생들은 "지금 당장 제출할 1장의 사진을 선택하세요. 지금 선택하면 나중에 바꿀 수 없습니다." 질문의 종류와 상관없이 4일은 지났다. 그리고 두 그룹의 학생들에게 자신이 갖기로 선택한 사진을 얼마나 좋아하는지 물었다. 즉 선호도를 물어본 것이다. 그 결과는 어땠을까. B그룹의 학생들이 자신이 선택한 사진을 훨씬 더 좋아하는 것으로 나타났다. 바꿀 수 있는 기회가 없었던 사람들이 더 자신의 것을 좋아했다는 것이다. 더욱 재미있는 것은 그 다음 실험이다. 위의 실험에 참가하지 않은 다른 새로운 학생들에게 물었다. 이 학생들 역시 마찬가지로 사진을 찍었고 그 가운데 가장 마음에 드는 사진 2장을 골랐으며, 자신이 가질 사진과 제출할, 그래서 다시는 볼 수 없는, 사진을 가려내라고 지시받았다. 그런데 이 학생들에게는 선택권이 있었다. 4일간의 여유를 가지는 A그룹에 속할지, 아니면 당장의 선택을 바꿀 수 없는 B그룹에 속할지를 선택할 수 있도록 했다. 그 결과, 3분의 2의 학생들이 선택을 바꿀 수 있는 4일간의 말미를 원했다. 참 재미있는 아이러니다. 실험 1에서는 선택을 바꿀 수 없는 B그룹의 학생들이 더 자신의 사진을 좋아했다. 그런데 실험 2의 결과는 사람들이 자신의 사진을 더 싫어하는 결과를 만들어내는 상황으로 자신들을 몰아간다는 것이다. 아마도 '잘 선택한 걸까? 아니면 어떻게 하지? 포기한 것이 더 좋은 것 아니었을까?' 등과 같은 생각이 사람들로 하여금 현재 자신의 곁에 있는 것을 덜 좋아하게 만든 것이 아니겠는가.

실제로 우리는 어떤 것을 완벽하게 포기하거나 포기할 수밖에 없는 사람이 여전히 기회나 여지가 남아 있다고 생각하는 사람보다 현재 자신의 모습에 더 만족스러워하는 것을 쉽게 볼 수 있다. 단순히 자기합리화의 결과라고만 볼 수는 없다. 그보다는 자본주의 창시자며, 국부론 저자인 애덤 스미스가 말했듯이 인간이 불행해지는 중요한 이유 중 하나가 "선택한 것과 포기한 것 간의 차이를 과대평가"하기 때문이다. 즉 '비교'라는 심리적인 과정을 잘못 사용하기 때문이라는 것이다.

이는 현재를 살아가는 수많은 리더들에게 어떤 메시지를 줄까. 선택이라는 결정을 일단 한 이후에는 팔로어들의 생각의 양을 줄여줄 수 있는 무언가를 해야 한다는 메시지를 준다. 필자가 늘 강조하듯 선택과 결정은 단순해 보이는 정신 과정이지만 막노동과 같은 육체 활동에 버금가는 에너지를 소모시킨다. 그런데도 결정 이후에도 시간과 노력을 선택한 것과 포기한 것 사이의 '비교'에 쓰게 한다는 것은 그 자체가 사람을 괴롭게 만드는 일이다. 그보다는 그 일을 제3의 다른 사람들에게 시켜야 하는 것이 훨씬 바람직할 것이다.

초지일관과 심사숙고의 위험성

초두효과가 의사결정에 미치는 영향

면접을 진행해 보면 볼 수 있는 재미있는 현상이 하나 있다. 오전과 같이 전반부에 면접을 본 사람들을 더 많이 뽑는 것이다. 펜실베이니아 대의 우리 시몬슨Uri Simonsohn 교수 연구진은 이 현상이 실제로 늘 일어나고 있음을 확인했다.

이유는 세 가지다. 첫째, 초반부에 좋은 사람들을 연달아 보게 되면 이후에 들어오는 사람들에게 좋은 점수를 주기가 쉽지 않다. 앞에 후한 점수를 주었으니 후반부에는 박한 점수를 줘서 '전체적인 균형'을 맞추고 싶기 때문이다. 둘째, 초반부에 별로 탐탁지 않은 사람들이 들어오더라도 그들 중에 우열은 가려지게 마련이고 그중 상위권에 있던 사람들은 일단 마음속에서 자리를 차지한다. 따라서 남은 자리는 어차피 줄어들게 되고 오후에 들어오는 사람들에게는 점점 더 관문이 좁아지게 된다. 셋째, 초반부에 아예 이상적인 인물 몇 명이 등장하게 되면 종합적인 이미지가 면접관들의 머릿속에 강하게 각인되면서 이후에 들어오는 모든 지원자들은 그 이미지와 싸워야 하는 극도로 불리한 판세에 봉착한다. 문제는 이런 현상은 단순히 사람을 뽑을 때만 나타나는 것이 아니다. 계획이나 안(案)에 대해 이른바 면접하고 선택하는 리더들의 매순간에도 반복된다. 그러니 리더들은 사람이든 계획이든 순서상 처음에 본 것들에 매료되다 못해 고착되는 현상을 조심해야 한다. "선택된 계획이니 초지일관으로 밀고 나가자."는 말을 자주 쓴다. 여기서의 초지初志는 과연 무엇인가. 그야말로 초반부에 선택된 생각이다. 하지만 그것이 정말 중요하고 좋아서 고집되는지 아니면 이후에 만나게 되는 못지않게 좋은 대상을 고려함으로써 치러야 하는 생각의 비용이 아까워서인지 곰곰이 되돌아볼 필요가 있다. 후자의 경우가 의외로 굉장히 많다.

마지막 것을 선택하며 심사숙고라고 착각하는 이유

그런데 이와는 반대되는 현상도 분명 존재한다. 문제를 도통 모를 때는 오히려 나중의 보기를 주로 찍기 때문이다. 실제로 4지 선다형 문제를 풀 때 이른바 찍는 경우에는 1번이나 2번보다는 3번과 4번을 주로 찍는다. 이러한 '막차효과'의 이유는 무엇일까? 상황 자체에 그 해답이 있다. 문제의 답을 전혀 모르기 때문이다. 그리고 이는 선택의 기준을 전혀 모른다는 것을 의미한다. 선택의 기준을 잘 모르니 가장 최근에 눈에 들어온 것이 가장 매력적이다. 왜 그런가? 이때는 오히려 마지막 것을 선택해야 '모든 것을 심사숙고'했다는 느낌이라도 가지기 때문이다.

　기업이든 국가든 이 세상의 다양한 조직들에서 초반부 혹은 후반부에 등장하는 사람이나 제안이 특별한 이유 없이 다른 지점에서 제안되는 후보들을 무력화시키고 선택된다면 사실 심각한 고민을 해봐야 한다. 어떠한 경우든 모든 후보들에게 동일한 잣대와 생각의 양을 투자하지 않기 때문에 일어나는 불상사다. 초지일관이든 심사숙고든 사실 결과를 놓고 하는 사후해석일 수도 얼마든지 있다.

진짜 위험과 막연한 불안심리

위험하다는 느낌과 실제의 위험 간에 존재하는 괴리

많은 심리학자들이 인간의 판단이나 추정 중에 확률에 관한 것만큼 취약한 것이 없다고 한다. 다양한 예들을 앞으로 소개하겠지만 그 중 대표적인 것이 '결합된 사건이 만들어 내는 확률에 대한 과대추정'이다. 예를 들어 큰돈을 잃을 확률이 1/64인 게임을 한 번 할 때보다 1/4의 확률인 게임을 세 번 해서 같은 것이 나왔을 때 그만큼의 돈을 잃을 상황에서 사람들은 더 큰 긴장감을 느낀다. 후자도 어차피 1/4을 세 번 곱하기 때문에 결국은 1/64인데도 말이다. 역으로 당첨확률이 1/64인 게임을 한 번만 하는 것보다는 1/4인 게임을 세 번 연속해서 같은 것이 나오는 것을 더 좋아한다. 한 마디로 무언가가 결합되면 더 강하게 느낀다는 것이다.

기회를 보는 관점도 마찬가지이다. 기회가 주어진다. 50만 원 당첨 확률이 25%인 복권 2장을 가질 것인가. 아니면 100만 원 당첨 확률이

25%인 복권 한 장을 가질 것인가. 사람들에게 고르라고 하면 대부분 전자의 2장을 가지고 싶다고 한다. 경제학에서 흔히 말하는 기대 가치는 마찬가지인데도 말이다.

합리적인 판단자라면 대안들이 제시되는 방법에 영향을 받지 않아야 한다. 하지만 인간은 그렇지 않다. 왜 이런 현상이 일어나는 것일까? 추상적인 1/64이 쪼개져 구체적인 여러 개의 1/4로 구성되면서 각각의 1/4은 더 두렵고 무언가가 더 강하게 느껴지기 때문이다. 그래서 1/64보다는 세 개의 1/4로부터 느끼는 두려움의 총합은 더 크다.

느낌에 의존해 위험을 판단하지 마라

이는 무엇을 의미하는가? 브루스 슈나이어Bruce Schneier라는 유명한 보안 전문가가 남긴 유명한 말이 있다. "무언가를 막는다는 것은 철저히 위험에 대한 우리의 느낌에 의존한다." 이는 어떤 대상이 지니는 위험 그 자체의 객관적 측면보다는 그 대상을 우리가 어떻게 느끼는가에 따라 대처방식과 정도가 크게 좌우된다는 것을 의미한다.

이를 두고 심리학자들은 '위험 인식에 작용하는 편향 요인'들이라고 부른다. 예를 들어 비행기 사고와 같이 드물고 장엄한 위험은 운전 중에 발생할 수 있는 일상적인 위험보다 더 크게 느껴진다. 그래서 비행기를 탑승하는 것에 대한 공포와 두려움은 대단하고 이를 방지하거나 피하기 위해 많은 노력을 한다. 그러나 통계는 여행객 1인당 사망자 수가 자동차를 이용할 때 훨씬 더 높다는 것을 분명히 말해 주고 있다.

범죄는 어떤가? 끔찍한 성범죄나 살인은 대부분 친숙한 주위 사람에 의해 주로 일어나지만 사람들은 낯선 사람에 대한 경계심에만 신경을 쓰고 있다. 빈 라덴과 같은 특정한 인물에 대한 경각심과 공포는 상당하지만 이름이 알려져 있지 않은 미지의 인물에 대해서는 그렇지 않다. 더 나아가 자기 의지로 시작하여 자신이 통제할 수 있는 영역이라고 생각하기 쉬운 스카이다이빙이나 흡연의 위험은 평가절하하는 반면, 자신이 통제할 수 없는 상황이라고 생각되는 테러의 공포는 과대하게 우리의 판단에 작용한다.

브루스 슈나이더는 이러한 편향이 인터넷에서도 그대로 적용되고 있다고 분명히 말해 주고 있다. 즐겁고 행복한 웹사이트 방문 시에는 개인정보 유출에 대한 걱정이 극단적으로 감소하여 사람들이 평상시보다 자신의 중요한 정보를 더 흘려보낸다는 것이다. 위험은 대단히 비극적이고 충격적인 것들이기보다는 대부분 우리의 일상생활에 존재하고 있는 것들이다. 미국에서 총에 맞아 죽는 사람들보다 계단에서 미끄러지는 사고로 인해 죽는 사람들이 더 많다는 것만 보아도 잘 알 수 있다. 하지만 미국인들은 총기에 관한 위험에는 어떻게든 대비하려고 하지만 계단에 깔려 있는 낡아 미끄러워진 카펫에 대해서는 거의 신경 쓰지 않는다. 우리도 그들과 같은 잘못을 하고 있지 않은지 되돌아 볼 필요가 있다. 위험을 '느낌'에만 의존해서 보려하지 말아야 하기 때문이다.

6장

. . .

공감과 소통의 심리학

인간은 왜 타인을 만나려하는가

내 주위에 아무도 없다면?

사회적 존재라는 우리 인간은 늘 누군가를 만난다. 그리고 치열하게 살아간다. 때로는 상처받기도 하고 또 어떤 때에는 화가 나기도 한다. 그래서 때로 이런 생각을 한다. '아. 아무런 방해도 받지 않고 혼자 좀 있고 싶다.'라고 말이다. 현대 사회에서 각자 자기 역할을 지니고 있는 사람들은 다른 사람들에 대해 지니고 있는 의무마저 더해져서 그 삶의 무게는 더욱 무겁기만 하다. SNS가 발달하면서 사람들과의 만남과 관계는 더욱 더 복잡해지고 얽혀있는 경우가 많다.

그런데 그 연결이 만약 사라진다면? 주위에 아무도 없다면? 그 고립감은 우리가 생각했던 것보다 크다. 생각보다 오래 버티지 못한다. 몇 년 전 모 방송사에서 의식주에는 전혀 문제가 없는 상태로 펜션에서 홀로 어떻게, 또 얼마나, 지내는가에 대한 실험을 방송한 바 있다. 처음에는 최소 일주일은 충분히 버틸 수 있다고 자신만만해 하던 참가자들은 채 이틀이 지나기 전부터 외로움을 토로하며 때로는 혼잣말을 중얼거리기도 하고 실험 참가를 중도에서 포기하기도 했다. 먹고 입고 자는 것에 전혀 문제가 없지만 다른 사람이 옆에 없다는 사실은 이만큼 힘든 것이다.

시각과 청각을 모두 잃었기에 해당되는 감각이 없을 때 어떤 어려움이 있는가를 누구보다도 잘 아는 헬렌 켈러Helen Leller가 남긴 말은 타인의 존재가 얼마나 중요한지를 잘 설명해 준다.

"Being deaf was worse than being blind because… blindness isolated her from things, but deafness isolated her from people.(듣지 못하는 것은 보지 못하는 것보다 더 불행하다… 왜냐하면 보지 못하는 것은 사물들로부터 나를 고립시키지만 듣지 못하는 것은 사람들로부터 나를 고립시키기 때문이다.)"

실제로 헬렌 켈러는 후일담을 통해 자주 사람들에게 가까이 가지 못하고 사람들과 소통할 수 없었음이 가장 괴로웠노라고 밝히고 있다. 살아가면서 가장 중요한 것이 사람들임을 보여 주는 좋은 예가 아닐 수 없다.

따라서 극히 일부지만 살아가면서 타인을 전혀 만나지 못한 사람들은 그 행동과 말이 엄청나게 기이할 수밖에 없다. 유명한 예가 태어나서부터 줄곧 작은 방에 갇혀 지내다가 1970년 13세의 나이로 미국 LA에서 발견된 지니 와일리Genie Wiley이다. 이후 집에서 탈출한 지니는 사회복지 시설에 맡겨졌고 각계각층의 노력이 뒤따랐지만 끝내 정상적인 언어와 행동을 갖춘 사람으로 성장시키지는 못했다.

또한 교도소의 수감자들에게도 가장 피하고 싶은 내부 처벌은 독방이다. 독방에서는 극단의 불안으로부터 오는 공포, 심지어는 환상을 경험하기 때문이다. 사람이 다른 사람을 만나지 못한다는 것은 정말 끔찍한 일이다.

왜 우리는 끝없이 사람들을 만나기 원할까?

그렇다면 나에게 먹을 것이나 집을 주는 것도 아닌데 왜 우리는 다른 사람을 끝없이 만나고 그들과 관계를 맺고 싶어 할까? 이 질문에 대한 대답은 정말 다양할 수 있다. 하지만 가장 중요한 점, 더 나아가 그 모든 것에 해당되는 공통적인 사항이 있다. 바로, 만남과 관계가 감정이라는 것을 경험하게 하기 때문이다.

인간에게는 다양한 감정, 즉 정서들이 있다. 정서의 종류는 참으로 다양하다. 행복이나 기쁨과 같이 경험하고 싶은 것도 있지만 슬픔이나 불안처럼 그 반대인 것들도 있다. 그런데 어떤 종류의 정서든 나 혼자만으로는, 혹은 나와 인간 아닌 다른 대상과의 관계만으로는 충분하고 적절하게 느끼기가 어렵다. 이는 대부분 다른 인간과의 만남과 대화를 통해서 가능하다는 것이다. 게다가 정서를 제대로 발달시키는 것은 참으로 중요하다. 왜냐하면 우리는 이 정서와, 정서의 공유인 공감을 통해서 한 문화 내에서 이전 세대의 경험과 지식을 전수받고 한 사람의 인간으로 성장하기 때문이다. 이러한 내용들은 교과서에 나오는 것들보다 더 중요할 수 있다.

예를 들어 우리는 엄마가 화내는 모습을 보며 해야 할 것과 하지 말아야 할 것들을 알아가게 되며, 친구들과 함께 지내면서 다양한 정서를 경험하고 공유하는 과정을 거쳐 사회나 집단이 나에게 원하는 것이 무엇인지 알고 나의 역할을 인식하게 된다. 정서 없이는 불가능한 일들이다. 그렇기 때문에 극단적인 예이지만 무연민, 무공감, 무정서인 상태가 지속되면 사이코패스와 같은 극단적 인물이 만들어지기도 한다.

더욱 중요한 점은 사람들과 만나고 관계를 형성하면서 인간이 지니고 있는 내부의 중요한 욕구들이 아주 잘 충족될 수 있다는 것이다. 예를 들어, 인간에게는 불확실함을 줄여가고 싶은 욕구가 있다. 불안을 참으로 싫어하는 인간은 불안을 극대화하는 불확실함과 모호함을 본능적으로 피하려 하는 경향이 있다. 살아가면서 우리는 불확실한 상황들을 자주 만나게 된다. 그런데 타인들과 같이 있으면서, 더 정확히는 타인과 의사소통을 계속 해나감으로써, 그 불확실함이 상당부분 해소된다. 왜냐하면 상대적 역할이 정해지기 때문이다.

어린 아동과 함께 있으면 나의 역할은 '보호자'이고 우리나라에 온 외국인과 함께 있으면 '안내자'의 역할이 구체적으로 정해진다. 따라서 불확실한 세상에서 할 일들과 생각해야 할 것들이 분명해 지는 상황으로 변화하게 된다는 것이다. 혼자 우두커니 있을 때 문득 나의 존재와 역할에 대해서 궁금해지는 것도 마찬가지의 이유이다. 상대적 관점에 기초해 자신을 평가하거나 위치를 잡으려 하는 것에 익숙한 인간에게 타인의 존재는 불확실함을 제거해 주는 좋은 판단의 잣대이다.

이와 관련하여 인간이 지닌 이른바 '포함의 욕구'도 만남과 관계에 의해서 충족될 수 있다. 인간은 본능적으로 무리를 지어 살아가려 한다. 인간에게는 두 가지의 상반된 욕구가 있다. 자율적으로 생각하고 판단하고 행동하려는 욕구와 다수의 사람들이 모인 어떤 집단에 소속되어

보호받고 지지받고 싶어 하는 욕구이다. 포함의 욕구는 당연히 후자에 해당된다. 물론 한 인간이 다른 많은 사람들을 만나고 소통하고 관계를 맺고 싶어 하는 강한 소망의 이유는 이 외에도 셀 수 없이 많다.

침묵과 수다

소통의 다양한 도구들

소통, 21세기 들어서 가장 중요한 화두가 아닌가 싶다. 나라 안팎으로 거의 모든 문제를 소통의 부재에서 찾는 것이 최근의 현실이다. 이러한 생각의 옳고 그름은 차치하고라도 소통이 참으로 중요한 요소인 것만은 분명한 사실인 듯하다. 그리고 현재를 살아가는 우리 모두는 이 소통에 많든 적든 어려움을 겪고 있다.

그렇다면 소통의 가장 중요한 수단은 무엇인가? 당연히 말이다. 우리의 입을 통해 나오는 소리가 상대방의 귀로 들어가는 정보, 즉 청각 정보이다. 청각 정보는 시각 정보에 비해 뚜렷한 차이점을 하나 가지고 있다. 바로 정서에 미치는 영향력이다. 커뮤니케이션을 연구하는 심리학자들은 그래서 시각 정보와 청각 정보를 메마른 정보와 촉촉한 정보로 종종 구분한다. 촉촉하다는 말의 의미가 우리의 정서에 그만큼 많은 영향력을 가지고 있다는 뜻일 것이다.

그런데 이 촉촉한 청각 정보인 말을 우리가 매우 건조하게 사용한다면? 혹은 필요 이상으로 촉촉하게만 사용한다면? 대부분의 소통 문제가 이 두 가지 형태의 오용과 남용에 근거한다. 그리고 이는 인간이 가지는 두 가지 형태의 의사소통 방식과 깊은 관련이 있다.

저명한 음향심리 전문가인 줄리안 트레저Julian Treasure에 의하면 첫째는 환원적reductive 의사소통이다. 이는 상대방으로부터 들은 이야기를 요약하고 정리하여 결론에 이르려고 할 때 취하는 방식이다. 한 마디로, 상대방의 이야기에 대해 "그래서? 결론이 뭐야?"라든가 "그럼, 어떻게 하면 좋은 거지?"와 같이 결론을 내리고 그 결론에 의해 어떤 조치를 취할까에 관심 있을 때 필요하다. 두 번째는 이와 확연히 다른 의사소통 방식이다. 이른바 확장적expansive 의사소통이다. 이는 결론이나 함축 혹은 요약 따위에는 큰 관심이 없고 대화에 담겨 있는 소소한 내용들 자체를 즐기는 방식을 의미한다. 상대방 이야기에 "그렇구나." "정말?" "오호, 웬일이니?"등과 같이 공감과 호기심을 느끼는 것이다.

그런데 이 두 가지 의사소통 방식이 우리 일상생활에서 참으로 재미있는 남녀 간의 차이를 보여주지 않는가? 인터넷을 뜨겁게 달궜던 '남자를 위한 여자와 대화하는 법'이라는 짧은 동영상이 있다. 그 동영상에서 강사는 "진짜?" "정말이야?" "웬일이야?" "헐!" 이렇게 네 가지 반응만 가지고도 남성들은 여성들과 아무 문제없이 대화를 나눌 수 있다며 청중의 폭소를 자아낸다. 물론 다소 과장된 농담이었지만 그 의미는 충분히 납득할 만하다. 왜냐하면 남성들은 이런 네 가지의 공감형 반응을 제쳐두고 "왜?" "그래서?" "어쩌란 말이야?"와 같은 반응으로 여성을 짜증나게 하기 때문이다. "어제 OO를 XX에서 만났어!"라는 여자 친구의 말에 남성이 굳이 의미를 파악하고 결론을 내릴 필요가 없다. 그 내용 자체에 공감하면 그만인 것이다. 이를 굳이 학술적인 말로 바꾸자면, 확장적 의사소통을 원하는 여성과 환원적 의사소통을 선호하는 남성 간의 갈등이라고 볼 수 있을 것이다.

그렇다면 대화의 양은 어디에서 더 많을까? 당연히 확장적 의사소통에서 더 많으며 우리는 이를 두고 '수다'라고 말한다. 그런데 수다의 기본적 힘은 '공감'에 있다. 상대방이 경험한 것을 나도 느끼는 것이다. 그것이면 충분하다. 그런데 환원적 의사소통은 상대방의 긴 이야기를 한두 줄로 요약해 결론을 내리고 그 결론을 통해 무엇을 할지를 결정해야 한다. 당연히 나는 묵묵히 듣고 있어야 한다. 따라서 '경청하는 침묵'이 필요하다. 잘 들어야 요약도 잘 하고 좋은 결론도 내릴 것 아닌가.

언제 침묵하고 언제 수다를 떨어야 할까

자, 그렇다면 이제 언제 침묵하고 언제 수다를 떨어야 하는가가 조금은 더 분명해진다. 공감은 언제 주로 하는가? 상대방이 나의 기쁨 혹은 슬픔을 같이 느껴줄 때 우리는 그 사람이 나와 공감한다고 생각한다. 물론 스트레스, 불안, 화와 같은 것도 같이 느껴주면 좋긴 할 것이다. 하지만 이는 자신의 치부와 주로 관련되어 있기 때문에 나누고 나면 오히려 기분이 나빠진다. 인간에게는 '부끄러움'이라는 정말 싫은 느낌이 있기 때문이다. 생각해 보라. 그 사람에게는 아무 죄도 없고 나한테 잘못한 것도 없지만 내가 그 사람 앞에서 부끄러운 경험이 있다는 이유만으로도 그 사람을 다시 만나기가 싫지 않은가. 기쁜 일은 당연히 치부가 아니지만 슬픔도 치부가 아니다. 왜냐하면 슬픔의 이유는 대부분 나의 무능 때문이 아니기 때문이다. 그래서 우리는 이 두 반대 정서를 놓고 공감하기 원하며 따라서 공감의 대화인 수다를 떨어 줘야 한다. 그 증거가 바로 우리 실생활에 있다. 우리는 나 자신이든 상대방이든 그 사람이 느끼는 기쁨과 슬픔을 공감하기 위해 어디를 가는가? 결혼식장(기쁨)과 장례식장(슬픔)이다. 가깝기에 공감하는 사람이라면 더더욱 그렇다.

그런데 조금 더 깊이 생각해 보자. 언제 기쁨과 슬픔을 느끼는가? 소중한 것을 얻게 되면 기쁘다. 그리고 그 소중한 것을 잃게 되면 슬프다. 한 마디로 '소중함'이 중심이 되는 두 감정이다. 하지만 인간에게는 완전히 다른 차원의 정서가 존재한다. 이른바 '싫은 것'과 관련 있다. 싫은 것을 피하면? 안도감을 느낀다. 반대로 그 싫은 것을 피하지 못하면? 불안, 스트레스, 화와 같은 감정을 느낀다.

이렇게 싫은 것을 피하는 것을 우리는 '예방'이라고 부른다. 다가올 불행이나 사고 혹은 실패를 미리 막는 것이다. 그리고 이런 일일수록 대화의 끝에는 '무엇을 할 것인지에 관한 분명한 결론'이 내려져야 한다. 일상생활의 일들 중 약 2/3가 바로 여기에 해당한다. 그래서 일과 관련된 회의 중에 경청하는 것이 중요하다고 하는 것이다.

하지만 경청하면서 침묵할 때에도 분명한 룰이 있다. 침묵은 한편으론 무관심을 표현하는 수단이기 때문이다. 가벼운 제스처는 이럴 때 쓰라고 있는 것이다. 수다를 떨 때 쓰는 다양한 감탄사는 과용하면 호들갑스런 사람으로 보이게 한다. 하지만 경청하며 침묵할 때 취하는 적절한 제스처는 '아주 딱 적당한 정도'의 의사소통 도구가 된다. 침묵은 또 다른 대화임을 잊지 말아야 한다.

침묵과 수다의 시점 선택

➜ 소중한 사람들과는 일단 수다를 떨어 줘야 한다. 왜냐하면 그들과는 기쁨과 슬픔을 공유하기 때문이다. 이런 사람들과의 자리에서는 "침묵은 금이다."라는 어설픈 명언을 지킬 필요가 없다. 잘못하면 사람들과 점점 공감의 양이 줄어들고 결국 '속을 알 수 없는' 혹은 '왠지 부르기 싫은' 사람이 되고 만다. 슬픈 일이다.

➜ 나에게 피해를 줄 수 있는 여지가 많은 사람들과의 대화에서는 최대한 수다를 자제하고 경청하는 침묵을 미덕으로 생각해야 한다. 내가 멋지게 보이는 기회는 거의 없을 뿐더러 내 흠을 잡을 순간만 기다리고 있기 때문이다. 불안하고 부끄러운 일만 생긴다.

➜ 새로운 아이디어가 필요한 회의 전에는 수다를 떨어 주시라. 당신의 머리가 뜨거워지고 말랑말랑해 질 것이다. 따라서 훨씬 더 신선한 아이디어가 부담 없이 나올 수 있다. 하지만 실수하면 안 되는 일을 앞둔 회의에서는? 사전에 완전한 침묵의 시간을 혼자서 가져야 한다. 머리를 최대한 식히고 냉정하게 만들 필요가 있기 때문이다. 그러면 실패하지 않기 위해 지켜야 할 불문율만 머리에 남게 된다. 자연스럽게 잡생각들을 제거해 나갈 수 있다.

➜ 수다의 가장 중요한 덕목은 공감이다. 상대방의 이야기를 요약하고 평가하며, 심지어 결론 내릴 필요가 전혀 없다. 아니, 그러면 안 된다. 공감을 위한 가장 좋은 나의 반응은 무엇인가? "나도 그런 적이 있다."이다. 에피소드를 공유하면 만사형통이기 때문이다. 어색한 고부간에는 각자의 고등학교 졸업 앨범을 한 번 같이 보라. 불편한 노사관계나 조직의 상하관계라면 각자의 입사 초기 시절을 한 번 같이 얘기해 보라. 같은 시점, 같은 입장으로 돌아간다. 공감 어린 수다를 허심탄회하게 떨어줄 수 있는 최적의 상황을 만들어 준다.

➜ 그렇다면 침묵하고 경청할 때 가장 조심해야 할 것은 무엇인가? 아무 생각 없이 듣기만 하면 무관심의 표현이 된다. 이른바 '영혼 없는 OO'라는 식의 핀잔을 면하기 어렵다는 말이다. 하지만 그렇다고 수다처럼 다양한 호응의 감탄사가 필요한 것도 아니다. 인간에게는 언어 외에도 다양한 제스처가 있다. 가벼운 끄덕임. 겸손한 응시 등이 여기에 해당한다. 침묵은 아무 말도 하지 않는다는 것이지 아무런 제스처도 취하지 않는다는 것이 결코 아니다. 침묵은 또 다른 수다이다.

개방형 질문의 위력을 활용하라

판단과 비교를 위해 우리는 어떤 측면을 보는가? 정부든 기업이든 늘 관심을 가지고 하는 일이 있다. 의견을 수렴하는 것이다. 그래서 다양한 형태의 조사를 실시한다. 하지만 꽤 많은 경우 조사의 결과가 실제 민의나 의견과 달라 당혹스러울 때가 있다. 따라서 그 결과에 기초해 정책을 만들거나 계획을 수립했을 때 사람들로부터 '대다수 사람들의 생각을 제대로 반영하지 못한 일'을 했다고 질타를 받기도 한다.

왜 이런 일이 발생하는 것일까? 이와 관련하여 1980년대에 사람들을 깜짝 놀라게 만든 연구 결과가 발표됐다. 미국 미시건 대학의 사회학자이자 심리학자인 하워드 슈만Howard Schuman은 당시 최고의 여론조사 전문가로 명성을 높이던 인물이었다. 하지만 그는, 지금도 대부분의 여론조사에 해당하는, 의견 수렴의 방법이 얼마나 허구적일 수 있는가에 대해 전문가의 한 사람으로서 깊은 반성이 섞인 이야기를 들려주고 있다. 그는 당시 미국인들에게 이렇게 물었다.

" 현재 이 나라(미국)가 직면한 가장 중요한 현안은? "
결과는 다음과 같이 나왔다.

1. 공교육 질의 향상 (32%)
2. 환경 오염문제 (14%)
3. 임신중절의 합법화 (8%)
4. 에너지 부족 (6%)
5. 그 외의 문제 (40%)

그런데 슈만 교수는 같은 시기 다른 사람들에게 같은 질문을 던졌다. 한 가지 차이점은 그 사람들에게는 질문만 던지고 보기를 주지 않았던 것이다. 즉, 자유롭게 대답을 하도록 한 것이다. 일종의 객관식과 주관식 질문의 차이라고 볼 수 있었는데 그 결과는 매우 놀라왔다. 자유롭게 대답한 사람들 중에서 위의 1~4의 보기 중 하나를 말한 사람은 단 2%에 불과했던 것이다. 즉, 나머지 98%에 해당하는 절대 다수의 의견은 객관식으로 조사했을 때 5의 기타에 들어가는 것들이었다. 이런 당황스럽기까지 한 불일치는 왜 일어났을까?

첫째, 질문 방식의 차이다. 무언가를 알아보기 위해 사람들에게 보기를 주고 그 중 하나를 고르라고 하는 방식을 폐쇄형 질문법이라고 한다. 그러한 보기 없이 자유롭게 자신의 의견을 이야기하라고 주문하는 것은 개방형 질문법이다. 질문의 방식이 폐쇄형이냐 개방형이냐에 따라 응답 양상에 극단적인 차이가 나타나는 경우를 우리는 흔히 발견할 수 있다.

이는 두 가지 중요한 의미를 전달한다. 첫째, 많은 조직에서 구성원들의 의견이나 여론을 알아보기 위해, 중요하다고 생각되는, 몇 가지 주제나 사안을 미리 선정하여 선택하라고 요구한다. 그런데 공들이고 심혈을 기울여 선정한 항목들이기 때문에 중요할 수밖에 없다고 생각했던 내용들이 실제로는 구성원들의 관심사와 거리가 먼 것인 경우가 얼마든지 있을 수 있다는 것이다. 이는 물어보는 쪽에서 늘 염두에 두어야 할 문제이다.

둘째, 사람들은 무언가가 보기나 선택의 예로 주어지면 그 범위 내에서 생각이 좀처럼 벗어나지 못한다는 것이다. 따라서 실제로 자신의 본심에 중요한 사안이 있더라도 잘 생각해 내지 못하고 질문의 내용에 부지불식간에 이끌려 가기 쉽다. 이 점은 답변을 하는 쪽에서 늘 조심스럽게 되돌아 봐야 할 문제이다.

이 두 측면을 종합하면 왜 리더들이 굳이 어려운 방식으로 의사소통을 해야 하는가가 분명해 진다. 많은 리더들이 자신을 따르는 구성원들이 어떤 생각을 가지고 있는가를 알고 싶어 한다. 하지만 실제로 많은 비용과 시간을 들인 조사들이 이러한 생각을 제대로 반영하지 못하는 경우도 얼마든지 있다는 것이다. 고민을 덜 했기 때문이라기보다는 인간이 생각하는 방식과 양상을 제대로 이해하지 못해서 일어나는 불일치와 갈등에 더 가깝다.

이를 보완하려면 어떻게 해야 하는가? 해답은 간단하다. 대화다. 폐쇄형 질문방법은 간편하다. 보기를 미리 선정하고 많은 사람들을 대상으로 의견을 수렴할 수 있기 때문이다. 하지만 이 간편함이 주는 유혹을 이겨내고 더 많은 시간을 할애해서 얼굴을 맞대고 깊은 대화를 나누기 전까지는 나를 따르는 혹은 나의 지도나 지시를 받는 사람들의 본심을 알기가 정말 어렵다. 물어보는 쪽이나 대답하는 쪽 모두 진심을 꺼내어 말하기까지 꽤 오랜 시간이 걸리기 때문이다.

그래서 훌륭한 리더들은 아주 낮은 직책이나 직급에 있는 사람들과 깊고 오랜 대화에 금쪽같은 시간을 아끼지 않는 것이다. 굳이 심리학 실험 결과를 거론하지 않더라도 경험으로 그들은 알고 있기 때문이다.

생생한 경험이 의견조율을 막는다

CEO의 경험과 느낌 : 생생함의 함정

CEO든 리더든 종종 자신의 팔로어들에게 "내가 해 봐서 안다."거나 "내 경험에 의하면"이라는 말로 시작하는 메시지나 명령을 전달할 때가 있다. 그래서 우리는 실제로 경험 많은 리더일수록 좋은 리더십을 발휘할 것으로 믿는 경우가 많다. 물론 어느 정도는 사실이다. 하지만 더 중요한 것은 훌륭한 리더인지 여부는 단순한 경험의 양보다는 자신의 경험을 어떻게 보느냐에 달려있다. 왜냐하면 자신이 기억하고 있는 과거 경험들이 자신의 현재 판단에 필요 이상의 영향을 줄 수 있기 때문이다. 이는 인간이 경험 자체가 아니라 그 경험이 주는 생생함의 노예가 될 수 있음을 의미한다.

관련된 연구들을 이 글의 목적에 맞게 조금 각색하면 다음과 같다. 회사의 주요 인사들에게 이렇게 물어 본다. "우리 회사와 라이벌 관계인 A사와의 특허권 분쟁 확률을 얼마나 될까?"이 질문에 대한 대답은 대체적으로 "글쎄? 그런 일은 별로 없을 것 같은데?"이다. 즉 확률이 낮다는 것이다. 하지만 다음과 같은 질문에 대한 확률 추정은 확연하게 달라진다.

"우리 회사와 라이벌사인 A사와는 원래 별 문제가 없었는데 다른 회사인 B, C 혹은 D사 등 제3자의 기술개발 양상에 의해 오해가 발생하여 우리 회사와 A사 간에 특허권 분쟁이 일어날 확률을 얼마나 될까?"라는 질문을 받으면 사람들의 반응은 대체적으로 이렇다. "오호, 그럴 가능성이 꽤 있을 것 같은데? 그런 일이 일어나지 않도록 조심해야겠어!" 이런 식이다. 즉 추정된 확률이 높다는 것이다.

그런데 조금만 더 생각해 보면 이는 다소 우습기까지 한 현상이다. 전자의 시나리오가 후자의 시나리오를 포함하고 있기 때문이다. 따라서 후자는 절대로 전자보다 확률이 높을 수 없다. 무조건 같거나 낮아야 한다. 그런데도 추정된 확률은 후자에서 더 높다. 왜 이런 일이 일어나는 것일까? 후자의 경우가 더 '생생'하기 때문이다.

내 머릿속에서 생생한 것은 왠지 세상에서도 실제로 빈번하게 일어났거나 앞으로 일어날 일일 것만 같다. 하지만 분명한 점은 내 머릿속에서 생생하게 그려지는 것과 외부 세상의 실제 빈도나 확률은 별도이며 따라서 독립적이라는 것이다. 그런데도 우리는 자주 생생함의 노예가 되어

"내가 해봐서 안다."고 고집을 부린다. 내 의견을 사람들이 들어 주어야만 하는 위치에 내가 있다면 이런 고집은 더 강해질 수 있다.

하지만 역설적이게도, 인간이 생생함의 노예라는 점을 인정하면 꽤 많은 문제들을 치유할 수 있다. 우리가 상식적으로는 '의견의 충돌'이

라고 생각하는 사안들도 더 깊게 들어가 보면 사실 '생생한 경험과 기억의 충돌'인 경우가 많기 때문이다. 그래서 지극히 상식적이지만 유일한 해답은 역시 대화밖에 없다. 의견은 결론, 즉 최종적 결과이다. 중요한건 그 결론이나 의견을 왜 상대방이 고집하느냐이다. 고집스럽고 꺾이지 않는 의견들은 대부분 그것을 뒷받침할만한 개인적인 경험이나 에피소드들이 강하게 존재하기 때문이다. 그리고 경험과 에피소드는 점잖게 명제화된 의견보다 더 생생한 기억이다. 따라서 의견 자체를 맞대고 싸워봤자 별 소용없는 경우가 부지기수다. 어떻게 해야 하는가? 그 의견의 뿌리가 되는 각자의 경험을 이야기하고 나눠봐야 한다. 그렇게 하면 상대방의 에피소드를 이해하게 되고 나의 에피소드도 상대방이 이해해 줄 수 있다. 각자가 경험한 에피소드 모두 인간 세상에서 얼마든지 일어날 수 있는 것들이기 때문이다.

의견이 맞지 않는 사람과 그 자리에서 바로 의견을 조율한다는 것은 쉽지 않은 일이다. 장소를 옮겨보거나 환경을 바꿔보면서 그 의견과 관련된 상대방의 개인적인 과거 경험을 차근차근 들어보아야 한다. 나의 생생함을 상대방에게 전달하고 상대방에게는 무엇이 생생한 것인지를 알아야 하며 이를 위한 시간을 아까와 하면 절대 안 된다. 그 시간보다 몇 곱절 많은 시간과 비용을 의견의 충돌 혹은 충돌 이후의 갈등으로 인해 써야만 하기 때문이다.

칭찬과 인정의 차이를 이해하라

지혜로운 칭찬 : 칭찬과 인정의 차이

"칭찬은 고래도 춤추게 한다."는 말이 있다. 물론 맞는 말이다. 긍정의 힘은 위대하기 때문이다. 하지만 아무리 좋은 약이라도 남용되면 건강을 해치는 것과 마찬가지로 긍정과 칭찬도 잘못 쓰면 오히려 부작용을 낳게 된다. 다시 말해서 칭찬은 고래같이 단순한 동물에게는 언제나 만병통치약일지 몰라도 인간처럼 미묘하고 복잡한 존재에게 하는 칭찬에는 지혜가 필요하다.

어떤 학생에게 기억력 검사를 한다. 수십 개의 항목들을 보여 주고 난 뒤 그 학생이 칠판 위에 자신이 기억한 것을 적어 내려간다. 5~6개 정도 적어 내려갈 때 진행하는 연구원이 "오, △△는 머리가 좋구나. 꽤 많이 기억하네?"라며 칭찬한다. 그리고는 갑자기 교수의 호출을 받아 정답지를 테이블 위에 놓아두고 급히 밖으로 나간다(물론 이는 연출된 상황이다). 방 안에 혼자 남겨진 이 상황에서 대부분의 학생들은 고민하다가 그 정답지를 훔쳐보는 부정행위를 한다.

그런데 어떤 학생에게는 연구원의 칭찬이 좀 다르다. "오, ○○는 열심히 외웠구나. 꽤 많이 기억하네?" 이런 칭찬을 해 놓고 마찬가지로 교수 호출 때문에 밖에 나가면? 부정행위를 하는 학생이 별로 없다. 이는 정말로 중요한 차이이다. 왜냐하면 전자의 경우에는 칭찬이 오히려 역효과를 냈기 때문이다. 왜 이런 차이가 일어난 것일까? 결론부터 말하자면 전자에서는 머리를 칭찬한 것이고 후자는 노력을 칭찬한 것이기 때문이다. 이래서 결과나 능력 자체가 아니라 과정을 칭찬하라는 말이 나오는 것이다.

사람들은 머리나 능력 자체를 칭찬 받으면 기분은 순간적으로 좋을지 몰라도 일종의 불안도 느끼게 된다. 왜냐하면 다른 사람들을 실망시키거나 자신의 실제 재능이 탄로가 나면 어쩌나 하기 때문이다. 그래서 이런 말을 들은 사람들에게 열심히 노력한다는 것은 "거봐, 생각처럼 넌 그렇게 똑똑하지 않아."라고 남들이 말하게 하는 빌미를 주는 것을 의미한다. 그 결과 이들은 차라리 열심히 하지 않고 좋지 않은 결과를 받은 다음 사람들로 부터 "쟤는 천재인데 열심히 안 해서 저런 결과를 받는 거야. 그래서 앞으로 열심히 하면 잘 할 거야."라는 평가가 오히려 더 위안이 되는 상황을 마다하지 않는다.

결과와 재능을 칭찬하는 것은 결국 과정(노력과 끈기)을 망치는 지름길인 것이다. 과거에 우수하다는 찬사를 받은 수많은 인재들 중 상당수가 지금은 어디서 무엇을 하고 지내는지조차 알 수 없는 가장 큰 이유가 여기에 있다.

칭찬에도 효과적인 방법이 있다

그렇다면 이러한 노력을 리더나 CEO는 어떻게 칭찬해야 할까? 이는 또 다른 고민거리다. 왜냐하면 다수가 모여 위계를 이루고 있는 조직에서 윗자리에 있는 사람이 모든 팔로어들의 숨은 노력과 그 과정을 일일이 다 볼 수는 없기 때문이다. 이 사실은 구성원 대부분도 잘 알고 있다. 따라서 노력을 섣부르게 칭찬하면 보지도 않고 칭찬한다는 느낌을 얼마든지 줄 수 있다. 그렇다면 어떻게 해야 하는가?

한 가지 좋은 예가 있다. 필자가 군에서 장교생활을 할 때 참으로 인상 깊게 칭찬하는 지휘관을 본 적이 있다. 그 지휘관에게는 거친 카리스마도, 일일이 부하들의 일을 검사하는 꼼꼼함도 두드러지게 보이지 않았다. 하지만 분명한 건 누가 보더라도 부하들을 가장 잘 통솔하고 있었다. 어느 날 그 지휘관이 한 부사관을 칭찬하는 것을 들었다. 20년 가까이 지난 오늘 날에도 선명히 남아 있는 그 말은 이랬다. "자네가 열심히 하고 있다는 말을 자네 직속상관으로부터 늘 듣고 있네. 내가 오늘 보니까 그 말이 사실이군. 새로운 작전계획에 자네의 노력과 고민이 잘 묻어 있어."

심리학자의 눈으로 보기에도 참으로 지혜로운 칭찬이다. 그 부사관의 노력에 대한 칭찬이 그 부사관의 직속상관의 평가를 통해서이기 때문이다. 이러니 그 부사관은 앞에 있는 지휘관에게 결과에 대한 칭찬을 받았을 뿐만 아니라 자신의 직속상관에게도 자신의 과정과 노력을 인정받은 셈이 된다. 상명하복이 어쩔 수 없이 존재하는 조직의 유기적 긴밀함에도 큰 도움이 된다. 이런 지혜로운 칭찬은 인정이다. 인정은 '확실히 그렇다고 여김', 칭찬은 단순히 '높이 평가함'을 의미한다. 또 다른 사람의 입을 빌어 하는 이러한 간접 인정은 조직의 위계도 같이 살리는 그야말로 지혜로운 칭찬이다.

희로애락과 공감의 리더십

리더와 팔로어의 희로애락(喜怒哀樂)

희로애락喜怒哀樂은 '기쁨과 노여움과 슬픔과 즐거움'을 아울러 이르는 말이다. 나와 오랫동안 가깝고 소중한 관계를 맺은 사람을 흔히 희로애락을 같이 한 사람이라고 한다. 다른 말이 필요 없다. 동반자이다. 같은 길을 가는 사람이다. 어려운 설명과 지시 없이도 따르고 이끄는 관계다. 이런 리더십을 군이 어려운 말로 '공감의 리더십'이라고 한다. 그리고 리더라면 누구나 지니고 싶어 하는 측면이다. 하지만 희로애락의 의미를 곰곰이 생각해 보는 리더는 흔치 않다. 왜 군이 희로애락이란 말을 쓸까?

인간이 느끼는 감정의 종류는 이보다 훨씬 더 많다. 그런데도 왜 우리 조상들은 희로애락이라는 네 가지의 감정에 유독 주목했을까? 인간에게는 두 가지 중요한 욕망이 있다. 그리고 그 욕망의 채워짐 혹은 모자람이 어떤 감정을 느끼는가를 상당 부분 결정한다. 그 둘은 '소망하는 것을 이루거나 가지고픈 욕망'과 '싫어하거나 무서워하는 것을 피하고픈 욕망'이다. 전자가 성공적으로 이뤄지면 기쁨이나 즐거움을 느낄 테고 그렇지 못하면 당연히 노여움이나 슬픔을 경험할 것이다. '희로애락'과 정확하게 일치한다. 하지만 후자를 성공적으로 채우면? 기쁨이나 슬픔과는 별 상관이 없다. '안도감이나 편안함'을 느낀다. 반대로 제대로 피하지 못하면 인간은 불안과 공포를 느낀다. 다시 말해 희로애락의 어떤 것과도 별 상관없는 감정들이다.

희로애락과 공감의 리더십

이를 공감의 리더십에 한 번 적용시켜보자. 소망하는 것을 이루려고 같이 가고 또 중간에 실패도 같이 경험해 온 타인이 있다. 다시 말해 기쁨과 슬픔을 공유한 사람이다. 우리는 이 사람들을 나와 동일시하여 공감한다. 특히 슬픔에는 주목해 볼 필요가 있다. 나와 함께 슬픔을 공유할 것 같은 사람, 반대로 그 사람의 아픔에 나도 슬퍼지는 사람. 이런 경우에 우리는 가장 깊은 친밀감을 느낀다. 심지어 자기와 함께 기뻐해 준 사람보다도 더 그렇다. 그래서 우리는 결혼식과 같은 축하의 자리도 중요하겠지만 장례식 등 같이 슬퍼해야 할 순간을 더 챙긴다.

전쟁광이라는 별명, 전쟁 공포증으로 고통 받는 병사를 구타했다는 이야기 등 가는 곳마다 구설수에 오른 2차 세계대전의 명장 조지 패튼. 갖은 기행과 부하들에 대한 폭압적 언행으로 증오심마저 느끼게 했다. 하지만 이런 그가 가장 완벽한 승리를 만들어 내고 자신의 제3군 병사들로 하여금 충성을 다하게 했다는 것은 부인할 수 없는 역사적 사실이다. 그 원동력은 어디에 있었을까? 간단하다. 자신을 낮춰 같이 슬퍼했다는 것이다. 그는 용감하게 싸우다 부상당한 병사들을 일일이 찾아가 곁에 앉아 때론 욕설까지 곁들여 진심으로 속상해 했다고 한다. 그리고 이 순간만큼은 자신을 하염없이 낮췄다. 심지어 병사들에게 이렇게 말하기도 했다. "나중에 손자한테 할아버지는 패튼이라고 하는 개자식과 함께 싸웠다고 말해라." 그 결과 휘하 병사들은 2차 세계대전을 통틀어 유례가 없는 전투력을 발휘했다고 한다. 자신을 낮춰 소망하는 것을 같이 추구하는 과정에서 슬픔과 아픔을 공유하는 리더가 어떤 힘을 지니는가를 볼 수 있는 대표적인 대목이다.

피하고자 하는 것을 공유하는 것은 잘해야 불안과 안도감을 같이 느낄 뿐이다. 그리고 이러한 감정을 같이 느낀다는 것은 공감의 수준이 그다지 높지 않다. 그저 '이 사람도 결국 나와 같은 인간이구나.'라는 정도의 동질감 정도다.

리더라면 한 번쯤 돌아보자. 나는 부하들과 '희로애락'중 몇 개를 얼마만큼 같이 느끼고 있는가. 얼마나 같은 소망을 가지고 있는가. 그리고 그 소망을 이루어 나가는 중 슬픔을 얼마나 자주, 그리고 진심으로 같이 느껴주었는가?

협상과 설득의 법칙

어떻게 작은 희생의 감수를 설득하는가?

조직의 리더는 가끔 조직의 구성원들로 하여금 약간씩의 희생을 감수하도록 설득해야 할 때가 있다. 물론 쉽지 않은 일이다. 사람들은 확실한 손실을 감수하기보다는 차라리 다소의 모험을 선택하고 싶어 하기 때문이다. 확실하게 단기적으로 작은 손실을 감수해야만 장기적으로 더 큰 위험 요소를 피할 수 있는 상황에서 그렇게 하지 못해 개인이나 조직이 위기에 봉착하는 경우를 우리는 주위에서 자주 본다. 인간은 어떤 경우에 확실한 손실을 기꺼이 감수하는가? 핵심은 시간과 순서에 있다. 그리고 그보다 한 발 더 깊숙이 들어간 기저에는 상상과 감정이라는 것이 있다.

사람들에게 물어본다. 100%의 확률로 5만 원을 잃는 1안과 25%의 확률로 20만 원을 잃고 75%의 확률로 아무 것도 잃지 않는 2안 중 어떤 것을 선택할 것인가? 대부분의 연구나 실제 인터뷰를 살펴보면 평균적으로 약 80%의 사람들이 2안을 선택하겠다고 응답한다. 사람들은 확실한 손실을 감수하는 것이 싫기 때문에 자칫 더 큰 손실을 입을 수 있는 모험을 선택한다는 것이다.

그런데 재미있는 것은 1안과 2안을 동시에 보여주거나 설명해 주지 않고 순서를 정해 하나씩 제시하면 사람들의 선택이 정반대의 양상을 띠게 될 수도 있다는 것이다. 방식은 다음과 같다. 먼저 2안의 상황을 설명한다. 그리고는 잠시 사람들을 가만히 둔다. 생각할 시간을 주는 것이다. 그러면 사람들은 2안의 상황이 얼마나 좋지 않은 것인지, 즉 20만 원이라는 큰돈을 잃을 때의 상실감이 얼마나 큰지 등에 대해 상상을 해 본다. 상상이라는 것은 참으로 재미있는 힘을 발휘한다. 어떤 싫은 것에 대해 상상하는 것만으로도 몸서리치거나 짜증이 나곤 한다. 아직 그 일이 벌어진 것도 아닌데 말이다. 20만 원을 잃는다는 상상을 일정 시간 해 보면 이제는 당연히 그 상황을 피하고 싶은 욕구도 커진다. 이때 1안을 대안의 형태로 보여 준다. 그리고는 이렇게 말해 준다. "1안을 선택하면 2안의 상황을 피할 수 있다." 그러면 사람들의 70%는 기꺼이 1안을 받아들여 2안의 상황을 피하겠다고 응답한다. 사람들이 확실한 작은 손실을 받아들이겠다고 설득된 것이다.

이는 무엇을 의미하는가? 우리는 설득이 이성에 호소하는 것이어야 한다고 생각한다. 하지만 위의 예는 설득이 결코 그것만으로는 이루어지지 않는다는 것을 분명히 보여 주고 있다. 상상을 할 수 있도록 시간적 여유를 부여함으로써 감성 역시 움직이도록 해야 한다는 것을 의미한다. 이런 과정을 거치면 2안의 상황에 대해 나와 상대방이 느끼는 감정이 같아진다. 몇 개의 대안을 놓고 그 중 더 합리적인 안은 이것이니 그것을 고르라고 하는 양지택일식 강요는 설득이 아니다. 설득 대상자는 작은 희생을 기꺼이 감수할 마음의 준비가 되어있지 않으니 반감이 생긴다. 양자택일을 강요하는 것은 설득하는 데 오히려 방해가 되는 어리석은 방법이다.

효과적인 설득과 협상을 위해서는 생각할 시간을 줘야 한다

많은 설득과 협상의 전문가들이 상대방에게 '생각할 시간'을 줌으로써 나와 상대방 모두에게 이익이 될 수 있는 결과에 더 빨리 다다를 수 있다고 말하는 이유가 바로 여기에 있다. 나와 상대방이 같은 정서를 갖는 것, 그것이 바로 진정한 의미의 설득이다.

왜냐하면 설득의 가장 중요한 기저에는 공감共感이 자리 잡고 있기 때문이다. 공감이란 무엇인가? 한 사람이 느끼고 있는 감정과 똑같은 것을 다른 사람도 느끼고 공유할 때를 말한다. 공감이 이루어지면 화려한 언변이나 치밀한 자료를 통한 설득 시도보다 훨씬 더 강한 위력을 발휘한다. 문제는 공감이 그리 쉽게 일어나지 않는다는 것이다. 내가 다른 사람의 감정을 공유하지 않는데 다른 사람이 나의 감정을 공유해 줄 리없다. 따라서 같은 감정을 공유하기 위해서는 돈이 아니라 마음이 담긴 시간의 투자가 필요하다. 그래서 훌륭한 리더들에게서 찾아볼 수 있는 공통점 중 하나가 자신을 따르는 사람들과 같이 밥을 먹고 같이 웃고 슬퍼하는 시간을 아까워하지 않는다는 것이다.

공감은 단순히 남의 감정을 나도 느끼는 것이 아니라 다른 사람과 함께 살아가면서 그들을 설득하고 그들로부터 설득되기 위해 반드시 지니고 있어야 하는 인생의 가장 중요한 기술 중 하나이다. 그렇지 못하면 언제까지나 외로운 섬처럼 사람들 사이를 떠다닐 수밖에 없다.

수많은 전문가들은 현대 사회의 큰 흐름 중 하나가 카리스마형 리더에서 공감형 리더로 바뀌고 있다고 말한다. 문명이 발달하면 할수록, 국가나 기업이 안정화되고 체계화될수록 훌륭한 리더와 설득자의 덕목은 힘에서 감정으로 옮겨가고 있는 것이다.

용서에는 두 가지 채널이 있다

용서에도 종류와 방법이 있다.

어떤 리더나 CEO든 자신이나 조직에 일정 수준 이상으로 신의를 저버린 사람을 다시 받아들여야만 할 때가 있다. 이럴 때 우리는 이른바 '용서'라는 것을 해야만 한다. 그렇다고 마냥 덮고 넘어갈까? 아니면 엄청나게 혼을 내준 뒤 다시는 그러지 않겠노라는 다짐을 분명히 받고 난 다음에야 용서할까? 전자의 방법을 택하자니 너무 쉽게 넘어가 훗날의 또 다른 배신이 걱정되고 후자의 방법을 취하자니 악감정을 품을 것 같아 마찬가지로 또 다른 미래의 배신이 염려된다. 어찌해야 할까?

사실, 용서라는 것은 마음을 먹기도 힘들지만 어떻게 해야 하는지 그 방법은 더욱 어렵다. 심리학자들은 여기에도 지혜로운 길이 있다고 알려준다. 기존의 연구들이 단순하게 용서하려는 마음의 정도를 어떤 사람의 성격차원으로 연구해 왔다면 최근에는 훨씬 더 정교한 이야기를 들려줄 수 있는 치밀한 연구들을 찾아볼 수 있다.

그 좋은 예로 미국 노스웨스턴 대학 심리학과의 대니얼 몰든Daniel Molden 교수와 그의 연구팀이 지금까지 해 온 이른바 '용서의 방법'을 들여다보면 중요한 실마리가 보인다. 결론부터 말하자면, 용서에도 방향과 그에 따른 마음가짐이 각각 달라야 한다는 것이다. 이른바 '배신한 상대를 용서하는 2가지 경로'에 관한 이야기이다. 첫 번째는 상대방이 더 이상의 배신을 하기보다는 앞으로는 무언가 이익이나 즐거움을 줄 것이라는 믿음trust을 통해 관계 회복을 위해 노력하는 것이다. 이는 상대방에게 무언가 좋은 것을 기대할 만한 것이 남아 있을 때 가능한 일이다. 필자를 비롯한 관련 연구자들은 이를 '상승적 용서'라고 부른다. 두 번째는 그 관계를 손상시킴으로써 발생되는 손실을 인식하고 이의 방지를 위해 상대방으로 하여금 이 관계에 대한 헌신과 약속commitment을 이끌어 내 관계를 지속하려는 노력이다. 이는 상대와의 관계가 사라질 경우 내가 받을 피해나 겪어야 하는 어려움이 분명할 때 쉬워지는 용서다. 이는 '예방적 용서'라고 부른다.

따라서 나와 상대방의 관계, 그리고 그 관계를 둘러싸고 있는 상황을 감안하면 '상승'에 더 초점을 맞춰야 하는지 아니면 '예방'에 더 초점을 맞춰야 하는지 분명해진다. 이 관계의 유지를 통해 여전히 좋은 것을 기대할 수 있다면 지향하는 정서는 행복과 기쁨과 같은 것이어야 한다. 따라서 상대방의 배신으로 인해 내가 느끼는 반대 정서인 슬픔이 강조되어야 한다. 반면, 이 관계가 결국 사라지게 됨으로써 좋지 않은 것을 피할 수 없다면 지향하는 정서는 안도감이나 안정이 되어야 하며 상대의 배반으로 인해 내가 받는 정서는 분노와 화라는 것이 알려져야 한다. 더욱 중요한 점은 이 호환성을 맞추지 않으면 용서의 양이 줄어들 뿐만 아니라 그 효과도 반감된다는 것이다. 기껏 마음먹고 용서를 했는데 그 결과가 좋지 못해 상처를 받고 또 분노를 하게 되는 일이 얼마나 많았는가? 지금까지 일어났던 그 많은 '배신의 반복'을 하나씩 떠올려 보면서 이러한 미스매치가 있지 않았는가를 곰곰이 되짚어 보면서 미래의 용서를 조금 더 정교하고 지혜로운 방향으로 이끌어가 보길 바란다.

사소한 표현이 의사소통을 크게 바꾼다

부정어를 사용한 표현이 의사소통에 주는 영향

어떤 사람이든 다른 사람들과 다양한 형태의 관계를 맺고 살아간다. 그리고 이러한 관계의 유지, 강화, 단절은 어떻게 그들과 의사소통하는가에 달려 있다. 그러기에 수많은 연구자들이 인간의 의사소통, 즉 메시지의 전달자와 수신자 간의 상호작용, 개방적인 성향이 미치는 영향, 칭찬과 비판의 효과, 심지어는 제스처와 같은 비언어적 요소의 영향력까지 실로 다양한 요인들에 관하여 수많은 연구들이 진행되어 왔다. 이를 제한된 공간에서 한 번에 모두 다루기란 불가능하겠지만 그 중 흥미로운 주제 하나를 뽑아 의사소통이 얼마나 미묘한 요인에 의해서도 많은 영향을 받는가를 생각해 보는 것은 의미 있는 일이라 생각된다.

'부정어'라는 것이 포함된 화법이나 표현이 의사소통의 결과를 어떻게 바꾸는가를 살펴보자. 영어에서는 'not'이 대표적인 부정어이고 우리말에서는 '아니''못''아니다''말다'등이 여기에 해당된다. 실제로 우리는 어떤 말을 할 때 "OO하지 않는다."라는 식의 표현을 부지불식간에 자주 사용한다. 굳이 그 반대말에 해당하는 "XX한다."라는 말을 쓰면 될 것을 꼭 이렇게 부정적인 표현을 쓰는 이유가 무엇일까? 우리말의 순화나 올바른 사용을 연구하고 알리는 노력하는 분들도 자주 지적하는 부분이다.

그런데 여기에는 심리학적으로 재미있는 이유가 숨어있다. 결론부터 말하자면 일종의 안전장치를 마련하고자 하는 심리가 무의식적으로 작용하기 때문이다. 하지만 그 안전장치의 대가로 종종 의미가 제대로 전달되지 못하고 그에 따라 불협화음이 생기므로 조심해야 한다.

허락과 금지의 차이

도널드 러그Donald Rugg라는 미국의 사회조사 전문가가 1940년대에 했던 조사에 의하면 부정어를 사용함으로써 재미있는 역전현상이 쉽게 관찰됨을 알 수 있다. 그 중 유명한 예가 허락allow과 금지forbid의 차이다. 당시의 미국인들에게 아래와 같이 물어봤다.

질문 A : 우리나라(미국)에서 민주주의를 비판하는

대중 연설을 허락해야 한다고 생각하십니까?

이 질문에 62%의 미국인들이 "아니오"를 선택했다고 한다. 거의 2/3에 해당하는 다수다. 하지만 질문을 살짝 바꾸면 결과가 상당히 달라진다.

위와 같은 질문에 대해 미국인들은 46%만이 "예"라는 대답을 했다고 한다. 질문 A에 대한 "아니오"와 B에 대한 "예" 모두 결국 금지의 의미인데도 말이다. 50%를 기준으로 전혀 다른 결과가 관찰된 것이다. 왜 이런 불일치가 관찰되었을까? 그리 어렵지 않은 추측이 가능하다. 허락을 반대하는 것은 '금지한다'보다는 한 발 더 물러나 있는, 즉 심리적 퇴로가 좀 더 넓은 표현이다. 여기서의 퇴로는 덜 단정적이고 덜 용감하며 따라서 부담이 적다는 것과 일맥상통할 것이다. 다시 말하자면 허락하지 않다not allow와 금지forbid는 의미적으로는 같은 것 같지만 심리적인 강도에 있어서는 후자가 당연히 더 강하며 때론 근본적으로 다르게 생각될 수도 있다는 것이다.

도널드 러그가 그 시대에 실시했던 또 다른 여론 조사에서도 유사한 현상이 관찰됐다. "임신중절을 금지해야 한다."라는 질문보다는 "임신중절을 허용하면 안 된다."는 질문을 사용함으로써 응답자들로부터 "그렇다."혹은 "그 의견에 찬성한다."와 같은 긍정적 반응을 훨씬 더 많이 이끌어낼 수 있었다는 것이다. 여기서도 후자의 질문에 사람들이 느끼는 심리적 퇴로가 더 넓어 부담감이 적었을 것이다.

Not A is = B? : 부정어 사용이 주는 착각과 소통의 어려움

이를 통해서 우리가 알 수 있는 바는 무엇인가? 예를 들어 A라는 말의 반대어라고 우리가 일반적으로 생각하는 B라는 말이 정확하게 'is not A'만큼을 의미하지는 않는 경우가 많다는 것이다. 'is not A'라는 식의 표현은 대부분의 경우 B까지 표현하여 더 많은 경우와 가능성을 포함하기 때문이다. 예를 들어 "나를 사랑하느냐?"라는 질문에 "사랑하지 않는다."라는 답을 듣게 되면 생각이 복잡해진다. '단순히 좋아하는 걸까?' '관심이 없다는 걸까?' '다른 느낌을 가지고 있다는 것인가?'등 별별 생각이 다 든다.

따라서 분명하게 말해야 할 때 혹은 의사표현을 정확히 해야 할 때에는 되도록 부정적인 표현인 "~않다."를 최소화해야 한다. 영어로 치자면 not의 사용을 줄여야 한다는 것이다. 그렇지 않으면 의미를 전달하는 쪽과 그 의미를 받아들이는 쪽 간에 그 의미의 '정도'나 '강도'에 있어서 괴리가 발생해 다양한 오해의 소지를 만들곤 한다.

그런데도 우리는 부정어를 포함한 표현을 자주 사용한다. 어떨 때 그럴까? 한 마디로 자신이 없을 때이거나 책임을 조금 덜 지고 싶을 때이다. 국정감사에서 질문공세를 받고 있는 공직자들이 "그런 경향이 있습니다."도 아닌 "그런 경향이 없지 않아 있습니다."라는 표현을 빈번하게 사용하는 것도 마찬가지의 이유이다.

그런데 이런 표현이 과다하게 사용된다면 상대방이 오히려 더 많은 오해를 하기 십상이다. 왜냐하면 그 부정어로 인해 해석 가능한 대안적 의미들을 제각각으로 받아들일 수 있기 때문이다. 그 결과는 당연히 불협화음이고 소통의 어려움으로 이어진다. 그렇기 때문에 표현은 명확해야 한다. 특히 여러 사람을 대상으로 할 때는 더욱 그렇다.

나이를 먹을수록, 리더의 자리로 올라갈수록 1대 다수의 의사소통의 상황이 많아진다. 그렇기 때문에 부정어를 빈번하게 사용하는 표현방식이나 화법을 필요 이상으로 많이 쓰고 있는지 되돌아 볼 필요가 있다.

말을 바꿈으로써 변화되는 마음 그리고 의사소통

그런데 언어분석 연구들을 종합해 보면 일상생활의 대화나 글에서 부정어의 사용 빈도가 최근 점점 더 증가하고 있다. 그리고 이 분야를 연구하는 대부분의 연구자들은 이러한 부정어를 포함하는 표현이 많다는 것은 '불안'이나 '의도를 감추고 싶은 거짓마음'등과 깊은 관련성이 있다고 한다.

그런데 그 못지않게 우리의 흥미를 이끌어낼 수 있는 부분은 생각이 만들어내는 이러한 말을 바꿈으로써 역으로 생각이나 마음에 변화를 줄 수도 있다는 것이다. 이 분야의 유명한 연구자인 미국 텍사스 대학의 제임스 페니베이커James Pennebaker 교수는 언어의 사용 패턴을 교정함으로써 심리적인 개선 효과를 볼 수 있음을 여러 가지 연구를 통해 보여 주고 있다. 교정이라고 너무 어렵게 생각할 필요는 없다. 부정어 사용을 최소화하는 허심탄회한 표현을 글이나 말을 통해 자주 하게 되면 자신의 내면에 있는 여러 가지 왜곡된 측면들이 자연스럽게 제자리를 찾아간다는 것이 핵심이다. 이래저래 의사소통에 있어서 마음과 말의 관계는 정교하기 그지없다.

물론 허심탄회하고 솔직한 표현을 다른 사람들에게 무심결에 했다가 구설수에 휘말리거나 반발감을 살 위험은 분명 존재한다. 하지만 나 혼자 보는 공간에서는 이를 얼마든지 할 수 있다. 그 좋은 예가 일기다. 일기는 자신의 역사를 기록하는 것뿐만 아니라 심리적 바로잡음, 그리고 이를 통해 더 건강한 언어적 의사소통을 위한 더없이 좋은 기회가 된다. 실제로 대인관계 능력이 일기 쓰기를 통해 향상된다는 것을 보여 주는 연구들과 실제 경험들은 국내외에서 어렵지 않게 찾아볼 수 있다. 일기를 써야 하는 중요한 이유 하나가 또 있는 셈이다.

자기확신의 오류에 빠지지 말라

설득했다고 믿는 리더 vs 소통도 못했다는 부하

수많은 리더들이 팔로어들을 설득해 일심동체로 만들고 싶어 한다. 그리고 우리 사회의 대부분 리더들은 자신들이 실제로 그런 설득의 과정을 거쳤다고 말한다. 그런데 웬걸? 팔로어들은 자신들의 리더들이 설득은커녕 소통도 하지 않는다고 안타까워한다. 왜 이런 극단적 불일치가 일어나는 것일까? 아마도 리더는 설득의 과정을 거쳤다고 생각하겠지만 자기 자신이 맞다고 스스로 확신하는 과정을 밟은 것에 불과한 것 아닐까? 스페인 마드리드 아우토노마대학의 재치 넘치는 심리학자인 파블로 브리뇰PABLO BRINOL 교수는 바로 그 점을 냉정하게 꼬집는 실험 연구들을 우리에게 보여 주고 있다. 그의 연구 예 하나를 들어 보자. 연구에 참여한 대학생들을 두 그룹으로 나눈다. 두 그룹 모두 당연히 '등록금 인하'에 강하게 찬성하고 있을 것이다. 따라서 '등록금 인하'는 그들이 찬성하는 주장이다. 그런데 A그룹 학생들에게는 등록금을 내려야 하는 이유를 '타인을 설득'한다고 상상하면서 이유를 열거하도록 했다. 반면 B그룹 학생들에게는 등록금을 내려야 하는 이유를 스스로에게 납득시킨다고 상상하면서 적도록 했다. 이후 두 그룹 모두에게 등록금을 인하해야 한다는 취지의 제안서 하나를 보여 줬다. 결과는 A그룹이 훨씬 더 긍정적이고 강한 동의를 보였다. 더욱 재미있는 것은 그 다음 실험이다. 이번에는 '등록금 인상'을 주장하는 안을 설득해야 한다. 당연히 그들의 원래 주장에 반하는 생각이다. 이제는 정반대 결과가 일어났다. 자기 자신을 납득시킨다고 상상하면서 주장을 만들어낸 학생들이 타인에게 그렇게 한다고 생각하면서 같은 일을 한 학생들보다 '등록금 인상 제안서'에 더 긍정적 태도를 보인 것이다.

자기확신의 오류

자 이제 이 결과가 왜 중요한지 한번 알아보자. 가장 중요한 본질은 그 후속 연구에 있다. 이번에는 타인을 좀 더 세분화해 봤다. 여기에는 어떤 주장에 대해 나와 원래부터 같은 입장을 가진 사람들(동일 주장 집단)도 있지만 이 주장과는 무관한 다른 측면(정치적 입장 혹은 장애인 정책 등)에서 비슷한 성향의 사람들(유사 성향 집단)도 있다. 다른 사람들을 설득하는 과정에서 동일 주장 집단을 설득하는 일을 했을 때보다 유사 성향 집단을 설득하는 일을 하고 난 뒤 자기 확신이 훨씬 더 크게 증가했다. 이는 무엇을 의미하는가? 리더들이 바보는 아니다. 그러니 자신과 주장이 똑같은 사람들을 다시금 설득하는 불필요한 일을 하지는 않는다. 하지만 은연중에 자신과 비슷하지만 그 주장에 대해서는 아직 태도를 보이고 있지 않은 성향의 사람들을 설득해놓고 스스로 자신의 주장이나 계획에 대한 확신을 높이고 있다는 이야기가 된다. 돌아보면 이런 리더들은 정말 많다. 당연히 평소에 부담 없이 어울리기에는 '다소 불편'한 사람들이다. 리더라면 자기 자신도 모르는 사이에 이런 사람들을 설득의 과정에서 배제해 나가고 있는지 돌아봐야 한다. 그렇지 않은 결과는 대부분 '과대한 자기 확신'으로 이어질 뿐이다.

7장

. . .

CEO가 빠지기 쉬운 심리의 함정

조직을 와해하는 불안과 공포

리더가 조직을 불안하게 만들면 어떤 일이 일어나는가?

대니얼 엘즈버그Daniel Ellsberg라는 유명한 학자가 자신의 이름보다도 더 유명한 실험을 한 적이 있다. 상황은 이렇다. 단지에 90개의 공이 담겨 있는데 여기에는 30개의 빨간 공이 있고, 나머지 60개는 까만 공이거나 노란 공이다. 까만 공과 노란 공의 비율은 모른다. 게임의 규칙은 간단하다. 먼저 공의 색깔을 말한 뒤 눈을 감고 자신이 단지에서 뽑은 공이 그 색깔과 일치하면 돈을 받는 것이다. 빨간 공A과 까만 공B 중 어느 것으로 할 것인가? 대부분의 사람들은 빨간 공이라고 대답한다. 그리 놀랄 일은 아니다. 빨간 공이 30개인 것을 확실히 알기 때문이다.

그렇다면 다음 게임으로 넘어가보자 이번에는 '빨간 공 혹은 노란 공C'과 '까만 공 혹은 노란 공D'이다. 이제 대부분의 사람들은 '까만 공 혹은 노란 공'이 나오면 당첨되는 쪽으로 선택을 한다. 재미있는 것은 한 사람에게 이 두 게임을 연속적으로 물어봐도 같은 결과가 나온다는 것이다. 그런데 조금만 더 생각해 보면 이는 매우 우스운 일이다. 왜냐하면 첫 번째 게임에서 까만 공이 아닌 30개의 빨간 공에 걸겠다는 것은 자동적으로 까만 공이 30개보다 적다고 가정하는 것이다. 그리고 이는 다시 노란 공이 30개보다 많다는 가정과 연결된다. 따라서 빨간 공과 노란 공의 합은 60개를 넘으며 이는 '까만 공 혹은 노란 공(즉, 60개)'보다 더 선호되어야 한다. 그런데도 많은 사람들이 A와 D를 선택하더라는 것이다. 왜일까? 여기에는 불안과 불확실함을 기피하는 인간의 근본적 속성이 자리 잡고 있다.

꽤 많은 리더들이나 CEO가 보다 효율적이고 빠른 통솔을 위해 조직 내의 불안감을 조성한다. 조직원 간의 경쟁 유도, 업무수행 미진자에 대한 처벌이나 근무 평가체계 강화 등 방법은 다양하다. 물론 이러한 방법들은 적절한 긴장감 유발을 통해 근무기강 확립이나 현실안주에서의 탈피 등에 일부 긍정적 효과를 지닌다. 하지만 이러한 방법을 통해 불안감이 조직 내에 만연하면 그 결과는 회복할 수 없는 지경에까지 이르곤 한다. 따라서 불안이 지니는 영향력을 제대로 이해할 필요가 있다.

심리학자들은 인간이 가장 싫어하는 것이 바로 불안이라고 이야기한다. 불안은 예견되거나 현재 경험하고 있는 고통을 극대화시키는 증폭제이기 때문이다. 예를 들어 치열한 전투 후 응급치료를 받고 후송 대기 중인 병사들은 약 25% 정도만이 진통제를 요구하지만 비슷한 정도의 상처를 입은 일반 병원의 수술환자들은 80% 이상이 진통제를 요구한다. 물리적으로는 비슷한 고통이라도 후송될 것이라는 안도감이 고통을 덜 느끼게 해 주는 것이다. 이렇듯 어떤 일을 하거나 경험하기 이전에 조성된 불안의 정도는 그것과 무관한 것이라 할지라도 엄청난 힘을 현재 이 순간에 발휘한다. 그런데도 많은 사람들은 지금 이 순간의 일에 대해서만 생각을 하고 직전까지의 불안이 현재에 미치는 영향력에 대해서는 간과하기 십상이다.

불안은 어떤 상황에서 극대화될까

인간이 가장 싫어하는 것이 불안이다. 따라서 불안을 극대화할 수 있는 상황이라면 당연히 사람들은 최대한 피하고 싶을 것이다. 그건 바로 모호한 상황이다. 공포영화를 예로 들면 간단하게 이해할 수 있다. 공포영화에서 무서운 장면은 나중에 따로 떼어놓고 보면 그렇게까지 무섭지는 않다. 그런데 영화 속에서 그 장면 전까지의 예측불허한 상태가 현재 그 장면으로 인한 공포심을 극대화한다. 언제 무엇이 나올지 모르는 불확실성이 그렇게 만든 것이다. 그러므로 불안을 어떻게든 경험하고 싶지 않은 인간은 본능적으로 모호하거나 불확실한 상황을 피하려고 한다.

그런데 기업이든 국가든 조직이라면 발전과 미래를 위해 불확실함을 감수하고 모험적인 시도를 해야만 하는 경우가 있다. 이때 도태되면 끝장이라든가 더 이상 밀리면 큰일 난다는 식의 불안감이 필요 이상으로 조성될 경우 조직원들은 결코 모험을 시도하지 않게 된다. 따라서 진취적인 가치관이 필요하기 때문에 필연적으로 불확실한 모험을 수반하는 일을 해야 할 경우 리더나 CEO는 사전에 조직에 만연되어 있는 불안이 무엇인가를 찾아내 잘 어루만져 주어야 한다.

불안은 무조건 나쁜 것인가

불안은 무조건 나쁜 것인가? 그렇지 않다. 불확실함이 제거된 상황에서는 오히려 일을 촉진시킬 수 있는 힘이 된다. 모호하고 불확실함의 반대가 무엇인가? 분명하고 구체적인 것이다. 따라서 불안은 이렇게 가시적이고 구체적인 일을 할 때 더 궁합이 맞는다. 일들은 어떨 때 가시적이고 구체적일까? 마라톤을 생각해 보자. 처음 출발할 때에는 엄청난 거리가 남아 있고 따라서 많은 것들이 모호하고 불확실하다. 하지만 결승점을 볼 수 있는 메인스타디움에 들어서면 이제 모든 것이 확실해진다. 앞이 잘 보이지 않는 미래지향적인 일들과 목전으로 다가온 긴급한 일들. 이 두 가지를 분명히 구분할 수만 있어도 불안에 지배당하기보다는 다스릴 수 있는 리더가 될 수 있을 것이다.

'내 사람 앉히기'의 폐해를 파악하라

내 사람으로 채운 조직은 썩는다

"고양이에게 생선 맡긴 격"이라는 말이 새삼 회자되는 세상이다. 선박 운항의 준법 여부를 감시해야 하는 사람들이 결국 선주 쪽 사람들로 구성되었기에 벌어진 세월호 참사를 두고 나오는 말들이다. 하지만 이런 '제 집 사람 감독하기'는 참사로만 이어지는 것이 아니다. 훨씬 더 많은 미래가치들이 훼손된다.

'국가 미래 예측'이라는 것은 영국에서 최초로 실시했다고 한다. 1867년 영국 정부는 너무나 많은 말과 마차가 런던으로 몰려들어 걷잡을 수 없는 교통 혼잡으로 골머리를 앓고 있었다. 도로를 무작정 넓힐 수 없어 난감해하던 영국 정부는 과학자들을 불러 런던의 100년 후 미래를 전망하게 했다. 그랬더니 100년 후 런던은 불어난 마차로 인해 시내가 2층까지 말똥으로 뒤덮인다는 예측이 나왔다.

당연히 충격적이었을 것이다. 아무리 치워도 말똥을 감당하지 못한다는 결론인 셈이니 말이다. 말똥으로부터 탈출구를 모색하던 과학자들이 가마솥에 불을 때고 그 열기로 피스톤을 돌리는 아이디어를 생각해 냈다. 그게 바로 자동차다. 이렇게 최초의 자동차를 만들어 낸 영국인들은 드디어 말똥으로부터 해방됐다고 좋아했다. 여기까지는 사람들에게 꽤 알려진 이야기다. 절박한 상황이 창의적인 결과물로까지 이어졌다.

그런데 왜 자동차를 탄생시킨 영국이 지금은 자동차를 이야기할 때 가장 먼저 떠오르는 나라가 아닐까. 창의적 융합을 미래와 함께 이야기하는 것으로 유명한 정지훈 경희사이버대 교수가 재미있는 에피소드를 필자에게 들려줬다.

자동차가 만들어진 후 런던 도로에서는 자동차·말·마차 등이 뒤섞여 사고가 급증했다고 한다. 쇳덩이인 자동차와 말이 충돌하면 말이 다치기 십상이었고 마주들로부터 민원이 빗발쳤다. 말과 마차의 주인은 대부분 런던 상류층이었다. 정부에 입김이 셌던 마주들의 압력으로 정부는 '절충안'을 만들어 낸다. 그 절충안은 "런던의 모든 자동차는 시속 4km 이하로 운행하라."는 거였다. 자동차를 만드는 쪽에서는 답답한 일이다. 기술 개발이 촉진될 리 만무했다.

반드시 이 때문만은 아니겠지만 이 제도 시행 후 영국의 자동차 제작 기술은 상당 부분 독일과 미국으로 흘러나가 그곳에서 꽃을 피웠다. 영국이 자동차의 종주국이라고 생각하는 사람은 거의 없다. 본질적 미래 가치를 현재의 이해관계로 제한한 비극적 사례다.

한번 생각해 보자. 지금 우리가 미래를 이끌고 나갈 기술이나 아이디어를 정말 가지고 있지 못한 것일까, 아니면 이미 상당히 많은 것들을 가지고 있는데 현재 고착된 이해관계로 그것들을 보지 못하거나 훼손하고 있는 것은 아닐까.

이는 기업의 기술과 미래에만 적용되는 이야기가 아니다. 세월호 참사의 원인이 규명되면서 현재의 이해관계가 미래가치와 본질을 처참하게 훼손한 사례를 온 국민이 똑똑히 확인했다. 그 본질은 인간의 생명이고 미래가치는 우리의 청소년들이다. 150년 전 런던의 마주와 2014년 한국의 선주는 현재의 이해관계 때문에 훨씬 더 소중한 가치들을 짓밟았다.

정부와 기업의 리더들은 무엇을 해야 하는가? 본질적 측면은 하나다. 마주와 선주의 이해관계에 좌지우지되지 않는 사람을 써야 한다. 150년 전 런던에서 자동차의 시속을 4km 이하로 제한하는 어이없는 법률을 통과시킨 그 관료들 역시 '마주'였다.

조직 내부 편 가르기 문제의 심각성

조직 내부 편 가르기의 폐해
: 의견 묻지 않는 조직의 당연한 결말

시대를 불문하고 참으로 많은 곳에서 전체의 이익과 목적에 부합하는 것이 아니라 몇몇 소수의 사람이 모여 이른바 사조직을 만들고 이 사조직의 이해관계에 의해 일을 진행해 나가면서 조직이 붕괴되곤 한다. 이른바 모든 종류의 조직 내부 편 가르기 현상을 말한다. 조정 내 당파싸움, 당내 계파 간 갈등, 회사 내부 특정 학교 출신 동문회에 의한 전횡 등 민주주의 사회에서 다양함의 발로라고 보기에는 너무나 소집단 이기주의적인 모습들이 현대 사회라고 예외는 아니다.

당연히 이러한 편 가르기의 결과는 조직을 위한 소신 있는 행동을 극소화하고 배신자라 낙인찍히는 것을 가장 두려워하는 분위기를 만연시켜 최종적으로는 조금도 움직이지 않고 앉아서 최후를 자초하는 조직을 만들어 버린다. 그래서 동서고금을 막론하고 수많은 리더들은 조직 내부 편 가르기를 막으려고 안간힘을 써 왔지만 성공한 예는 그리 많지 않다.

조직 내부 편 가르기는 왜 일어나는 것일까? 첫째, 조직의 가치관 자체가 좋은 것을 향하기보다는 불행을 피하는 데 초점을 맞추고 있기 때문이다. 지금보다 더 좋은 것을 가지기 위해서는 당연히 새로운 것을 보아야 하며 따라서 다가오는 사람과 기회를 놓치지 말아야 한다. 배타적이고 싶어도 그럴 수가 없게 된다. 하지만 나쁜 것을 피하기 위해서는 최대한 변화를 줄여야 하며 다가오는 사람과 기회가 혹시 실패나 음모, 계략이 아닌가를 늘 의심해 보아야 한다. 따라서 배타성이 커질 수밖에 없다.

그래서 조직이 좋은 것을 향하고 있을 때에는 구성원들이 조직 내 팀이나 모임을 옮기는 경우가 다반사이다. 떠나는 사람이나 보내는 사람 모두 미래를 위한 기회를 긍정적으로 평가하기 때문이다. 따라서 이를 배신이라고 부르는 사람도 거의 없다. 하지만 무언가 불행한 것을 피하기 위한 것이 절체절명의 목적이며 이것이 캐치프레이즈로 되어 있는 조직에서는 아무리 사소한 모임에서 이탈하더라도 배신자라고 낙인을 찍는다.

이러한 문화가 만연된 조직은 결국 경직될 수밖에 없으며 표면적으로는 상하 질서가 뚜렷해 보이지만 사조직 혹은 계파 간 갈등이 오히려 더 기승을 부릴 수밖에 없게 된다. 당연히 소신 있는 목소리는 사라지고 만다.

소신 없는 리더가 소신 없는 직원을 만든다

수많은 리더들이 푸념한다. 소신 있게 일하는 사람이 없다고 말이다. 하지만 이는 본말이 전도된 말이다. 다시 말해서 소신 있는 사람이 없기 때문에 일이 되지 않는 것이 아니라 애초에 리더가 소신 있는 사람을 뽑지 않았기 때문이다. 그것이 조직 내 편 가르기의 두 번째 이유이다. 이른바 '무난한 사람' 위주의 인사를 한 결과라는 것이다.

무난한 사람도 분명 장점을 갖고 있다. 하지만 무난한 사람이 아닐 경우 선발되거나 진급하지 못하는 조직은 가치관과 소신이 아예 없거나 있다 하더라도 그것을 우선시하지 않는 사람만으로 조직을 채울 가능성이 높다. 그래서 사람을 뽑을 때 그 사람의 무난함보다 더 중요한 건 그 사람의 가치관을 묻고 그 가치관을 존중하는 것이다. 가치관 자체는 절대 비판의 대상이 아니기 때문이다. 비판의 대상은 그 가치관을 실행하는 방법에 있다. 자식을 사랑하는 마음은 좋은 것이지만 그 자식을 위해 남의 것을 훔치면 죄가 되는 것과 정확히 일치하는 것이다.

하지만 가치관에 대한 비판을 조직 입문 초기부터 리더와 상층부에서 강하게 내리기 시작하면 이제 구성원들은 소신을 버리고 자기를 지켜줄 사조직으로 들어가 보호받을 궁리만 한다. 진보 대 보수, 평등 대 경쟁 등 가치관 자체는 무죄이며 자유롭게 말할 수 있는 분위기가 너무나도 중요하다. 리더라면 누구나 조직 내부의 편 가르기를 막고 싶어 한다.

하지만 조직 내부의 편 가르기는 무언가의 결과이며 그 원인은 한참 이전부터 존재했음을 분명히 인식해야 한다. 그리고 그 원인은 대부분

리더 스스로에게 있다. 그것은 긍정적인 가치관을 제시하지 못하면서
자기 말에 무조건 복종하는 무난한 사람으로만 조직을 채우는 것이다.
지혜로운 리더라면 꼭 조심해야 할 점이다.

조직의 성장을 방해하는 리더의 확신

내 생각이 맞다는 증거만 찾으려는 CEO

CEO들이든 리더든 아랫사람들로부터 이런 비판을 뒤에서 들을 때가 자주 있다. "우리 CEO는 자기 생각만 고집한다니까? 자기가 틀릴 수 있다는 생각은 전혀 하지 않아!"이런 불만이 조직 내에 만연된다면 좋을 리가 없다. 그럼 CEO는 어떻게 해야 하는가? 자기 생각만을 고집하지 말고 틀릴 수도 있다는 것을 인정해야 한다고? 이는 말장난에 불과하다. 무언가 좋지 않은 A의 반대인 Not A를 하면 바로 고쳐진다고 생각하는 건 인간의 사고과정이 지닌 복잡성과 정교함을 너무나도 얕보는 것이기 때문이다. 왜 그렇게 되는지 그 과정을 살펴보는 것이 훨씬 더 중요하다.

4장의 카드가 당신 앞에 놓여 있다. 카드에는 각각 'A', '3', 'J', '4'이렇게 씌어 있다. 그런데 이 4장의 카드가 "카드의 한 면에 모음이 있다면, 뒷면에는 홀수가 있다."라는 규칙에 부합되게 제작되어 있는지 여부를 검사하기 위해서 2장의 카드를 뒤집어 봐서 알 수 있다면 어떤 카드를 확인해 봐야 할까? 사람들에게 물어보면 대부분 'A'와 '3'이라고 쓰인 카드를 확인해 보면 된다고 대답한다. 그런데 이는 절반만 정답이다.

일단 'A'는 정답이다. A가 모음이니까 뒷면에 홀수가 제대로 있는지 아니면 짝수가 있어 규칙을 위반했는지 여부를 보아야 하기 때문이다. 그런데 '3'을 확인하는 것은 오답이다. 왜냐하면 그 뒷면에 모음이 있든 자음이 있든 모음 뒤에는 홀수가 있어야 한다는 규칙과는 무관하기 때문이다. '3'을 확인했는데 뒤에 짝수가 있다 하더라도 '자음 뒤에는'혹은 '홀수 뒤에는'등의 규칙은 검사될 필요가 없기 때문이다. 따라서 정답은 맨 마지막 카드인 '4'를 확인해 봐야 한다. 만약 '4'를 넘겨 보았는데 거기에 모음이 있다면 이 규칙대로 제작이 안 된 것으로 볼 수 있기 때문이다. 재미있는 것은 사람들이 'A'는 잘 짚어 내는데 '4'를 골라내기는 어려워하고 '3'을 자꾸 기웃거린다는 것이다. 이는 무엇을 의미하는가?

'A'는 내 가설이나 생각, 즉 규칙을 확증할 수 있는 경로다. 그리고'4'는 내 가설을 반증할 수 있는 기회다. 그런데 사람들이 자기 생각을 확증하는 것은 잘하는 반면, 내 가설을 반증하는 기회나 대상은 잘 보려 하지 않음을 의미한다. 그리고 재미있는 것은 확증도 반증도 아닌 무의미한 3'을 자꾸 살펴보려 한다는 것이다.

왜일까? 간단한 논리학을 해 보자. "P이면 Q이다."라고 했을 때 P가 있다면 Q가 존재해야 한다. 그리고 P가 있는데 Q가 아니면 거짓이나 오류다. 이것은 명확히 참/거짓이 증명 가능한 상황이다('A'가 씌어져 있는 카드처럼). 그런데 한 면이 '3'인 카드는 "P이면 Q이다."라고 했을 때 Q가 주어진 것과 같은 구조다. 그런데 그렇다고 해서 꼭 P여야만 하는 것은 아니다. 따라서 참/거짓을 증명할 방법이 없는 상황이다.

그런데도 사람들은 이 카드를 확인해 보려 한다. 왜냐하면 내가 생각하고 있는 원인과 결과에 대한 가설이나 신념이 있을 경우, 결과에 해당하는 현상을 보게 되면 그걸 만들어 내는 원인들은 정말 다양할 수 있는데도 내 신념이나 믿음 속의 원인만을 떠올리기 때문이다.

리더의 지나친 확신이 조직의 발전을 가로막는다

이제 정리해 보자. "직원들에게 강한 채찍질을 해야 실적이 올라간다." 어떤 CEO가 평소 이런 신념을 강하게 가지고 있다. 그렇다면 이 CEO는 강한 채찍질을 해놓고 실적이 올라가는지 여부를 유심히 볼 것이다. 자기 신념의 검증을 위해 이건 틀린 것이 아니다. 문제는 올라간 실적을 받아들고 덮어놓고 채찍질을 많이 했기 때문이라고 생각한다는 것이다. 이런 생각은 자신의 신념을 확증도 반증도 하지 않는 것이다.

심리학자들은 이를 확증 편향이라고 부른다. 자신의 신념이나 가정을 지지하는 증거들만 찾으려 한다는 것이다. 개인이든 조직이든 이래서는 발전이 없다. 자신의 틀린 생각을 바로 잡으라고 말해 주는 결과나 증거들을 보지 않기 때문이다. 그러려면 차라리 실적이 올라가지 않았을 때 채찍질을 하지 않았는지 여부를 살펴보는 것이다. 그래야 자기 생각이 맞는지 틀리는지를 검증해 볼 수 있다.

스스로에겐 '똑부' 직원들에겐 '똑게'

장교의 4가지 유형

최근 직장인들을 중심으로 많이 회자되는 이야기가 하나 있다. 이른바 '똑게'와 '똑부'형 리더들이다. 똑게, 똑부형 리더는 2차 세계대전 당시에 독일 장군이었던 에리히 폰 만슈타인이 네 가지 유형의 장교 중 누가 장군으로 승진할 자격이 있는가에 관해 이야기한 것으로부터 유래했다. 네 가지 유형은 다음과 같이 요약된다. 멍청하고 부지런한 사람(멍부), 멍청하고 게으른 사람(멍게), 똑똑하고 부지런한 사람(똑부), 그리고 똑똑하고 게으른 사람(똑게)이다. 사람들이 이 이야기에 격한 공감을 표시하는 대목은 리더로서 최고는 똑부가 아닌 똑게라는 것이다. 왜냐 하면 똑게 리더들은 자신들의 똑똑함으로 인해 일을 지혜롭게 지시할 뿐만 아니라 결과가 나올 때까지 느긋하게 기다려 주기까지 하니 말이 다. 이를 두고 최근의 리더십 강연들과 책자에서는 이른바 '게으름의 지혜'라고 부른다.

예를 들어보자. 하루에 16시간이나 열심히 일하는 것으로 알려진 똑부 지미 카터는 재선에 실패한 반면 2~3시간 만 일한다는 소리를 들었던 똑게 로널드 레이건은 재선에 성공한 것은 물론이고 재임 기간 카터보다 훨씬 더 능력을 인정받은 대통령으로 자리매김했다. 하지만 정반대의 예도 얼마든지 있다. 성공적인 리더들이 아침에 일찍 일어나고 우리보다 훨씬 더 부지런한 삶을 살고 있다는 것 역시 너무나도 잘 알려져 있는 사실이다. 애플의 CEO 팀 쿡은 새벽 4시 30분에 일어나고 가장 먼저 출근하며 가장 늦게 퇴근하는 것으로 유명하다. 실제로 남들보다 서너 배 더 근면한 신화적인 보스들의 모습들은 이제 별로 놀랍지도 않다. 이러니 이 시대의 리더들은 혼란스럽다. 도대체 게으름(똑게)과 부지런함(똑부) 중 어느 장단에 맞춰야 한단 말인가.

리더의 소양

자, 그렇다면 똑게와 똑부 중 어느 것이 더 맞는가는 잠시 뒤로 하고 모든 독자들이 동의할 수밖에 없는 최근에 강조되는 좋은 리더의 소양을 한번 정리해 보자. 첫째, 특별한 목적도 없는 회의나 만남이 반복되는 것을 막아낸다. 둘째, 일이 제대로 이뤄질 수 있도록 자신의 권한을 팔로어에게 '위임delegate'하는 것을 두려워하지 않는다. 셋째, 불필요하거나 자질구레한 것들에 주의를 분산시키지 않고 발전과 혁신을 위한 핵심에만 집중한다. 넷째, 질문을 제기하는 것과 제기 받는 것 모두 마다하지 않는다.

필자가 참으로 흥미롭게 느끼는 점은 똑게가 더 낫다고 하는 사람들이든 똑부가 돼야 한다고 하는 사람들 모두 위의 특징들을 그 이유로 주장한다는 것이다. 그렇다면 두 그룹 중 어느 하나가 완전히 바보가 아니라면 결국 게으름과 부지런함이 같은 말을 의미하는 것 아니겠는가. 왜 이런 상반된 주장이 존재하는가? 그 이유는 일에 대한 부지런함과 사람에 대한 부지런함. 그리고 리더 자신에 대한 부지런함이 명확히 구분되지 않기 때문이다. 근면한 리더들은 나 혼자 있는 시간을 확보하기 위해서 노력한다. 당연히 통찰을 얻기 위해서다. 그러니 아침에도 일찍 일어나는 것이다. 그 시간에 사람 불러 모으는 일부터 하는 리더는 거의 없다. 이 모습을 주로 보면 그들은 똑부다. 그런데 이 사람들은 출근하면 사람들을 쫓아다니며 괴롭히지 않는다. 여유가 있는 것이다. 그러니 이 모습을 본 이들은 같은 사람을 똑게라고 부른다.

리더는 자신과 자신의 일에 부지런해야지 나 아닌 다른 사람들에 부지런하면 큰일 난다. 훌륭한 리더라면 이렇게 똑게이면서 동시에 똑부여야 한다.

흥(興)한 뒤 망(亡)하는 기업들의 공통점

로또의 저주

"떡 줄 사람은 생각도 안 하는데 김칫국부터 마신다."는 우리 속담이 있다. 아직 수중에 들어오지도 않았는데 마치 이미 가진 것처럼 생각하거나 행동할 때를 이르는 말이다. 우리 문화에서는 미래에 가지게 될 것을 섣불리 말하는 것을 조심하라고 가르치고 있다.

하지만 꼭 그렇지만은 않다. 심리학적으로는 미래에 개인 혹은 조직이 가질 수 있는 것들에 대해 서로 이야기하면서 그것을 어떻게 쓸까를 이야기하는 것이 중요하다. 그것을 실제 가졌을 때 제대로 사용하지 못함으로써 자멸하는 사례가 허다하기 때문에 사전에 생각하고 이야기를 나누며 준비할 필요가 있다.

좋은 예가 바로 이른바 '로또의 저주'다. 1등에 당첨돼 큰돈을 손에 쥔 사람들 중에 허망하게 그 돈을 모두 날리고 이전보다 더 나락으로 떨어지는 사람이 꽤 있다. 열심히 번 돈이 아니라서 그럴까? 물론 중요한 이유다. 하지만 유일한 이유는 아니다. 1등 당첨 후 이전보다 더 행복한 삶을 사는 사람들도 많다. 이런 사람들과 허망하게 돈을 날리는 사람들을 구분할 수 있는 요인을 알아 볼 필요가 있다. 필자도 1등 당첨자를 몇 사람 알고 있다. 그들은 의미 있는 일, 행복한 일, 그리고 예전에 해 보고 싶은 사업 등 다양한 분야에 돈을 쓰고 있으며 심지어는 더 큰 돈을 벌기도 한다. 무엇이 다를까?

목적이 분명하면 뿌리가 흔들리지 않는다

결론은 간단하다. 목적 있는 삶을 사는지 여부다. 미래에 소망하는 목적이 분명하고 또 여러 가지인 사람들은 우연하게 큰돈이 손에 들어와도 인생이 근본적으로 변하지 않는다. 같은 방향으로 나아간다. 다만 가속도가 붙을 뿐이다. 왜냐하면 그 돈으로 무엇을 해야 할지를 이미 알고 있기 때문이다. 또 그 목표를 이루기 위한 돈 규모에 대해서도 대충 알고 있기 때문에 수억 원 혹은 수십억 원씩 비상식적으로 돈을 쏟아 붓지도 않는다. 그 목표는 결국 나를 행복하게 만드는 것이기 때문에 사회적으로 바람직하지 않은 곳에 탐닉하면서 물 쓰듯 돈을 쓰는 우를 범하지도 않는다. 중요한 삶의 목표를 몇 개만 가지고 있다면 큰돈 앞에 인생이 망가지지 않는다는 것이다.

이를 기업에 적용해 보자. 많은 기업들이 '흥한'뒤 망한다. 이유는 돈을 잘못 썼기 때문이다. 갑자기 돈을 번 회사일수록 망할 가능성과 속도는 더 크고 빠르다. 대부분 미래에 자신들이 가지게 될 것을 어떻게 쓸 지에 대한 생각을 평소에 해놓지 않았기 때문이다. 그래서 기업의 리더는 10년 혹은 20년 후 자신의 기업이 가질 부의 규모와 그 부를 쓰게 될 '목표'를 평소 구성원들에게 구체적으로 알려야 한다. 이를 통해 조직 구성원들은 우리가 왜 일하느냐에 월급 이상의 의미를 부여한다. 일과 조직에 대한 애정이 더 커지는 것은 당연하다. 리더 역시 그 약속을 지키기 위해 무모한 행동을 최소화할 수 있다.

유대인의 경제교육을 말할 때 꼼꼼한 저축, 자선을 위한 저축, 자립심 키워주기 등을 늘 거론한다. 하지만 우리가 놓치고 있는 점이 있다. 유대인들이 아이들로 하여금 그 돈을 미래에 가지게 될 때 어떻게 쓸 것인지에 대해 늘 말하고 쓰게 한다는 사실이다. 돈을 어떻게 쓸 지에 관한 생각을 통해 삶의 의미와 목표를 구체화해 가는 것이 그들 경제교육인 것이다.

기업도 마찬가지다. '미래에 큰돈을 벌자'는 목적 없는 구호에서 벗어나자. 대신 '미래에 우리가 가지게 될 돈을 어떻게 쓸 것인지'에 대한 이야기를 조직 구성원들과 나누자. 그 변화는 대단할 것이다.

에필로그

2012년 겨울이었던 걸로 기억한다. 한 모임에서 오랜 벗이자 학문적 동지인 고려대 심리학과 고영건 교수로부터 매경에 칼럼을 연재해 보지 않겠느냐는 제안을 받았다. 제목도 미리 'CEO 심리학'으로 정해져 있었다. 망설였다. 타이틀의 무게보다는 시간이 문제였다. 2010년부터 그 당시까지 2년 가까이 네이버의 심리학 캐스트에 한 달에 2회씩 연재를 하면서 원고의 기일에 관한 중압감에 어느 정도 익숙해져 있었지만 일주일에 한 주제를 마무리한다는 것이 그리 간단한 일은 아니기 때문이다.

잠시 망설이던 필자의 뇌리에 수많은 분들의 모습이 하나씩 그렇지만 빠르게 스쳐 지나갔다. 기업체의 특강 때마다 마주하는 리더이자 팔로어인 조직의 관리자나 임원 분들께 정말이지 셀 수 없이 많은 질문들을 받았다. 그 때마다 최선을 다해 대답해 드렸지만 많은 경우 나의 설명이 끝나고 돌아오는 길이나 그 다음날에 더 정확한 대답이 다시금 떠오르면서 언제나 무릎을 치곤했기 때문이다. 그러나 그 분들에게 일일이 전화를 걸거나 이메일을 보낼 수도 없지 않은가. 아쉬움은 점점 더 쌓여만 갔고 그만큼 못다 한 이야기의 종류는 늘어만 갔다. 여기까지 생각이 가는데 대략 2~3분도 걸리지 않았던 것 같다. 그래서 단박에 "오케이, 하지 뭐."라고 승낙을 하고 말았다. 최소 6개월 만이라도 꾸준히 연재해 보라는 매경 편집진의 부탁 반 걱정 반으로 시작한 것이 벌써 어느덧 2년하고도 반, 횟수로는 100회를 넘겼으니 꽤 많은 이야기를 풀어 놓았다.

지난주 잠시 전화로 대화를 나누던 고교수 역시 "아직도 그렇게 할 말이 남았느냐?"라고 대뜸 웃으며 한 마디를 던지는 걸 보니 리더십에 관한 꽤 많은 이야기를 한 건 분명하다. 그런데 솔직히 말하자면 아직도 설명하고 싶은 내용들이 참으로 많이 남아 있다. 왜냐하면 사람과 사람의 관계에 관한 이야기이기 때문이다. 이 세상에서 가장 미묘하고 복잡한 우주가 사람과 사람 사이의 관계와 소통 아니겠는가. 어찌 몇 마디 명제나 행동강령으로 다 담아낼 수 있겠는가. 그래서 앞으로도 참 많은 수다를 리더십에 관해 떨어야 할 것 같다.

리더십과 관련된 필자의 글과 이야기는 많은 분들에게서 "정말 공감가는 좋은 내용입니다."라는 말보다는 "그런 이야기는 처음 들어봅니다."라는 평을 훨씬 더 많이 듣는다. 책의 첫머리에서 분명히 밝혔듯이 지극히 물리학스러운 이야기이기 때문이다. 화려한 완제품이라기보다는 그 결과물을 구성하고 있는 작은 부품들의 작동원리에 대한 설명이니 당연하다. 그러니 처음 들어보는 이야기라는 평이 필자에게도 훨씬 더 본분에 충실했다는 자평을 할 수 있게끔 해 준다.

이 책에 소개된 수많은 연구들 중 대놓고 리더십을 말하는 멋있는 연구들은 거의 없다. 절대 다수가 사람과 사람 사이의 관계와 소통을 말해 주는 훨씬 더 작고 구체적인 메커니즘을 밝혀내려는 깨알 같은 노력들이다. 그러니 필자도 무언가 글을 썼던 기억보다는 열심히 읽었던 기억의 양이 훨씬 더 크다.

다른 연구자들의 많은 땀방울에 더해 세상의 수많은 리더들과 팔로어들이 필자에게 던진 질문에 답해 보려고 나름 투지를 발휘해 보았다. 리더십의 정의가 "조직의 목표를 달성하기 위해서 구성원들에게 긍정적인 영향력을 발휘하는 것"이라면 소통과 공감을 통해서 직원의 마음을 먼저 얻는 것이 리더의 중요한 덕목이라 믿는다. 그동안 조직의 리더십에 대한 수많은 질문에 큰 도움이 되길 바라면서 독자의 준엄한 평가를 조심스럽게 기다려본다.

끝으로 'CEO 심리학' 칼럼을 오랫동안 연재하는데 지원을 아끼지 않은 매일경제신문사의 용환진, 차윤탁, 박인혜, 김제림 기자님에게 감사드린다. 글이 어떤 의미를 가지는지에 대해 조언과 격려 그리고 질책으로 나아갈 방향에 대해 기꺼이 조언해준 문화 심리학자 김정운 선배님께도 고마운 마음을 전한다. 원고를 좋은 책으로 만드는데 끝까지 고민하고, 책이 더 큰 의미를 가지도록 탁월한 기획력을 발휘해준 진성북스 박상진 대표님을 비롯한 임직원 여러분에게도 깊은 감사를 표한다.

2015년 6월 아주대 원천골에서 김경일

진성북스
도서목록

사람이 가진 무한한 잠재력을 키워가는 **진성북스**는
지혜로운 삶에 나침반이 되는 양서를 만듭니다.

하버드 경영대학원 마이클 포터의 성공전략 지침서

당신의 경쟁전략은 무엇인가?

조안 마그레타 지음 | 김언수, 김주권, 박상진 옮김
368쪽 | 값 22,000원

이 책은 방대하고 주요한 마이클 포터의 이론과 생각을 한 권으로 정리했다. <하버드 비즈니스리뷰> 편집장 출신인 조안 마그레타 (Joan Magretta)는 마이클 포터와의 협력으로 포터교수의 아이디어를 업데이트하고, 이론을 증명하기 위해 생생하고 명확한 사례들을 알기 쉽게 설명한다. 전략경영과 경쟁전략의 핵심을 단기간에 마스터하기 위한 사람들의 필독서이다.

● 전략의 대가, 마이클 포터 이론의 결정판
● 아마존 전략분야 베스트 셀러
● 일반인과 대학생을 위한 전략경영 필독서

비즈니스 성공의 불변법칙
경영의 멘탈모델을 배운다!

퍼스널 MBA
10주년 기념 증보판

조시 카우프만 지음 | 박상진, 이상호 옮김
832쪽 | 값 35,000원

"MASTER THE ART OF BUSINESS"

비즈니스 스쿨에 발을 들여놓지 않고도 자신이 원하는 시간과 적은 비용으로 비즈니스 지식을 획기적으로 높이는 방법을 가르쳐주고 있다. 실제 비즈니스의 운영, 개인의 생산성 극대화, 그리고 성과를 높이는 스킬을 배울 수 있다. 이 책을 통해 경영학을 마스터하고 상위 0.01%에 속하는 부자가 되는 길을 따라가 보자.

● 아마존 경영 & 리더십 트레이닝 분야 1위
● 미국, 일본, 중국 베스트 셀러
● 전 세계 100만 부 이상 판매

한국기업, 글로벌 최강 만들기 프로젝트 1

넥스트 이노베이션

김언수, 김봉선, 조준호 지음 | 396쪽 |
값 18,000원

넥스트 이노베이션은 혁신의 본질, 혁신의 유형, 각종 혁신의 사례들, 다양한 혁신을 일으키기 위한 약간의 방법론들, 혁신을 위한 조직 환경과 디자인, 혁신과 관련해 개인이 할 수 있는 것들, 향후의 혁신 방향 및 그와 관련된 정부의 정책의 역할까지 폭넓게 논의한다. 이 책을 통해 조직 내에서 혁신에 관한 공통의 언어를 생성하고, 새로운 혁신 프로젝트에 맞는 구체적인 도구와 프로세스를 활용하는 방법을 개발하기 바란다. 나아가 여러 혁신 성공 및 실패 사례를 통해 다양하고 창의적인 혁신 아이디어를 얻고 실행에 옮긴다면 분명 좋은 성과를 얻을 수 있으리라 믿는다.

인간에게 영감을 불어넣는 '숨'의 역사

호흡

에드거 윌리엄스 지음
황선영 옮김
396쪽 | 값 22,000원

호흡 생리학자가 엮어낸 호흡에 관한 거의 모든 지식!
우리 삶에 호흡이 왜 중요할까? 그건 바로 생존이 달려있기 때문이다. 지금까지 건강한 호흡 방법, 명상을 위한 호흡법처럼 건강으로 호흡을 설명하는 책들은 많았다. 하지만 호흡 자체의 본질적 질문에 답하는 책은 없었다. 저자는 "인간은 왜 지금과 같은 방식으로 숨을 쉬게 되었는가?"라는 질문에서 시작한다. 평생 호흡을 연구해 온 오늘날 현대인이 호흡할 수 있기까지의 전 과정을 인류역사, 인물, 사건, 기술, 문학작품을 통해서 생생하게 일러준다.

과학책에서 들었을 법한 산소 발견 이야기는 물론, 인종차별의 증거로 잘못 활용된 폐활량계, 제1차 세계대전에서 수많은 사상자를 남긴 유독가스, 오늘날에도 우리를 괴롭히는 다양한 호흡 장애와 몸과 마음을 지키는 요가의 호흡법 등, 이 책은 미처 세기도 어려운 호흡에 관한 거의 모든 지식을 총망라하며 읽는 이의 지성을 자극하고도 남는다. 인간에게 숨은 생명의 시작이면서 끝이고, 삶에 대한 풍부한 스토리를 내포하고 있다.

저자는 "평생 탐구해 온 단 하나의 물음인 '인간은 왜 지금과 같은 방식으로 숨을 쉬게 되었는가'에 대한 해답을 이 책에서 찾아보고자" 했다고 밝힌다. 하지만 호흡이라는 하나의 주제로 엮인 이 책을 통해 알 수 있는 것이 비단 호흡의 비밀만은 아니다.

우리는 수개월 동안 호흡 없이 뱃속에서 지내던 아이의 첫울음에 이루 말할 수 없는 감동을 느끼게 된다. 또한 인체에 대한 이해와 산소호흡기의 탄생 등 눈부신 발전을 이룩한 현대 의학의 이면에 숨은 수많은 연구자의 성공과 실패담을 읽으며 그 노고를 깨닫게 된다. 호흡이라는 주제로 얽히고설킨 깊고 넓은 지식의 생태계 속에서 여러분들은 인류의 번영과 고뇌, 무수한 학자들의 성공과 실패, 그리고 삶과 죽음이 녹아든 지혜를 선물 받을 것이다.

새로운 리더십을 위한 지혜의 심리학

이끌지 말고 따르게 하라

김경일 지음
328쪽 | 값 15,000원

이 책은 '훌륭한 리더', '존경받는 리더', '사랑받는 리더'가 되고 싶어하는 모든 사람들을 위한 책이다. 요즘 사회에서는 존경보다 질책을 더 많이 받는 리더들의 모습을 쉽게 볼 수 있다. 저자는 리더십의 원형이 되는 인지심리학을 바탕으로 바람직한 리더의 모습을 하나씩 밝혀준다. 현재 리더의 위치에 있는 사람뿐만 아니라, 앞으로 리더가 되기 위해 노력하고 있는 사람이라면 인지심리학의 새로운 접근에 공감하게 될 것이다. 존경받는 리더로서 조직을 성공시키고, 나아가 자신의 삶에서도 승리하기를 원하는 사람들에게 필독을 권한다.

● OtvN <어쩌다 어른> 특강 출연
● 예스24 리더십 분야 베스트 셀러
● 국립중앙도서관 사서 추천 도서

기초가 탄탄한 글의 힘

실용 글쓰기 정석

황성근 지음 | 252쪽 | 값 13,500원

글쓰기는 인간의 기본 능력이자 자신의 능력을 발휘하는 핵심적인 도구이다. 이 책에서는 기본 원리와 구성, 나아가 활용 수준까지 글쓰기의 모든 것을 다루고 있다. 이 책은 지금까지 자주 언급되고 무조건적으로 수용되던 기존 글쓰기의 이론들을 아예 무시했다. 실제 글쓰기를 할 때 반드시 필요하고 알아두어야 하는 내용들만 담았다. 소설 읽듯 하면 바로 이해되고 그 과정에서 원리를 터득할 수 있도록 심혈을 기울인 책이다. 글쓰기에 대한 깊은 고민에 빠진 채 그 방법을 찾지 못해 방황하고 있는 사람들에게 필독하길 권한다.

앞서 가는 사람들의 두뇌 습관

스마트 싱킹

아트 마크먼 지음 | 박상진 옮김
352쪽 | 값 17,000원

숨어 있던 창의성의 비밀을 밝힌다!
인간의 마음이 어떻게 작동하는지 설명하고, 스마트해지는데 필요한 완벽한 종류의 연습을 하도록 도와준다. 고품질 지식의 습득과 문제 해결을 위해 생각의 원리를 제시하는 인지 심리학의 결정판이다! 고등학생이든, 과학자든, 미래의 비즈니스 리더든, 또는 회사의 CEO든 스마트 싱킹을 하고자 하는 누구에게나 이 책은 유용하리라 생각한다.

● 조선일보 등 주요 15개 언론사의 추천
● KBS TV, CBS방영 및 추천

UN 선정, 미래 경영의 17가지 과제

지속가능발전목표란 무엇인가?

딜로이트 컨설팅 엮음 | 배정희, 최동건 옮김 |
360쪽 | 값 17,500원

지속가능발전목표(SDGs)는 세계 193개국으로 구성된 UN에서 2030년까지 달성해야 할 사회과제 해결을 목표로 설정됐으며, 2015년 채택 후 순식간에 전 세계로 퍼졌다. SDGs의 큰 특징 중 하나는 공공, 사회, 개인(기업)의 세 부문에 걸쳐 널리 파급되고 있다는 점이다. 그러나 SDGs가 세계를 향해 던지는 근본적인 질문에 대해서는 사실 충분한 이해와 침투가 이뤄지지 않고 있다. SDGs는 단순한 외부 규범이 아니다. 단순한 자본시장의 요구도 아니다. 단지 신규사업이나 혁신의 한 종류도 아니다. SDGs는 과거 수십 년에 걸쳐 글로벌 자본주의 속에서 면면이 구축되어온 현대 기업경영 모델의 근간을 뒤흔드는 변화(진화)에 대한 요구다. 이러한 경영 모델의 진화가 바로 이 책의 주요 테마다.

상위 7% 우등생 부부의 9가지 비결

사랑의 완성
결혼을 다시 생각하다

그레고리 팝캑 지음
민지현 옮김 | 396쪽 | 값 16,500원

결혼 상담 치료사인 저자는 특별한 부부들이 서로를 대하는 방식이 다른 모든 부부관계에도 도움이 된다고 알려준다. 이 책은 저자 자신의 결혼생활 이야기를 비롯해 상담치료 사례와 이에 대한 분석, 자가진단용 설문, 훈련 과제 및 지침 등으로 구성되어 있다. 이 내용들은 오랜 결혼 관련 연구논문으로 지속적으로 뒷받침되고 있으며 효과가 입증된 것들이다. 이 책을 통해 독자들은 무엇이 결혼생활에 부정적으로 작용하며, 긍정적인 변화를 위해 어떤 노력을 해야 하는지 배울 수 있다.

나의 경력을 빛나게 하는 인지심리학

커리어 하이어

아트 마크먼 지음 | 박상진 옮김 | 340쪽 |
값 17,000원

이 책은 세계 최초로 인지과학 연구 결과를 곳곳에 배치해 '취업-업무 성과-이직'으로 이어지는 경력 경로 전 과정을 새로운 시각에서 조명했다. 또한, 저자인 아트 마크먼 교수가 미국 텍사스 주립대의 '조직의 인재 육성(HDO)'이라는 석사학위 프로그램을 직접 개설하고 책임자까지 맡으면서 '경력 관리'에 대한 이론과 실무를 직접 익혔다. 따라서 탄탄한 이론과 직장에서 바로 적용할 수 있는 실용성까지 갖추고 있다. 특히 2부에서 소개하는 성공적인 직장생활의 4가지 방법들은 이 책의 백미라고 볼 수 있다.

나와 당신을 되돌아보는, 지혜의 심리학

어쩌면 우리가 거꾸로 해왔던 것들

김경일 지음 | 272쪽 | 값 15,000원

저자는 이 책에서 수십 년 동안 심리학을 공부해오면서 사람들로부터 가장 많은 공감을 받은 필자의 말과 글을 모아 엮었다. 수많은 독자와 청중들이 '아! 맞아. 내가 그랬었지'라며 지지했던 내용들이다. 다양한 사람들이 공감한 내용들의 방점은 이렇다. 안타깝게도 세상을 살아가는 우리 대부분은 '거꾸로'하고 있는지도 모른다. 이 책은 지금까지 일상에서 거꾸로 해온 것을 반대로, 즉 우리가 '거꾸로 해왔던 수많은 말과 행동들'을 조금이라도 제자리로 되돌아보려는 노력의 산물이다. 이런 지혜를 터득하고 심리학을 생활 속에서 실천하길 바란다.

고혈압, 당뇨, 고지혈증, 골관절염...
큰 병을 차단하는 의사의 특별한 건강관리법

몸의 경고

박제선 지음 | 336쪽 | 값 16,000원

현대의학은 이제 수명 연장을 넘어, 삶의 질도 함께 고려하는 상황으로 바뀌고 있다. 삶의 '길이'는 현대의료시스템에서 잘 챙겨주지만, '삶의 질'까지 보장받기에는 아직 갈 길이 멀다. 삶의 질을 높이려면 개인이 스스로 해야 할 일이 있다. 진료현장의 의사가 개인의 세세한 건강을 모두 신경 쓰기에는 역부족이다. 이 책은 아파서 병원을 찾기 전에 스스로 '예방'할 수 있는 영양요법과 식이요법에 초점을 맞추고 있다. 병원에 가기 두렵거나 귀찮은 사람, 이미 질환을 앓고 있지만 심각성을 깨닫지 못하는 사람들에게 가정의학과 전문의가 질병 예방 길잡이를 제공하는 좋은 책이다.

질병의 근본 원인을 밝히고 남다른 예방법을 제시한다

의사들의 120세 건강 비결은 따로 있다

마이클 그레거 지음 | 홍영준, 강태진 옮김
❶ 질병원인 치유편 | 564쪽 | 값 22,000원
❷ 질병예방 음식편 | 340쪽 | 값 15,000원

미국 최고의 영양 관련 웹사이트인 http://NutritionFacts.org를 운영 중인 세계적인 영양전문가이자 내과의사가 과학적인 증거로 치명적인 질병으로 사망하는 원인을 규명하고 병을 예방하고 치유하는 식습관에 대해 집대성한 책이다. 저자는 영양과 생활방식의 조정이 처방약, 항암제, 수술보다 더 효과적일 수 있다고 강조한다. 우수한 건강서로서 모든 가정의 구성원들이 함께 읽고 실천하면 좋은 '가정건강지킴이'로서 손색이 없다.

● 아마존 식품건강분야 1위   ● 출간 전 8개국 판권계약

성공적인 인수합병의 가이드라인
시너지 솔루션

마크 서로워,
제프리 웨이런스 지음
김동규 옮김
456쪽 | 값 25,000원

"왜 최고의 기업은 최악의 선택을 하는가?"
유력 경제 주간지 『비즈니스위크Businessweek』의 기사에 따르면 주요 인수합병 거래의 65%가 결국 인수기업의 주가가 무참히 무너지는 결과로 이어졌다. 그럼에도 M&A는 여전히 기업의 가치와 미래 경쟁력을 단기간 내에 끌어올릴 수 있는 매우 유용하며 쉽게 대체할 수 없는 성장 및 발전 수단이다. 그렇다면 수많은 시너지 함정과 실수를 넘어 성공적인 인수합병을 위해서는 과연 무엇이 필요할까? 그 모든 해답이 이 책, 『시너지 솔루션』에 담겨 있다.
두 저자는 1995년부터 2018년까지 24년 동안 발표된 2,500건을 상회하는 1억 달러 이상 규모의 거래를 분석했으며, 이를 통해 인수 거래 발표 시 나타나는 주식 시장의 반응이 매우 중요하며, 이렇게 긍정적인 방향으로 시작한 거래가 부정적인 반응을 얻은 뒤 변화 없이 지속된 거래에 비해 압도적인 성과를 거두게 됨을 알게 되었다. 이러한 결과를 통해 제대로 된 인수 거래의 중요성을 재확인한 두 저자는 올바른 M&A 전략을 세우고 이를 계획대로 실행할 수 있도록 M&A의 '엔드 투 엔드 솔루션'을 제시한다. 준비된 인수기업이 되어 함정을 피할 수 있는 인수전략을 개발하고 실행하는 법은 물론, 프리미엄을 치르는 데 따르는 성과 약속을 전달하는 법, 약속한 시너지를 실제로 구현하는 법, 변화를 관리하고 새로운 문화를 구축하는 법, 그리고 장기적 주주 가치를 창출하고 유지하는 법을 모두 한 권에 책에 담음으로써, M&A의 성공률을 높이고 기업과 주주 모두에게 도움이 될 수 있도록 하였다. 『시너지 솔루션』이 제시하는 통합적인 관점을 따라간다면 머지않아 최적의 시기에 샴페인을 터뜨리며 축배를 드는 자신을 보게 될 것이다.

회사를 살리는 영업 AtoZ

세일즈 마스터

이장석 지음 | 396쪽 | 값 17,500원

영업은 모든 비즈니스의 꽃이다. 오늘날 경영학의 눈부신 발전과 성과에도 불구하고, 영업관리는 여전히 비과학적인 분야로 남아 있다. 영업이 한 개인의 개인기나 합법과 불법을 넘나드는 묘기의 수준에 남겨두는 한, 기업의 지속적 발전은 한계에 부딪히기 마련이다. 이제 편법이 아닌 정석에 관심을 쏟을 때다. 본질을 망각한 채 결과에 올인하는 영업직원과 눈앞의 성과만으로 모든 것을 평가하려는 기형적인 조직문화는 사라져야 한다. 이 책은 영업의 획기적인 리엔지니어링을 위한 AtoZ를 제시한다. 디지털과 인공지능 시대에 더 인정받는 영업직원과 리더를 위한 필살기다.

언제까지 질병으로 고통받을 것인가?

난치병 치유의 길

앤서니 윌리엄 지음 | 박용준 옮김
468쪽 | 값 22,000원

이 책은 현대의학으로는 치료가 불가능한 질병으로 고통 받는 수많은 사람들에게 새로운 치료법을 소개한다. 저자는 사람들이 무엇으로 고통 받고, 어떻게 그들의 건강을 관리할 수 있는지에 대한 영성의 목소리를 들었다. 현대 의학으로는 설명할 수 없는 질병이나 몸의 비정상적인 상태의 근본 원인을 밝혀주고 있다. 당신이 원인불명의 증상으로 고생하고 있다면 이 책은 필요한 해답을 제공해 줄 것이다.

● 아마존 건강분야 베스트 셀러 1위

유능한 리더는 직원의 회복력부터 관리한다

스트레스 받지 않는 사람은 무엇이 다른가

데릭 로저, 닉 페트리 지음
김주리 옮김 | 308쪽 | 값 15,000원

이 책은 흔한 스트레스 관리에 관한 책이 아니다. 휴식을 취하는 방법에 관한 책도 아니다. 인생의 급류에 휩쓸리지 않고 어려움을 헤쳐 나갈 수 있는 능력인 회복력을 강화하여 삶을 주체적으로 사는 법에 관한 명저다. 엄청난 무게의 힘든 상황에서도 감정적 반응을 재설계하도록 하고, 스트레스 증가 외에는 아무런 도움이 되지 않는 자기 패배적 사고 방식을 깨는 방법을 제시한다. 깨어난 순간부터 자신의 태도를 재조정하는 데 도움이 되는 사례별 연구와 극복 기술을 소개한다.

기후의 역사와 인류의 생존

시그널

벤저민 리버만, 엘리자베스 고든 지음
은종환 옮김 | 440쪽 | 값 18,500원

이 책은 인류의 역사를 기후변화의 관점에서 풀어내고 있다. 인류의 발전과 기후의 상호작용을 흥미 있게 조명한다. 인류 문화의 탄생부터 현재에 이르기까지 역사의 중요한 지점을 기후의 망원경으로 관찰하고 해석한다. 당시의 기후조건이 필연적으로 만들어낸 여러 사회적인 변화를 파악한다. 결코 간단하지 않으면서도 흥미진진한, 그리고 현대인들이 심각하게 다뤄야 할 이 주제에 대해 탐구를 시작하고자 하는 독자에게 이 책이 좋은 길잡이가 되리라 기대해본다.

세계 초일류 기업이 벤치마킹한
성공전략 5단계

승리의 경영전략

AG 래플리, 로저마틴 지음
김주권, 박광태, 박상진 옮김
352쪽 | 값 18,500원

전략경영의 살아있는 메뉴얼

가장 유명한 경영 사상가 두 사람이 전략이란 무엇을 위한 것이고, 어떻게 생각해야 하며, 왜 필요하고, 어떻게 실천해야 할지 구체적으로 설명한다. 이들은 100년 동안 세계 기업회생역사에서 가장 성공적이라고 평가받고 있을 뿐 아니라, 직접 성취한 P&G의 사례를 들어 전략의 핵심을 강조하고 있다.

● 경영대가 50인(Thinkers 50)이 선정한 2014 최고의 책
● 탁월한 경영자와 최고의 경영 사상가의 역작
● 월스트리스 저널 베스트 셀러

언어를 넘어 문화와 예술을 관통하는 수사학의 힘

현대 수사학

요아힘 크나페 지음
김종영, 홍설영 옮김 | 480쪽 | 값 25,000원

이 책의 목표는 인문학, 문화, 예술, 미디어 등 여러 분야에 수사학을 접목시킬 현대 수사학이론을 개발하는 것이다. 수사학은 본래 언어적 형태의 소통을 연구하는 학문이라서 기초이론의 개발도 이 점에 주력하였다. 그 결과 언어적 소통의 관점에서 수사학의 역사를 개관하고 정치 수사학을 다루는 서적은 꽤 많지만, 수사학 이론을 현대적인 관점에서 새롭고 포괄적으로 다룬 연구는 눈에 띄지 않는다. 이 책은 수사학이 단순히 언어적 행동에 국한하지 않고, '소통이 있는 모든 곳에 수사학도 있다'는 가정에서 출발한다. 이를 토대로 크나페 교수는 현대 수사학 이론을 체계적으로 개발하고, 문학, 음악, 이미지, 영화 등 실용적인 영역에서 수사학적 분석이 어떻게 가능한지를 총체적으로 보여준다.

백 마디 불통의 말, 한 마디 소통의 말

당신은 어떤 말을 하고 있나요?

김종영 지음
248쪽 | 값 13,500원

리더십의 핵심은 소통능력이다. 소통을 체계적으로 연구하는 학문이 바로 수사학이다. 이 책은 우선 사람을 움직이는 힘, 수사학을 집중 조명한다. 그리고 소통의 능력을 필요로 하는 우리 사회의 리더들에게 꼭 필요한 수사적 리더십의 원리를 제공한다. 더 나아가서 수사학의 원리를 실제 생활에 어떻게 적용할 수 있는지 일러준다. 독자는 행복한 말하기와 아름다운 소통을 체험할 것이다.

● SK텔레콤 사보 <Inside M> 인터뷰
● MBC 라디오 <라디오 북 클럽> 출연
● 매일 경제, 이코노믹리뷰, 경향신문 소개
● 대통령 취임 2주년 기념식 특별연설

경쟁을 초월하여 영원한 승자로 가는 지름길

탁월한 전략이 미래를 창조한다

리치 호워드 지음 | 박상진 옮김
300쪽 | 값 17,000원

이 책은 혁신과 영감을 통해 자신들의 경험과 지식을 탁월한 전략으로 바꾸려는 리더들에게 실질적인 프레임워크를 제공해준다. 저자는 탁월한 전략을 위해서는 새로운 통찰을 결합하고 독자적인 경쟁 전략을 세우고 헌신을 이끌어내는 것이 중요하다고 강조한다. 나아가 연구 내용과 실제 사례, 사고 모델, 핵심 개념에 대한 명쾌한 설명을 통해 탁월한 전략가가 되는 데 필요한 핵심 스킬을 만드는 과정을 제시해준다.

● 조선비즈, 매경이코노미 추천도서
● 저자 전략분야 뉴욕타임즈 베스트 셀러

대담한 혁신상품은 어떻게 만들어지는가?

신제품 개발 바이블

로버트 쿠퍼 지음 | 류강석, 박상진, 신동영 옮김
648쪽 | 값 28,000원

오늘날 비즈니스 환경에서 진정한 혁신과 신제품개발은 중요한 도전과제이다. 하지만 대부분의 기업들에게 야심적인 혁신은 보이지 않는다. 이 책의 저자는 제품혁신의 핵심성공 요인이자 세계최고의 제품개발 프로세스인 스테이지-게이트(Stage-Gate)에 대해 강조한다. 아울러 올바른 프로젝트 선택 방법과 스테이지-게이트 프로세스를 활용한 신제품개발 성공 방법에 대해서도 밝히고 있다. 신제품은 기업번영의 핵심이다. 이러한 방법을 배우고 기업의 실적과 시장 점유율을 높이는 대담한 혁신을 성취하는 것은 담당자, 관리자, 경영자의 마지노선이다.

10만 독자가 선택한
국내 최고의 인지심리학 교양서

지혜의 심리학
10주년 기념판

김경일 지음
340쪽 | 값 18,500원

10주년 기념판으로 새롭게 만나는 '인지심리학의 지혜'!
생각에 관해서 인간은 여전히 이기적이고 이중적이다. 깊은 생각을 외면하면서도 자신의 생각과 인생에 있어서 근본적인 변화를 애타게 원하기 때문이다. 하지만 과연 몇이나 자기계발서를 읽고 자신의 생각에 근본적인 변화와 개선을 가질 수 있었을까? 불편하지만 진실은 '결코 없다'이다. 우리에게 필요한 것은 '어떻게' 그 이상, '왜'이다. '왜'라고 생각하면 '왜냐하면'이라는 답이 태어나고, 이는 다시금 더 이전의 원인에 대한 질문인 또 다른 '왜'와 그에 따른 '왜냐하면'들을 낳는다.

우리는 살아가면서 다양한 어려움에 봉착하게 된다. 이때 우리는 지금까지 살아오면서 쌓았던 다양한 How들만 가지고는 이해할 수도 해결할 수도 없는 어려움들에 자주 직면하게 된다. 따라서 이 How들을 이해하고 연결해 줄 수 있는 Why에 대한 대답을 지녀야만 한다. 『지혜의 심리학』은 바로 이 점을 우리에게 알려주어 왔다. 이 책은 '이런 이유가 있다'로 우리의 관심을 발전시켜 왔다. 그리고 그 이유들이 도대체 '왜' 그렇게 자리 잡고 있으며 왜 그렇게 고집스럽게 우리의 생각 깊은 곳에서 힘을 발휘하는지에 대하여 눈을 뜨게 해주었다.

그동안 『지혜의 심리학』은 국내 최고의 인지심리학자인 김경일 교수가 생각의 원리에 대해 직접 연구한 내용을 바탕으로 명쾌한 논리로 수많은 독자들을 지혜로운 인지심리학의 세계로 안내해 왔다. 그리고 앞으로도, 새로운 독자들에게 참된 도전과 성취에 대한 자신감을 건네주기에 더할 나위 없는 지혜를 선사할 것이다.

● OtvN <어쩌다 어른> 특강 출연
● 2014년 중국 수출 계약 | 포스코 CEO 추천 도서

노자, 궁극의 리더십을 말하다

2020 대한민국을 통합 시킬 주역은 누구인가?

안성재 지음 | 524쪽 | 값 19,500원

노자는 "나라를 다스리는 것은 간단하고도 온전한 원칙이어야 지, 자꾸 복잡하게 그 원칙들을 세분해서 강화하면 안된다!"라 고 일갈한다. 법과 제도를 세분해서 강화하지 않고 원칙만으로 다스리는 것이 바로 대동사회다. 원칙을 수많은 항목으로 세분 해서 통제한 것은 소강사회의 모태가 되므로 경계하지 않으면 안된다. 이 책은 [도덕경]의 오해와 진실 그 모든 것을 이야기 한다. 동서고금을 아우르는 지혜가 살아넘친다. [도덕경] 한 권 이면 국가를 경영하는 정치지도자에서 기업을 경영하는 관리 자까지 리더십의 본질을 꿰뚫을 수 있을 것이다.

인생의 고수가 되기 위한 진짜 공부의 힘

김병완의 공부혁명

김병완 지음
236쪽 | 값 13,800원

공부는 20대에게 세상을 살아갈 수 있는 힘과 자신감 그리고 내 공을 길러준다. 그래서 20대 때 공부에 미쳐 본 경험이 있는 사 람과 그렇지 못한 사람은 알게 모르게 평생 큰 차이가 난다. 진 짜 청춘은 공부하는 청춘이다. 공부를 하지 않고 어떻게 100세 시대를 살아가고자 하는가? 공부는 인생의 예의이자 특권이다. 20대 공부는 자신의 내면을 발견할 수 있게 해주고, 그로 인해 진짜 인생을 살아갈 수 있게 해준다. 이 책에서 말하는 20대 청 춘이란 생물학적인 나이만을 의미하지 않는다. 60대라도 진짜 공부를 하고 있다면 여전히 20대 청춘이고 이들에게는 미래에 대한 확신과 풍요의 정신이 넘칠 것이다.

감동으로 가득한 스포츠 영웅이 휴먼 스토리

오픈

안드레 애거시 지음 | 김현정 옮김
614쪽 | 값 19,500원

시대의 이단아가 던지는 격정적 삶의 고백!

남자 선수로는 유일하게 골든 슬램을 달성한 안드레 애거시. 테 니스 인생의 정상에 오르기까지와 파란만장한 삶의 여정이 서정 적 언어로 독자의 마음을 자극한다. 최고의 스타 선수는 무엇으 로, 어떻게, 그 자리에 오를 수 있었을까? 또 행복하지만 은 않았 던 그의 테니스 인생 성장기를 통해 우리는 무엇을 배 울 수 있 을까. 안드레 애거시의 가치관과 생각을 읽을 수 있다.

하버드 경영 대학원 마이클 포터의 성공전략 지침서

당신의 경쟁전략은 무엇인가?

조안 마그레타 지음
김언수, 김주권, 박상진 옮김
368쪽 | 값 22,000원

마이클 포터(Michael E. Porter)는 전략경영 분야의 세계 최고 권위자다. 개별 기업, 산업구조, 국가를 아우르는 연 구를 전개해 지금까지 17권의 저서와 125편 이상의 논문 을 발표했다. 저서 중 『경쟁전략(Competitive Strategy)』 (1980), 『경쟁우위(Competitive Advantage)』(1985), 『국 가경쟁우위(The Competitive Advantage of Nations)』 (1990) 3부작은 '경영전략의 바이블이자 마스터피스'로 공인받고 있다. 경쟁우위, 산업구조 분석, 5가지 경쟁요인, 본원적 전략, 차별화, 전략적 포지셔닝, 가치사슬, 국가경 쟁력 등의 화두는 전략 분야를 넘어 경영학 전반에 새로운 지평을 열었고, 사실상 세계 모든 경영 대학원에서 핵심적 인 교과목으로 다루고 있다. 이 책은 방대하고 주요한 마 이클 포터의 이론과 생각을 한 권으로 정리했다. <하버드 비즈니스리뷰> 편집장 출신인 저자는 폭넓은 경험을 바탕 으로 포터 교수의 강력한 통찰력을 경영일선에 효과적으 로 적용할 수 있도록 설명한다. 즉, "경쟁은 최고가 아닌 유 일무이한 존재가 되고자 하는 것이고, 경쟁자들 간의 싸움 이 아니라, 자사의 장기적 투하자본이익률(ROIC)을 높이 는 것이다." 등 일반인들이 잘못 이해하고 있는 포터의 이 론들을 명백히 한다. 전략경영과 경쟁전략의 핵심을 단기 간에 마스터하여 전략의 전문가로 발돋움 하고자 하는 대 학생은 물론 전략에 관심이 있는 MBA과정의 학생들을 위 한 필독서이다. 나아가 미래의 사업을 주도하여 지속적 성 공을 꿈꾸는 기업의 관리자에게는 승리에 대한 영감을 제 공해 줄 것이다.

● 전략의 대가, 마이클 포터 이론의 결정판
● 아마존전략 분야 베스트 셀러
● 일반인과 대학생을 위한 전략경영 필독서

진정한 부와 성공을 끌어당기는 단 하나의 마법

생각의 시크릿

밥 프록터, 그레그 레이드 지음 | 박상진 옮김
268쪽 | 값 13,800원

성공한 사람들은 그렇지 못한 사람들과 다른 생각을 갖고 있는
것인가? 지난 100년의 역사에서 수많은 사람을 성공으로 이끈
성공 철학의 정수를 밝힌다. <생각의 시크릿>은 지금까지 부자
의 개념을 오늘에 맞게 더 구체화시켰다. 지금도 변하지 않는 법
칙을 따라하면 누구든지 성공의 비밀에 다가갈 수 있다. 이 책
은 각 분야에서 성공한 기업가들이 지난 100년간의 성공 철학을
어떻게 이해하고 따라했는지 살펴보면서, 그들의 성공 스토리를
생생하게 전달하고 있다.

- 2016년 자기계발분야 화제의 도서
- 매경이코노미, 이코노믹리뷰 소개

새로운 시대는 逆(역)으로 시작하라!

콘트래리언

이신영 지음
408쪽 | 값 17,000원

위기극복의 핵심은 역발상에서 나온다!

세계적 거장들의 삶과 경영을 구체적이고 내밀하게 들여다본 저
자는 그들의 성공핵심은 많은 사람들이 옳다고 추구하는 흐름에
'거꾸로' 갔다는 데 있음을 발견했다. 모두가 실패를 두려워할 때
도전할 줄 알았고, 모두가 아니라고 말하는 아이디어를 성공적
인 아이디어로 발전시켰으며 최근 15년간 3대 악재라 불린 위기
속에서 기회를 찾고 성공을 거두었다.

- 한국출판문화산업 진흥원 '이달의 책' 선정도서
- KBS 1 라디오 <오한진 이정민의 황금사과> 방송

"이 검사를 꼭 받아야 합니까?"

과잉 진단

길버트 웰치 지음 | 홍영준 옮김
391쪽 | 값 17,000원

병원에 가기 전 꼭 알아야 할 의학 지식!

과잉진단이라는 말은 아무도 원하지 않는다. 이는 걱정과 과잉
진료의 전조일 뿐 개인에게 아무 혜택도 없다. 하버드대 출신 의
사인 저자는, 의사들의 진단욕심에 비롯된 과잉진단의 문제점과
과잉진단의 합리적인 이유를 함께 제시함으로써 질병예방의 올
바른 패러다임을 전해준다.

- 한국출판문화산업 진흥원 『이달의 책』 선정도서
- 조선일보, 중앙일보, 동아일보 등 주요 언론사 추천

"질병의 근본 원인을 밝히고
남다른 예방법을 제시한다"

의사들의 120세
건강비결은 따로 있다

마이클 그레거 지음
홍영준, 강태진 옮김
❶ 질병원인 치유편 값 22,000원 | 564쪽
❷ 질병예방 음식편 값 15,000원 | 340쪽

우리가 미처 몰랐던 질병의 원인과 해법
질병의 근본 원인을 밝히고 남다른 예방법을 제시한다

건강을 잃으면 모든 것을 잃는다. 의료 과학의 발달로 조
만간 120세 시대도 멀지 않았다. 하지만 우리의 미래는
'얼마나 오래 살 것인가?'보다는 '얼마나 건강하게 오래 살
것인가?'를 고민해야하는 시점이다. 이 책은 질병과 관련
된 주요 사망 원인에 대한 과학적 인과관계를 밝히고, 생
명에 치명적인 병을 예방하고 건강을 회복시킬 수 있는 방
법을 명쾌하게 제시한다. 수천 편의 연구결과에서 얻은 적
절한 영양학적 식이요법을 통하여 건강을 획기적으로 증
진시킬 수 있는 과학적 증거를 밝히고 있다. 15가지 주요
조기 사망 원인들(심장병, 암, 당뇨병, 고혈압, 뇌질환 등
등)은 매년 미국에서만 1백 6십만 명의 생명을 앗아간다.
이는 우리나라에서도 주요 사망원인이다. 이러한 비극의
상황에 동참할 필요는 없다. 강력한 과학적 증거가 뒷받침
된 그레거 박사의 조언으로 치명적 질병의 원인을 정확히
파악하라. 그리고 장기간 효과적인 음식으로 위험인자를
적절히 예방하라. 그러면 비록 유전적인 단명요인이 있다
해도 이를 극복하고 장기간 건강한 삶을 영위할 수 있다.
이제 인간의 생명은 운명이 아니라, 우리의 선택에 달려있
다. 기존의 건강서와는 차원이 다른 이 책을 통해서 '더 건
강하게, 더 오래 사는' 무병장수의 시대를 활짝 열고, 행복
한 미래의 길로 나아갈 수 있을 것이다.

- 아마존 의료건강분야 1위
- 출간 전 8개국 판권계약

사단법인 건강인문학포럼

1. 취지

세상이 빠르게 변화하고 있습니다. 눈부신 기술의 진보 특히, 인공지능, 빅데이터, 메타버스 그리고 유전의학과 정밀의료의 발전은 인류를 지금까지 없었던 새로운 세상으로 안내하고 있습니다. 앞으로 산업과 직업, 하는 일과 건강관리의 변혁은 피할 수 없는 상황으로 다가오고 있습니다.

이러한 변화에 따라 〈사단법인〉 건강인문학포럼은 '건강은 건강할 때 지키자'라는 취지에서 신체적 건강, 정신적 건강, 사회적 건강이 조화를 이루는 "건강한 삶"을 찾는데 의의를 두고 있습니다. 100세 시대를 넘어서서 인간의 한계수명이 120세로 늘어난 지금, 급격한 고령인구의 증가는 저출산과 연관되어 국가 의료재정에 큰 부담이 되리라 예측됩니다. 따라서 개인 각자가 자신의 건강을 지키는 것 자체가 사회와 국가에 커다란 기여를 하는 시대가 다가오고 있습니다.

누구나 겪게 마련인 '제 2의 삶'을 주체적으로 살며, 건강한 삶의 지혜를 함께 모색하기 위해 사단법인 건강인문학포럼은 2018년 1월 정식으로 출범했습니다. 우리의 목표는 분명합니다. 스스로 자신의 건강을 지키면서 능동적인 사회활동의 기간을 충분히 연장하여 행복한 삶을 실현하는 것입니다. 전문가로부터 최신의학의 과학적 내용을 배우고, 5년 동안 불멸의 동서양 고전 100권을 함께 읽으며 '건강한 마음'을 위한 인문학적 소양을 넓혀 삶의 의미를 찾아볼 것입니다. 의학과 인문학 그리고 경영학의 조화를 통해 건강한 인간으로 사회에 선한 영향력을 발휘하고, 각자가 주체적인 삶을 살기 위한 지혜를 모색해 가고자 합니다.

건강과 인문학을 위한 실천의 장에 여러분을 초대합니다.

2. 비전, 목적, 방법

| 비 전

상수시대에 "건강한 삶"을 위해 신체적, 정신적, 사회적 건강을 돌보고, 함께 잘 사는 행복한 사회를 만드는 데 필요한 덕목을 솔선수범하면서 존재의 의미를 찾는다.

| 목 적

우리는 5년간 100권의 불멸의 고전을 읽고 자신의 삶을 반추하며, 중년 이후의 미래를 새롭게 설계해 보는 "자기인생론"을 각자 책으로 발간하여 유산으로 남긴다.

| 방 법

매월 2회 모임에서 인문학 책 읽기와 토론 그리고 특강에 참여한다. 아울러서 의학 전문가의 강의를 통해서 질병예방과 과학적인 건강 관리 지식을 얻고 실천해 간다.

3. 2024년 프로그램 일정표

- 프로그램 및 일정 -

월	선정도서	의학(건강) 특강	일정
1월	왜 나는 너를 사랑하는가 / 알랭 드 보통	김종갑 교수, 박문호 박사	1/10, 1/24
2월	나의 서양 미술 순례 / 서경식	이재원 교수, 황농문 교수	2/14. 2/28
3월	느리게 나이드는 습관 / 정희원	김도원 원장, 박상진 회장	3/13, 3/27
4월	유리알 유희 / H. 헤세	심장병	4/17, 4/24
5월	세상에서 가장 짧은 독일사 / 제임스 호즈	폐병	5/8/ 5/22
6월	내적 시간의식의 현상학 / E. 후설	위암	6/12, 6/26
7월	분노의 포도 / 존 스타인벡	감염	7/17, 7/24
8월	같기도 하고, 아니 같기도 하고 / R. 호프만	당뇨병	8/14, 8/28
9월	논리 철학 논고 / 비트겐슈타인	고혈압	9/11, 9/25
10월	걸리버 여행기 / J. 스위프트	간질환	10/16, 10/23
11월	예루살렘의 아이히만 / H. 아렌트	백혈병	11/13, 11/27
12월	무정 / 이광수	신부전	12/11, 12/20

프로그램 자문위원	▶ 인 문 학 : 김성수 교수, 김종영 교수, 박성창 교수, 이재원 교수, 조현설 교수 ▶ 건강(의학) : 김선희 교수, 김명천 교수, 이은희 원장, 박정배 원장, 정이안 원장 ▶ 경 영 학 : 김동원 교수, 정재호 교수, 김신섭 대표, 전이현 대표, 남석우 회장

4. 독서회원 모집 안내

▌운 영 : 매월 둘째 주, 넷째 주 수요일 월 2회 비영리로 운영됩니다.
  1. 매월 함께 읽은 책에 대해 발제와 토론을 하고, 전문가 특강으로 완성함.
  2. 건강(의학) 프로그램은 매 월 1회 전문가(의사) 특강 매년 2회.
     인문학 기행 진행과 등산 등 운동 프로그램도 진행함.

회 비 : 오프라인 회원(12개월 60만원), 온라인 회원(12개월 30만원)
일 시 : 매월 2, 4주 수요일(18:00~22:00)
장 소 : 서울시 강남구 테헤란로514 삼흥2빌딩 8층

▌문 의 : 기업체 단체 회원(온라인) 독서 프로그램은 별도로 운영합니다(문의 요망)

02-3452-7761 / www.120hnh.co.kr

"책읽기는 충실한 인간을 만들고, 글쓰기는 정확한 인간을 만든다."
프랜시스 베이컨(영국의 경험론 철학자, 1561~1626)

기업체 교육안내 <탁월한 전략의 개발과 실행>

월스트리트 저널(WSJ)이 포춘 500대 기업의 인사 책임자를 조사한 바에 따르면, 관리자에게 가장 중요한 자질은 <전략적 사고>로 밝혀졌다. 750개의 부도기업을 조사한 결과 50%의 기업이 전략적 사고의 부재에서 실패의 원인을 찾을 수 있었다. 시간, 인력, 자본, 기술을 효과적으로 사용하고 이윤과 생산성을 최대로 올리는 방법이자 기업의 미래를 체계적으로 예측하는 수단은 바로 '전략적 사고'에서 시작된다.

<관리자의 필요 자질>

새로운 시대는 새로운 전략!

- 세계적인 저성장과 치열한 경쟁은 많은 기업들을 어려운 상황으로 내몰고 있다. 산업의 구조적 변화와 급변하는 고객의 취향은 경쟁우위의 지속성을 어렵게 한다. 조직의 리더들에게 사업적 혜안(Acumen)과 지속적 혁신의지가 그 어느 때보다도 필요한 시점이다.

- 핵심기술의 모방과 기업 가치사슬 과정의 효율성으로 달성해온 품질대비 가격경쟁력이 후발국에게 잠식당할 위기에 처해있다. 산업구조 조정만으로는 불충분하다. 새로운 방향의 모색이 필요할 때이다.

- 기업의 미래는 전략이 좌우한다. 장기적인 목적을 명확히 설정하고 외부환경과 기술변화를 면밀히 분석하여 필요한 역량과 능력을 개발해야 한다. 탁월한 전략의 입안과 실천으로 차별화를 통한 지속가능한 경쟁우위를 확보해야 한다. 전략적 리더십은 기업의 잠재력을 효과적으로 이끌어 낸다.

<탁월한 전략> 교육의 기대효과

① 통합적 전략교육을 통해서 직원들의 주인의식과 몰입의 수준을 높여 생산성의 상승을 가져올 수 있다.

② 기업의 비전과 개인의 목적을 일치시켜 열정적으로 도전하는 기업문화로 성취동기를 극대화할 수 있다.

③ 차별화로 추가적인 고객가치를 창출하여 장기적인 경쟁우위를 바탕으로 지속적 성공을 가져올 수 있다.

- 이미 발행된 관련서적을 바탕으로 <탁월한 전략>의 필수적인 3가지 핵심 분야(전략적 사고, 전략의 구축과 실행, 전략적 리더십>를 통합적으로 마스터하는 프로그램이다.

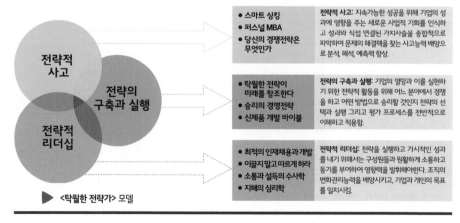

- 스마트 싱킹
- 퍼스널 MBA
- 당신의 경쟁전략은 무엇인가

전략적 사고: 지속가능한 성공을 위해 기업의 성과에 영향을 주는 새로운 사업적 기회를 인식하고 성과와 식섭 연결된 가치사슬을 종합적으로 파악하여 문제의 해결책을 찾는 사고능력 배양으로 분석, 해석, 예측력 향상.

- 탁월한 전략이 미래를 창조한다
- 승리의 경영전략
- 신제품 개발 바이블

전략의 구축과 실행: 기업의 열망과 이를 실현하기 위한 전략적 활동을 위해 어느 분야에서 경쟁을 하고 어떤 방법으로 승리할 것인지 전략의 선택과 실행 그리고 평가 프로세스를 전반적으로 이해하고 적용함.

- 최적의 인재채용과 개발
- 이끌지말고 따르게 하라
- 소통과 설득의 수사학
- 지혜의 심리학

전략적 리더십: 전략을 실행하고 가시적인 성과를 내기 위해서는 구성원들과 원활하게 소통하고 동기를 부여하여 영향력을 발휘해야한다. 조직의 변화관리능력을 배양시키고, 기업과 개인의 목표를 일치시킴.

▶ <탁월한 전략가> 모델

특강 및 교육 신청 문의: 진성북스, 02-3452-7761